房地产法律实务系列教材

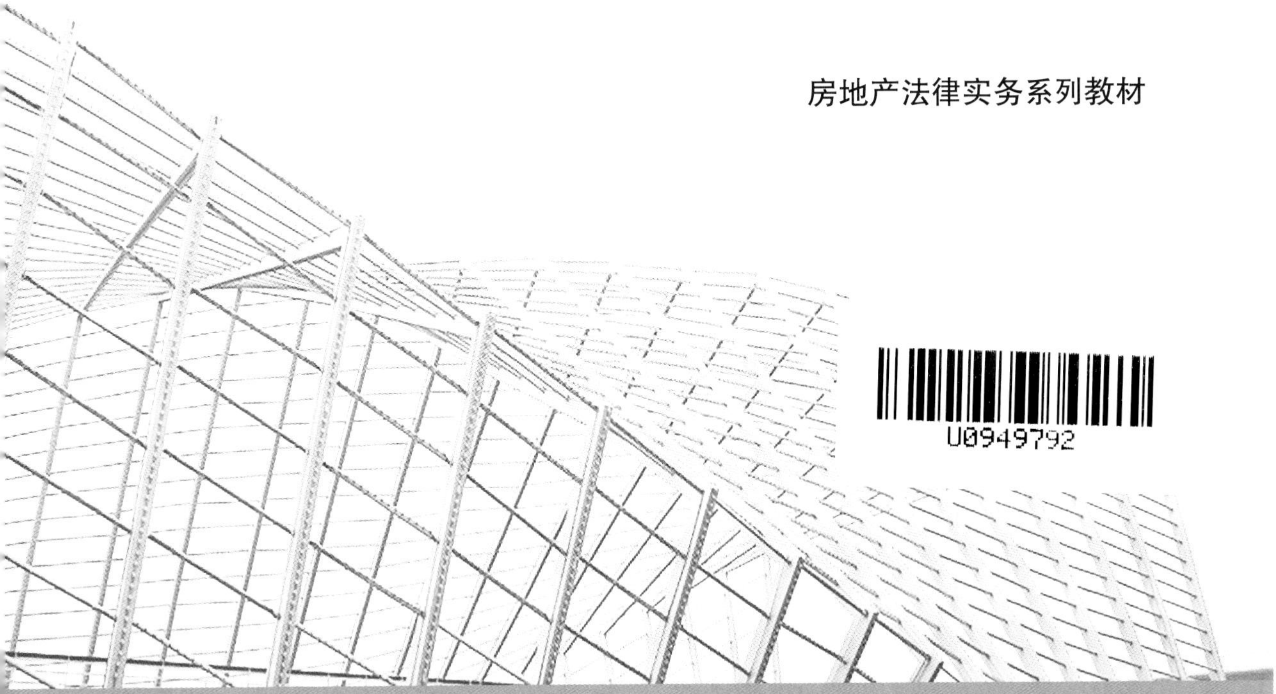

物业管理法律实务

主编　胡武艳

WUHAN UNIVERSITY PRESS
武汉大学出版社

图书在版编目(CIP)数据

物业管理法律实务/胡武艳主编.—武汉:武汉大学出版社,2015.8
房地产法律实务系列教材
ISBN 978-7-307-16329-4

Ⅰ.物…　Ⅱ.胡…　Ⅲ.物业管理—法规—中国—教材　Ⅳ.D922.181

中国版本图书馆CIP数据核字(2015)第146212号

责任编辑:田红恩　　责任校对:汪欣怡　　版式设计:马　佳

出版发行:**武汉大学出版社**　(430072　武昌　珞珈山)
(电子邮件:cbs22@whu.edu.cn 网址:www.wdp.com.cn)
印刷:湖北省荆州市今印印务有限公司
开本:787×1092　1/16　印张:13.25　字数:310千字　插页:1
版次:2015年8月第1版　　2015年8月第1次印刷
ISBN 978-7-307-16329-4　　定价:28.00元

总　　序

诺贝尔经济学奖获得者、世界银行前副行长斯蒂格利茨说："中国的城市化与美国的高科技发展将是影响21世纪人类社会发展进程的两件大事。中国的城市化将是区域经济增长的火车头，将会产生最重要的经济效益。同时，城市化也将是中国在新世纪里面临的第一大挑战。"城镇化是一个国家和一个地区现代化发展的必然趋势，党的十六大提出："要逐步提高城镇化水平，坚持大中小城市和小城镇协调发展，走中国特色的城镇化道路。"

中国是一个人口规模巨大、疆域辽阔且区域差异显著的发展中大国，目前城镇化正进入一个快速发展的时期。联合国《城市的繁荣2012/2013》中预测，到2030年，最保守估计将有2. 5亿人进城，中性估计会有2. 7亿人进城，乐观估计会有3亿人进城。城镇化将带来一系列的变化，如城镇消费群体扩大、结构升级、潜力释放，在旧城改造、新城开发过程中城市基础设施、公共服务设施等领域会产生巨大的投资需求，在这个发展过程中房地产业始终具有举足轻重的作用。故如何建立一套完善的法律体系，以法律手段规制房地产业，保证其健康、稳定、持续地发展便具有重要的研究价值。

房地产业涉及的领域十分广阔，在开发建设过程中涉及土地征收、旧城改造、老房拆迁、工程招投标、工程施工、工程验收，在房产开发后还涉及房产转让、物业管理等多方面内容。在房地产业发展的过程中涉及多方利益主体的关系协调，既有政府与房地产业的投资者之间的利益协调，又有房地产建设单位与设计单位、施工单位、房地产业主之间的利益协调。目前我国对房地产行业的法律规制并不完善，房地产行业的市场并不成熟，还存在许多急待解决的问题，在房地产开发建设以及房产转让、物业管理等过程中容易发生纠纷，需要培养专业的房地产法律实务工作者。

人才的培养必须立足于课堂教学，而课堂教学质量的高低又在很大程度上取决于教材。目前，出版的大多数房地产方面的教材，是以知识点之间的逻辑体系来进行编排，难以使学识顺利转化为操作能力。而本系列教材是武汉工商学院按照"知识+技术+能力+素质"的要求，培养适应社会发展需要，系统掌握本专业基础知识和必备技能，具有创新与创业意识和能力的高素质应用型人才的定位，以房地产开发业务流程为依据编排的课程体系，使学生所学知识与房地产业每个流程环节建立起对应关系。

本丛书由四本书组成，分别是《土地开发管理法律实务》、《房地产交易法律实务》、《建设工程法律实务》、《物业管理法律实务》，涵盖了房地产行业从土地征收、房屋拆迁、房产建设、房产交易以及物业管理的全过程，内容全面充实，且该书在编写过程中，始终要求能反映目前最新的法律法规及政策的要求，强调其实务性与实用性，并具有可操作性。

本书的适用对象是法学专业的本科生，但同时由于该套书涉及房地产行业的相关法律实务，因此亦可作为房地产行业以及相关单位法务部门的参考读物。

鉴于时间仓促，编者能力所限，该套教材并非十分精致与完美，还存在很多需要完善的地方。但是我相信他们会做得更好，因为在研究房地产行业法律实务的过程中，探索与思考的脚步永远不会停止。

吴天明

2015 年 5 月 1 日

前　　言

随着中国房地产业的日益发展，人们对房产的维修、养护以及安全防范等要求越来越高，越来越需要专业化的物业管理与服务。我国的物业起步较晚，作为新兴的服务行业，还未形成规范化、产业化、市场化的格局；加之我国现有物业管理相关的法律法规相对滞后，导致现有的物业管理的纠纷日趋增多。在社会主义法治国家建设的大背景下，作为房地产业生命延伸的物业管理行业，更迫切需要大量技能型、应用型的法律人才。也正是基于此，编者结合民办高校法学专业建设的特点，根据现有法律消费和服务市场的需求，总结编者的实践和课堂教学经验，编写了本书。

本书根据物业管理的流程来设计内容，分为5章，主要包括物业、物业管理和物业管理法律关系，前期物业服务合同，业主、业主大会和业主委员会，物业服务合同，物业的使用和维护等。全书体例分为本章导读、问题引入、知识内容、案例点评、典型案例和思考题六个部分。各章在基本内容概要之后，通过案例引入问题，引出读者对该章内容的关注和思考，并过渡到主要知识内容的介绍；各个重点知识部分设置对应的案例及点评，帮助读者理解知识内容；每章最后设置典型案例及应对分析，辅助培养读者对实际问题的分析运用能力；最后通过思考题帮助读者巩固对知识的掌握并扩宽学习视野。

本书作为编者在校从事的物业管理法律实务课程建设的成果，同时也是编者承担的湖北省教育厅“法律消费与服务市场背景下法学实践教学模式建构”教研项目的阶段性成果，希望能帮助广大读者了解熟悉物业管理过程中必要的法律知识的同时，也能帮助读者找到各类物业管理法律纠纷的防范应对之策。

目　　录

第一章　物业、物业管理和物业管理法律关系

【本章导读】

物业管理包括对人的管理和对物的管理。物业管理活动应遵守法律、行政法规、地方性法规和相关司法解释的规定和要求。物业管理活动中产生的各种主体之间的关系是物业管理法的调整对象，物业管理法律关系既有民事性法律关系也有行政性法律关系。在建筑物区分所有权理论基础上分析物业、物业管理、物业管理法律关系的概念、特征、类型和运行，对于准确界定物业管理行为，明确业主、物业服务企业和其他主体在物业管理活动中的法律地位及具体权利义务，具有重要的法律意义。

【问题引入】

吴小姐毕业后留在了上海工作，在公司附近租赁了一套商品房，并与业主商量好准备重新装修。吴小姐请专门的装修公司进行设计，并征得业主同意后，吴小姐聘请的装修公司即开始进场实施装修。开工后不久，小区内物业公司工作人员在吴小姐的陪同下参观了正在进行装修的房间，并且向吴小姐详细地了解了装修方案。随即对吴小姐拟将卧室卫生间拆除的行为进行劝阻，提出卧室与卫生间的墙壁属于承重墙，如果拆除会影响房屋承重。隔壁的邻居王某也希望吴小姐在午休期间暂停装修，因为家里孩子中午放学回家要午休。吴小姐听取了物业公司和邻居业主的意见，放弃了拆除卫生间的装修方案，也修改了装修时间安排。物业公司随即向吴小姐告知了装饰装修的禁止行为及注意事项，要求吴小姐及其聘请的装修公司注意安全，规范装修行为，避免及尽可能减少其装修行为对其他业主的不便影响。

问题：

1. 上例中存在哪些法律关系？
2. 其中的物业管理法律关系是如何体现的？
3. 物业公司的物业管理的范围有哪些？

第一节　物业与物业管理

一、物业

（一）物业的概念

物业，译自英语 property 或 estate，原义是指“财产、资产、拥有物、房地产等”。

"物业"一词，由香港传入沿海、内地，其含义为财产、资产、地产、房地产、产业等。该词自20世纪80年代引入国内，现已形成了一个完整的概念。

我国《物权法》以及《物业管理条例》(2007) 对"物业"的定义均未作界定，各地方性法规、规章的规定也不尽相同。如1999年的《深圳经济特区住宅区物业管理条例》第2条第2款规定，"本条例所称物业，是指住宅区内各类房屋及相配套的公用设施、设备及公共场地"；1998年制定的《广东省物业管理条例》第2条第5款规定："本条例所称物业，是指已建成并交付使用的住宅、工业厂房、商业用房等建筑物及附属的设施、设备和相关场地。"但上述两个条例在各自最新版本中都没有对物业进行规定。2002年《天津市物业管理条例》第3条第1款规定，"本条例所称物业，是指房屋和与其相配套的共用设施、设备和场地"。2011年实施的《武汉市物业管理条例》第3条第1款规定，"本条例所称物业是指房屋和与其相配套的共用设施、设备和场地"。

综上，在我国，物业管理中的物业可以指已经建成并投入使用的各类房屋及其配套设施设备和相关场地。各类房屋，是指住宅小区、综合商住、别墅、高档写字楼、商业大厦、宾馆、饭店、工业厂房、仓库和机关办公楼等，包括建筑物的专有部分和共有部分。配套设施、设备，它包括建筑物内部的附属设施和公共设施，是指房屋建筑内部和外部各类设备、公共市政设施，如供水、排水、落水管道、照明灯具、垃圾通道、电视网络天线、水箱、电表、邮箱、消防设备等。场地，是指和房屋相邻的庭院、绿地、道路、公共规划空地等。

（二）物业的分类

根据物业的不同功能，可将物业分为以下类型：

居住物业，是指具备居住功能、供人们生活居住的建筑，包括住宅区（楼）、公寓、别墅、度假村等，也包括与之相配套的共用设施、设备和公共场地。

商用物业，有时也称投资性物业，是指那些通过经营可以获取持续增长回报或者可以持续升值的物业。如写字楼、商业大楼（商场）、酒店、宾馆等。商用物业也可进一步分为商服物业和办公物业。

工业物业，是指用于工业生产活动目的的物业，包括工业厂房、工业写字楼、仓库等。

机关物业，是指政府机关部门办公场所的物业，具有一定公益性质，如政府机关办公大楼、大礼堂、会场等。

其他用途物业，上述类型物业之外的其他用途的物业，如车站、码头、机场、医院、学校等。

（三）物业的范围

根据业主对物业享有的权利的不同，可将物业的范围分为专有部分和共有部分。

1. 专有部分

专有部分是指构造上和利用上具有独立性并能单独登记所有权的部分。① 业主对专有

① 《物权法》对此未规定，《建筑物区分所有权司法解释》第2条对此进行了规定，即"具有构造上的独立性，能够明确区分；具有利用上的独立性，可以排他使用；能够登记成为特定业主所有权的客体"。本书第五章将着重介绍相关内容。

部分可以排除他人进行自由使用、收益、处分。专有部分包括法定专有和约定专有，法定专有为建筑物户内专有部分，后者如本应属于共用部分的花园、通道。

2. 共有部分

共有部分是指物业区域内属全体业主、使用人共同使用的建筑物及附属设备、设施。包括门厅、楼梯间、电梯间、水泵间、走廊通道、传达室、天井、房屋承重结构（承重墙、梁柱、屋顶等）、室外墙面、屋面等部位。

共有部分可以分为约定共有和法定共有。约定共有部分是指经全体业主约定将本应属于专有部分转换为共有部分。① 法定共有指在构造上只能供各个业主共同使用，不得转换为专有的部分，如建筑物所占土地、主要梁柱、承重墙、屋顶、楼层地板、走廊通道、防火通道等。

二、物业管理

（一）物业管理的概念

物业管理有广义和狭义之分。

广义的物业管理，包括业主对物业的自治性管理和业主委托聘用专业的物业服务企业对物业的专业化管理。

我国的《物业管理条例》第2条规定的是狭义物业管理，即“业主通过选聘物业服务企业，由业主和物业服务企业按照物业服务合同约定，对房屋及配套设施设备和相关场地进行维修、养护、管理，维护物业管理区域内的环境卫生和相关秩序的活动”。当然，《物业管理条例》并没有强制业主必须选择物业服务企业来实施管理，业主仍然有权选择适合自己的方式来管理自己的物业。

（二）物业管理的类型

物业管理按照不同标准可以划分为不同类型：

1. 自治型物业管理和委托型物业管理

这是根据物业管理的主体不同的划分。自治型物业管理是指业主基于业主公约而由自己直接对物业进行管理。委托型物业管理是指基于物业服务合同由业主委托的物业服务企业进行的管理。在现代物业管理中，委托型物业管理是主要形式。

2. 前期物业管理和约期物业管理

这是根据物业管理的时间的不同进行划分。前期物业管理是指房地产开发、销售和交付的全过程直至业主、业主大会选聘物业服务企业之前，由建设单位或建设单位选聘的物业服务企业对物业进行的管理。约期物业管理，是指在房地产交付业主并成立业主大会后，由业主或业主大会通过签订物业服务合同，委托选聘的有资质的物业服务企业在约定期限内对物业进行的管理。

---

① 尹章华著：《公寓大厦管理条例解读》，中国政法大学出版社2003年版，第30页。

3. 居住型、商业型、机关型和其他特种型物业管理

这是根据物业的用途类型不同而做的划分。居住型物业管理主要是对居住用房（住宅区、别墅）及配套设施设备进行的物业管理。商业型物业管理主要是对商业用房（如写字楼、商场、酒店等）及配套设施设备和场地进行的物业管理。机关物业管理主要是对政府办公楼、礼堂等进行的物业管理。其他特种型物业管理的对象是具有特定用途或使用功能的房屋（如厂房、学校、码头、医院等）及配套设施设备和相关场地。目前，有些交通工具如高铁、车站也进行物业管理外包。

（三）物业管理的内容

关于物业管理的内容，主要包括对物的管理和对人的管理。

对物的管理，主要指对建筑物及其附属设施设备和场地的保存、改良、使用、维护和修缮。原则上对物的管理仅限于对共用部分的管理，专用部分不包括在内。

对人的管理，是指对于建筑物中居住或出入人员行为的管理，目的在于避免不当的使用行为导致危害公共的安全、卫生和安宁。其管理的对象不限于业主和物业使用人。具体管理的内容包括对建筑物的不当毁损行为的管理，对建筑物的不当使用行为的管理，对生活妨害行为的管理。

无论是物的管理还是人的管理，其实都不是截然分离的，不存在绝对界限，反而是互为表里，浑然一体的。并且，通常意义上，上述物的管理主要是维护、保养、修缮建筑物，而人的管理中主要是保安、清洁、绿化等，这些都是一种服务性的行为。而且对人进行管理的目的也在于建立对物的良好利用秩序，最终也是服务于物业所有人。所以，在物业管理中的内容主要是服务性的内容，更多地应表现为权利义务关系。

生活中常见的委托型物业管理的内容主要涉及以下几个方面：（1）一般性公共服务。即物业服务企业对物业及配套设施设备的维修养护、对物业区域内的安全防范、环境卫生、绿化美化，对小区的车辆管理，协助社区进行社会公共事务等。（2）特别服务。物业服务企业根据约定，提供专项性服务，如室内清洁、家电维修、代为购物、代订报刊、代缴水电煤气等费用。（3）其他经营服务。如物业服务企业设立有偿使用的运动场所、餐饮服务、娱乐消费服务等。①

第二节　物业管理的立法

在宪法中涉及有关住宅城市管理、公民权利义务等方面的规定及原则，成为物业管理立法的依据和指导思想，成为物业管理法律法规的重要组成部分。② 在这些指导思想下，关于物业管理的立法主要体现为以下几类立法：

① 许步国著：《物业管理法研究》，中国民主法制出版社 2006 年版，第 22 页。

② 《宪法》第 39 条规定："中华人民共和国公民的住宅不受侵犯。禁止非法搜查或者非法侵入公民的住宅。"

一、法律

我国现行的法律中，有多部法律直接或间接地涉及物业管理的相关问题。如《民法通则》和物权法中规定有相邻关系制度。①

《合同法》中规定的委托合同制度适用于物业服务企业和业主的关系的确立。《物权法》中规定的建筑物区分所有权制度，构成物业管理的法律关系的确立的理论基础。

《土地管理法》、《城市规划法》、《城市房地产管理法》中涉及的相关制度也构成物业管理立法的重要基础。

二、行政法规、部门规章

在物业管理立法中占有核心地位的是 2003 年国务院颁布的《物业管理条例》，该条例在 2007 年经过修订后，成为至今关于物业管理的唯一一个较为全面具体的立法。

还有一些建设部制定和颁布的如《城市住宅小区竣工综合验收办法》(1993)、《城市建设住宅小区管理办法》(1994)、《城市小区物业管理服务收费办法》(1996)、《物业管理企业资质管理试行办法》(2000) 等部门规章。

三、地方性法规

在我国物业管理发展的初期，地方性法规发挥了其重要的作用。如 1994 年的《深圳经济特区住宅物业管理条例》(后经 2007 年修订)，就是其中一部影响较大的地方性法规。此后，物业管理地方性法规也逐渐出现在一些物业管理的先行地区，如上海、广州、北京。至今，全国各地一线城市基本已有各自的地方性物业管理条例，其他二线城市也正在着手进行物业管理的立法。

四、相关司法解释

对于物业管理的司法解释，最为权威也最为临近的即 2010 年《最高人民法院关于审理物业服务纠纷案件具体应用法律若干问题的解释》(以下简称《物业服务纠纷司法解释》)和《最高人民法院关于审理建筑物区分所有权纠纷案件具体应用法律若干问题的解释》(以下简称《建筑物区分所有权司法解释》)。前一解释针对前期物业、物业服务合同的效力，物业服务企业的义务等问题作出了相应的规定。后者则对建筑物区分所有权的相关问题进行了专门的规定。

从现有立法规定现状来看，仍旧存在立法层次不高、主要限于行政法规、地方性法规和司法解释；立法内容不完善，如对业主大会和业主委员会仍未明确其法律属性，规定的物业管理模式单一，仅限于委托型物业管理等。很多问题尚未明确或不全面，有待今后立法的完善。

---

① 《民法通则》第 83 条规定："不动产的相邻各方，应当按照有利生产、方便生活、团结互助、公平合理的精神，正确处理截水、排水、通行、通风、采光等方面的相邻关系，给邻方造成妨碍或者损失的，应当停止侵害，排除妨碍，赔偿损失。"

第三节　物业管理法律关系

一、物业管理法律关系的概念

法律关系是指法律规范调整主体之间的行为而形成的权利义务关系。物业管理的法律关系是法律关系中的一种，即法律规范调整人们在物业管理活动过程中形成的权利和义务关系。

二、物业管理法律关系的要素

物业管理法律关系本质上属于民事法律关系，既有人身性也有财产性内容。物业管理法律关系也因此具备法律关系的三要素，即主体、客体和内容。

（一）物业法律关系的主体

物业管理法律关系的主体就是法律所规定的物业管理法律关系的参与者，具体包括业主、物业使用人、房地产开发商、物业管理者（物业服务企业）、相关行政主管部门（如房地产行政部门、公安、消防等）及其他相关单位、个人（如保安公司、煤气公司）等。

1. 业主

即房屋所有权人，包括通过产权登记获得所有权的业主，也包括虽未取得房屋所有权但通过房屋买卖合同获得房屋占有的买受人。其派生主体是业主大会和业主委员会。

2. 非业主使用人

即物业的承租人和其他实际使用物业的人。该类主体由于对物业不享有所有权，因此不能成为业主大会和业主委员会的成员，但由于是物业的实际使用者，因而要受物业管理规范的约束，同时也享有接受物业服务的权利。

3. 开发建设单位

由于开发建设单位是物业的投资者，是物业原始所有权的取得者，因而具有业主的资格，特别在前期物业管理中因其大业主的身份，更具有特殊的职能。但随着物业销售的进展，开发建设单位将逐步失去其在前期物业管理中的地位，最终成为普通业主或退出业主的行列。

4. 物业服务企业

物业服务企业是指根据物业服务合同，接受开发建设单位或业主的委托，对物业进行专业化管理，提供有偿物业服务的企业。物业服务企业具有双重职能，一方面作为民事主体为业主提供有偿物业服务；另一方面承担了部分政府对城市管理的职能，包括治安、环卫、交通、绿化等，并接受有关部门的行政管理和监督。

5. 行政管理部门

物业行政管理部门是指物业管理法律关系中的业务相关管理部门，包括建设、房屋、土地、公安、消防、环保、市政等行政管理部门。

（二）物业管理法律关系的客体

物业管理法律关系的客体是指物业管理法律关系中主体的权利、义务共同指向的对象，一般主要涉及物和行为。

1. 物

即物业，是指物业管理中的管理对象，如房屋等建筑物及其他附属设备、配套设施和相关场地。

2. 行为

即指物业管理关系中各主体的行为，具体可分为以下三类：（1）业主及非业主使用人的行为。业主和非业主使用人必须依照法律、公约和合同规定使用物业，交纳物业管理费，不损害其他业主的利益。业主大会和业主委员会必须依照法律和公约的要求行使权利。（2）物业服务企业的行为。物业管理本质上是一种服务行为，因此物业管理法律关系的客体主要是指这类行为，它是物业管理当事人权利义务关注的焦点。（3）有关部门的行政管理行为。包括房地产行政主管部门对物业管理企业的行业管理及其他有关部门对物业管理企业的业务管理，也包括有关部门依法对业主大会和业主委员会的成立和活动的管理。

（三）物业管理法律关系的内容

物业管理法律关系的内容是指在物业管理关系中各个主体之间的权利义务，包括物业所有权人、物业服务企业、开发建设单位及相关行政主管部门等主体所具有的权利义务。

业主在物业管理活动中享有的权利主要表现为：接受物业服务企业提供的服务，选举业主委员会，召开业主大会进行投票表决相应物业管理事项，参与制定和修改管理规约、业主大会议事规则，监督物业服务企业、业主委员会的工作，监督物业共用部位、共用设施设备专项维修资金的管理和使用等。业主的义务主要表现为：遵守管理规约和业主大会议事规则、执行业主大会和业主委员会作出的决定、遵守物业管理规章制度、按时交纳物业服务费和专项维修资金等。

物业服务企业在物业管理中的权利和义务往往与业主的义务和权利相对应。其权利主要有：根据委托自主进行物业管理和服务、按照合同约定收取管理服务费用、制止违反规章制度的行为、适时请求业主委员会予以协助管理等。而其义务主要体现在按照合同约定履行合同中要求的服务义务，依法经营、接受业主委员会和全部业主的监督、接受行政主管部门及所在小区的政府机关的监督指导。

物业管理关系的内容复杂，既有建筑物区分所有权的物权关系，又有物业服务合同的债权关系；既有业主公约规范的内部关系，又有各部门管理的外部关系；既有法定的权利义务关系，又有约定的权利义务关系。这些不同范畴的权利义务关系既相互关联，又有所区别。

三、物业管理法律关系的类型

1. 住宅物业管理法律关系和非住宅物业管理法律关系

这是按照物业管理的类型的不同进行的划分。住宅物业管理法律关系是最为常见的，在进行住宅物业管理过程中发生的各个主体之间的权利义务关系，主要就是业主自治过程中或委托物业服务企业过程中发生的各种法律关系。这也是我们所主要探讨的物业管理法律关系的类型。非住宅物业法律关系是在进行商场物业管理、机关物业管理、工厂物业管理等其他类型物业管理中发生的各不同主体之间的权利义务关系。

2. 自治型物业管理法律关系和委托型物业管理法律关系

这是根据物业管理承担的主体是业主自己还是委托的专业物业服务企业的不同而做的划分。前者是指业主自己进行物业管理过程中与其他相关主体之间产生的各种权利义务关系。后者是指业主通过业主委员会委托专业物业服务企业进行管理而与其他相关主体发生的权利义务关系。

根据法律关系主体的不同，还可以具体把物业法律关系分为以下几类：业主之间的法律关系、业主和物业服务企业之间的法律关系、业主和业主委员会的法律关系、物业服务企业和业主委员会的法律关系、物业服务企业、业主和相应政府主管部门之间的法律关系等。

第四节　物业管理与建筑物区分所有权

一、建筑物区分所有权相关内容

关于建筑物区分所有权的概念，理论上分别有一元论说、二元论说、三元论说三种观点。一元论认为建筑物区分所有权是在专有部分上成立的所有权；二元论认为建筑物区分所有权是专有部分所有权和共有部分所有权组成；三元论认为建筑物区分所有权是由专有所有权、共有部分所有权和基于对建筑物的管理、维护和修缮等共同事务而产生的成员权的总称。三元论为目前物权法理论研究中的主导学说。

《物权法》第70条规定："业主对建筑物内的住宅、经营性用房等专有部分享有所有权，对专有部分以外的共有部分享有共有和共同管理的权利。"因此，建筑物区分所有权是指多个区分所有人（在物业管理中即为业主）共同拥有一栋区分所有的建筑时，各区分所有权人享有的对建筑物专有部分的所有权，对共有部分的共有权，以及各个区分所有人在业主自治机构中的成员权。

建筑物区分所有权具有以下特征：

（1）权利的复合性。建筑物区分所有权由专有权、共有权、成员权复合构成的较为特别的所有权，一般所有权都是单一的所有权，不存在共有权和成员权。

（2）专有权在各项权利中居主导地位。专有权的大小决定建筑物区分所有权人的共用部分的权利的比例和成员权的大小。

（3）权利登记的公示。在产权登记时，共有权和成员权不需单独登记，一旦权利人对专有部分的所有权进行了登记，就相当于拥有了共有权和成员权。

二、建筑物区分所有权构成物业管理的基础

现代物业管理是建筑物区分所有权的必需。因为现代建筑物的复杂性以及建筑物区分所有权权利主体的多元化，需要建立规范统一的物业管理规则。这样才能有利于维护全体区分所有权人的利益，有利于协调业主、物业使用人、物业管理公司等各方之间的关系，并能有效制止个别所有权人不正当行使所有权的行为。

物业管理的法律基础是建筑物区分所有权制度，物业管理的权利基础也就是建筑物区分所有权。业主作为建筑物区分所有权人，对建筑物的专有部分享有专有权，对共有部分享有共有权。所有权所指的是人对物的全面支配关系，业主的建筑物区分所有权包括对建筑物的占有、使用、收益和处分。而要想对建筑物合理地使用和获得更大收益以及保值增值，都需要对物进行维护、利用和处分，其实就是对建筑物进行合理的管理。

因此，物业管理权是建筑物区分所有权的自然延伸，所有权人有权决定对物业采取何种方式进行管理。建筑物区分所有权是业主进行自治管理的基础，业主有权订立管理规约，组建代表全体业主利益的业主团体，以业主大会为权力机构，选举产生业主委员会，进行自治管理，由全体业主承担建筑物管理的责任，这也是建筑物区分所有权中的成员权的体现。同时，区分所有权人也有权选聘物业管理者，由业主委员会代表业主团体，通过物业服务合同将管理权委托授权给专业的物业服务企业，由物业服务企业来提供专业化的服务，并承担一定的管理服务责任。因此，建筑物区分所有权是规范化和专业化的物业管理的理论基础。

【典型案例】

叶女士是浦东新区某小区201室业主。2010年1月11日早晨7时许，叶女士离家上班，至下午6时下班回家后，却发现其住所已被小偷光顾。叶女士随即报警，公安人员到现场勘查后，经清点，叶女士家中的浪琴牌女士手表、惠普牌笔记本电脑及钻戒、项链等物品被窃。然而，由于该小区未安装监控摄像头等因素致使警方至今无法侦破该盗窃案件。因与物业公司就赔偿事宜协商未果，故叶女士以物业公司管理不善，未尽保安职责为由向浦东新区法院提起诉讼，要求物业公司赔偿被盗财物经济损失的30%即4.5万元。物业公司则认为，业主叶女士家中被盗属实，但公司已尽物业保安职责，监控探头系小区开发商未予安装，故其对此并无过错；小区内实行24小时保安制度，负责小区巡视等保安工作，故公司不存在失职行为，且公司没有法定义务对叶女士的财产承担保护责任。而且物业公司认为叶女士已拖欠半年物业费，物业公司对其继续提供服务已属义务无偿服务，叶女士对物业服务要求不能过高。综上，不同意叶女士的诉讼请求。①

评析：物业管理的对象是物业管理区域内的物业，而且主要是物业的共有部分，包括对物的管理和对人的管理。叶女士家中财物安全属于物业专有部分内部的安全范畴，严格说来不属于物业公司服务的范围，这属于物业服务合同以外的第三人对业主的财产权的侵权法律关系范畴，应由实施具体侵害的小偷对业主叶女士承担损害赔偿责任。但是，叶女士与物业公司还存在物业服务合同法律关系，物业公司根据委托应对业主提供小区保安服务。若业主家中财物被盗与物业小区的保安管理秩序有关，如监控不到位、没有安装监控摄像头、保安巡逻范围减小、报警不及时等，则属于物业公司没有按照合同约定尽到自身的安全防范义务，对于业主的财产损失存在一定的过

① 案例源自富心振：《大白天业主家中遭小偷光顾 物业公司被判赔偿2万元》，载中国法院网：http：//www.chinacourt.org/article/detail/2011/08/id/459938.shtml，2011年8月8日。

错。所以，叶女士可以根据物业服务合同以及立法规定要求物业公司承担损害赔偿责任。至于叶女士拖欠物业公司的物业费，则属于叶女士没有遵守物业服务合同约定缴纳物业费的义务，叶女士虽构成了违约，但并不能因此减轻物业公司对应的义务和责任。物业公司可以据此追究叶女士的拖欠物业费的违约责任，但不能免除或减轻自身所承担的法定的安全保障服务义务。

◎思考题：

1. 现代化物业管理的常见类型的划分有哪些？居住物业和商用物业、工业物业的显著区别体现在哪儿？
2. 物业管理活动中的常见法律关系有哪些？
3. 物业管理法律关系可以有哪些不同分类？不同法律关系分类的侧重点是什么？
4. 建筑物区分所有权与物业管理之间构成何种关联？

第二章　前期物业管理

【本章导读】

业主大会和业主委员会成立之前，建设单位必须通过招标投标或协议选聘方式聘请有相应物业服务资质的企业实施前期物业管理。前期物业服务合同具有一定临时性、过渡性，业主不得以自己并非合同当事人为由不履行前期物业服务合同。前期物业服务开始和终止时，前期物业服务企业都应和建设单位和业委会办理物业承接验收和交接。前期物业管理是整个物业管理活动的开始阶段，也是实施物业管理的重要环节，构成后期物业管理的重要前提。

【问题引入】

2007年6月8日，广州市喜某物业管理有限公司与喜某地产有限公司签订了前期物业管理合同，合同约定由喜某物业管理公司在小区业主委员会未成立之前为喜某苑提供物业管理服务；委托管理期限自2007年6月8日起至该小区业主委员会成立并依法选聘物业公司之日止。喜某苑至今未成立业主委员会。

2008年12月，罗某购买了喜某苑第12幢302房，该房建筑面积为88.4平方米。自2009年1月起至起诉之日止，业主罗某没有向物业服务公司交纳物业服务费。经多次追缴未果后，喜某物业服务公司作为原告向法院提起诉讼，要求被告罗某交纳自2009年1月到2010年1月期间的物业服务费及滞纳金。

被告认为开发商在与原告签订前期物业服务合同时没有通过公开招标的形式进行为由，认为前期物业服务合同无效，因此，原告依据无效合同不得向被告主张物业服务费。被告还认为，原告将电梯提供给企业登广告、出租小区空地上的车位收取租金，却从来不公开租金收取方面的财务状况，原告的行为构成违约，其有权拒交物业服务费。①

问题：

1. 未通过招投标的形式签订的前期物业服务合同是否有效？

2. 被告能否以原告未公开利用物业共有部位取得的租金收入情况为由而拒交物业服务费？

---

① 案例源自程磊：《案评未经招投标签订前期物业管理合同的效力》，载《城市开发（物业管理）》2010年第13期。

第一节　前期物业管理的必要性和特点

一、前期物业管理的含义

前期物业管理，是指在业主大会和业主委员会成立前，由开发建设单位委托物业服务企业进行物业管理服务的活动。它是整个物业管理活动的开始阶段，也是实施物业管理的重要环节；它既是实施物业管理的重要基础，也是后期物业管理的重要前提。

二、前期物业管理的必要性

对物业进行管理本应是业主大会的权利，但是业主大会的召开特别是首次业主大会的召开需要满足一定条件（详见第三章），所以在商品房竣工后直至业主全部入住前一般需要花费较长时间。已经入住的业主人数相对将来物业全部售出后的全部业主来说只占少数，而且刚入住的业主之间并不熟悉，很难联合起来与物业服务企业进行洽谈并订立物业服务合同。而在业主大会召开前的这段时间，同样需要对物业进行管理和维护，不可能等到全部业主入住后成立业主大会再来选聘物业服务企业进行物业管理。所以，在此期间的物业管理只能由建设单位选聘物业服务企业来完成，建设单位和物业服务企业之间签订的物业服务合同即为前期物业服务合同。加强前期物业管理，也有利于规范物业管理，保护开发建设单位、业主及物业服务企业的合法权益，避免与消除他们之间的对抗情绪。

我国《物业管理条例》把前期物业管理摆在重要位置，其中第21~31条里涉及前期物业管理，主要规定了前期物业服务合同、业主临时公约、前期物业管理招标投标、物业承接验收手续、物业资料移交、物业管理用房、物业保修等方面的内容。

三、前期物业管理的特点

（一）前期物业管理存续的时间特殊

根据《物业管理条例》第21、26条规定，前期物业管理存在于业主大会正式聘任物业服务企业之前，具有过渡性。前期物业管理的职责是在新建物业投入使用初期，建立物业管理服务体系并提供服务，发生在物业的早期介入①与常规物业管理之间。因此，前期物业管理在时间上和管理上均是一个过渡阶段，是为了便于今后的物业服务企业进行常规化长期化物业服务而进行的物业管理。

但是，现有的《物业管理条例》第26条仅仅规定了前期物业服务的截止时间，即业主、业主大会选聘物业服务之时，对于前期物业服务开始的时间却没有具体明确规定。这导致在实践中各地物业管理企业介入前期物业管理的时间曾经存在以下不同做法。

（1）半年说。《深圳市经济特区住宅区物业管理条例》(2004年）第25条规定：“开发建设单位应当从住宅区开始入住前6个月开始自行或者委托物业管理公司对住宅区进行

① 物业的早期介入，是指新建物业竣工之前，建设单位根据项目开发建设的需要所引入的物业管理的咨询活动。

前期物业管理。”该种立法例以业主开始入住前 6 个月作为前期物业管理开始的时间。但该法在 2007 年修订后无此相关规定。

（2）售后说。《上海市居住物业管理条例》（1997 年）第 41 条规定：“本条例所称前期物业管理，是指住宅出售后至业主委员会成立前的物业管理。”显然，该条例以住宅出售的时间为前期物业管理开始的时间。但该条规定同样没有出现在最新修订版中。

（3）交付说。《关于〈北京市物业管理办法〉实施中若干问题的通知》（2010）第 1 项规定，“前期物业管理期限，是指从首户业主入住起至全体业主与建设单位完成物业共用部分交接止”。此种立法例是以物业交付使用之日作为前期物业管理开始的时间。

（4）竣工说。《物业管理条例》第 42 条第 2 款规定：“已竣工但尚未出售或者尚未交给物业买受人的物业，物业服务费用由建设单位交纳。”根据该规定，物业竣工后如果尚未售出，则产生的物业服务费用由建设单位交纳；如果售出了但尚未交付给买受人，则产生的物业服务费用也由建设单位交纳。由此分析不难得出结论，物业服务费是从物业竣工之日起开始交纳，此时前期物业管理也就开始了。

虽然《物业管理条例》第 25 条的规定会让我们觉得前期物业管理在建设单位出售物业之前就已经开始了，但其实不然。在建设单位第一次出售物业之前，全部物业即区分部分和功能意义上的共用部位、共用设施设备均归属于建设单位所有，不存在建筑物区分所有关系，也就不存在所谓的物业服务的对象。只有在建设单位将房屋出售后，有业主入住才会发生真正意义的前期物业。因而，笔者以为，前期物业服务合同的开始时间，就建设单位与物业服务企业签订的前期物业合同而言，取决于建设单位的招标或选聘的成功；而对新购买房屋的业主而言，前期物业服务合同开始的时间取决于房屋买卖合同的生效。因此，建议实践中签订前期物业服务合同时明确写明合同的生效时间以及对建设单位、房屋购买者的效力。

此外，前期物业管理的开始时间也属于物业管理中的专业性问题，从物业管理实务的角度看，根据前期介入阶段的不同，它又可分为早、中、晚三类。早期介入是指物业管理公司在项目可行性研究阶段即开始介入；中期介入则是在项目施工阶段开始；在工程结束、准备竣工和接管时介入作为晚期介入。但是从前期物业管理存在的目的和意义来看，前期物业介入得越早，越有利于对物业的管理和保值增值，越有利于今后的业主自治的开展和后续物业服务企业的工作。

（二）前期物业管理中主体的复合性

前期物业管理发生过程中，所涉及的法律关系比较特殊，既有开发建设单位和物业服务企业之间的前期物业服务合同关系，也有开发建设单位与入住业主之间的房屋买卖合同关系；物业服务企业在服务管理过程中也存在与入住业主之间的物业服务合同法律关系；业主内部相互间也存在临时管理规约法律关系，等等。所以，在前期物业管理中，同时涉及了开发建设单位、业主、物业服务企业等多个主体。而且，开发建设单位的身份也具有多重化，同时兼为未出售房屋的所有人。

（三）前期物业管理的类型特定化

如前所述，物业管理可以分为业主自治型和委托型。《物业管理条例》第 24 条规定：“国家提倡建设单位按照房地产开发与物业管理相分离的原则，通过招投标的方式选聘具有相应资质的物业服务企业。”所以，建设单位只能选聘物业服务企业进行物业服务，而不能自行进行。这样也打破了旧有的“谁开发、谁管理”的模式，增加了前期物业管理的透明度。所以，狭义的前期物业管理法律关系仅限于建设单位和物业服务企业之间的前期物业服务合同关系。

（四）前期物业服务合同被包括在买卖合同中

根据《物业管理条例》第25条规定，建设单位与物业买受人签订的买卖合同应当包含前期物业服务合同约定的内容。因此，可将此处的物业买卖合同看做一个附条件买卖合同，前期物业服务合同是房屋买卖合同的组成部分。当事人必须接受开发建设单位所签订的前期物业服务合同的内容，房屋买卖合同才生效。

前期物业服务合同的签订人为开发商和物业服务企业，业主并不是开发商直接签订的物业服务合同的当事人。这就使业主容易拒绝履行物业服务合同的约定，造成前期物业服务实现的困难。同样，合同的相对性决定了业主虽然是物业买受人却没有法律上的依据要求物业服务企业根据前期物业服务合同对自己提供物业服务，其享受物业服务的权益容易受到侵害。所以，前期物业服务合同中涉及业主权利义务的条款，必须在房屋买卖合同中经过业主的承诺才能对业主发生效力。一旦买受人达成房屋买卖合同的承诺，则受建设单位签订的前期物业服务合同的束缚。物业的买卖合同包括前期物业服务合同内容，避免了物业管理服务的内容成为空缺，业主也可根据物业买卖合同向物业服务企业主张自己的权利。

在实务中，建设单位在与业主签订购房合同时，也往往将已经签订的前期物业服务合同作为购房合同的附件。① 这样，业主在签订房屋买卖合同时实际上已对前期物业服务合同作出了接受承诺。而且，开发建设单位在售房时应将物业服务内容、质量和费用等明示给购房人并进行约定，并与已签的前期物业服务合同保持一致，与购房人进行合理协商，目的是为了维护全体业主的合法权益，以防被购房人认为是霸王条款。

同时，值得注意的是，前期物业服务合同的成立与房屋买卖合同虽具有事实上的牵连关系，但该合同并不是房屋买卖合同的从合同，不受房屋买卖合同效力的制约，不因房屋买卖合同的变更、消灭而随之变更、消灭。

【案例2-1】

开发商与PC物业公司签订《前期物业服务合同》，合同约定由PC公司对小区提供物业管理服务。业主刘某在2009年8月与开发商签订房屋买卖合同并办理了入住手续。但自从入住以后，刘某一直未交纳物业费。物业公司催收未果后，于2010年4月诉至法院，要求判令刘某支付欠缴的物业费及违约金。刘某辩称，其与开发商签订了房屋买卖合同，并未与物业公司签订物业服务合同，不受该合同的约束，物业公司要求其交纳物业费并承担违约金的请求，缺乏事实依据。

---

① 《上海市住宅物业管理规定》第37条第4款规定：“建设单位与物业买受人签订的房屋销售合同，应当包含前期物业服务合同约定的内容，以及建设工程规划许可文件载明的建设项目平面布局图，并在房屋交接书中列明物业管理区域内归全体业主所有的配套设施设备。”

评析：《物业服务纠纷解释》第 1 条规定，建设单位依法与物业服务企业签订的前期物业服务合同，对业主具有约束力，业主以其并非合同当事人为由提出抗辩的，人民法院不予支持。实践中，常有如案中刘某这样的业主以自己并未签订前期物业服务合同拒交物业费，往往会败诉，不但需要补交物业费，甚至还可能被追究拖延物业费的滞纳金。

（五）前期物业管理中，建设单位应当制定临时管理规约

《物业管理条例》第 22 条要求建设单位应当在销售物业之前，制定临时管理规约，对有关物业的使用、维护、管理，业主的共同利益，业主应当履行的义务，违反临时管理规约应当承担的责任等事项依法作出约定。建设单位制定的临时管理规约，不得侵害物业买受人的合法权益。

管理规约本来应由业主大会制定，但在前期物业管理中业主大会尚未成立，由业主大会制定管理规约是不可能的。而物业管理活动仍需进行，业主的权益也需维护，因此《物业管理条例》赋予建设单位制定管理规约的权利，并将其命名为临时管理规约以区别于业主大会制定的管理规约。这也说明建设单位制定的规约的效力是临时的，在业主大会制定出管理规约之后该临时规约即失去效力。

《物业管理条例》第 23 条还要求，建设单位在出售物业时应向购买人明确告知并说明临时管理规约的内容，让物业买受人知道自己在将来物业管理中的权利和义务之后作出购买决定，买受人也应书面承诺遵守该规约。这也有助于减少实践中物业买受人因购买时得到的物业服务承诺与入住后得到的物业服务不一致而引发的纠纷。

第二节　前期物业服务企业

一、物业服务企业的设立及资质

（一）物业服务企业的设立

物业服务企业，是指按照合法程序成立、具有独立法人资格，并具有相应资质条件的从事物业管理业务的企业。我国现实中物业服务企业的主要形式是管理公司，其运行应根据《民法通则》、《公司法》、《物业管理条例》等法律法规的规定进行。

（二）物业服务企业的资质管理

目前，我国由房地产管理部门实施对物业服务企业实行资质管理，颁发资质等级证书，性质上属于行政许可审批。

物业服务企业资质等级分为一、二、三级：

（1）一级资质的物业服务企业要求：①注册资本人民币 500 万元以上；②物业管理专业人员以及工程、管理、经济等相关专业类的专职管理和技术人员不少于 30 人。其中，具有中级以上职称的人员不少于 20 人，工程、财务等业务负责人具有相应专业中级以上职称；③物业管理专业人员按照国家有关规定取得职业资格证书；④管理两种类型以上物业，并且管理各类物业的房屋建筑面积分别占下列相应计算基数的百分比之和不低于

100%：多层住宅200万平方米；高层住宅100万平方米；独立式住宅（别墅）15万平方米；办公楼、工业厂房及其他物业50万平方米。⑤建立并严格执行服务质量、服务收费等企业管理制度和标准，建立企业信用档案系统，有优良的经营管理业绩。

（2）二级资质的物业服务企业要求：①注册资本人民币300万元以上。②物业管理专业人员以及工程、管理、经济等相关专业类的专职管理和技术人员不少于20人。其中，具有中级以上职称的人员不少于10人，工程、财务等业务负责人具有相应专业中级以上职称。③物业管理专业人员按照国家有关规定取得职业资格证书。④管理两种类型以上物业，并且管理各类物业的房屋建筑面积分别占下列相应计算基数的百分比之和不低于100%：多层住宅100万平方米；高层住宅50万平方米；独立式住宅（别墅）8万平方米；办公楼、工业厂房及其他物业20万平方米。⑤建立并严格执行服务质量、服务收费等企业管理制度和标准，建立企业信用档案系统，有良好的经营管理业绩。

（3）三级资质的物业服务企业要求：①注册资本人民币50万元以上。②物业管理专业人员以及工程、管理、经济等相关专业类的专职管理和技术人员不少于10人。其中，具有中级以上职称的人员不少于5人，工程、财务等业务负责人具有相应专业中级以上职称。③物业管理专业人员按照国家有关规定取得职业资格证书。④有委托的物业管理项目。⑤建立并严格执行服务质量、服务收费等企业管理制度和标准，建立企业信用档案系统。

二、前期物业服务企业的产生方式

（一）招标投标方式

《物业管理条例》第24条规定，国家提倡建设单位按照房地产开发与物业管理相分离的原则，通过招投标的方式选聘具有相应资质的物业服务企业。

由此条的规定可见，国家提倡房地产开发应与物业管理相分离的原则。在原来谁开发、谁管理的自建自管模式下，由于建管之间界限模糊，缺乏明确的交接验收手续，建设单位前期开发过程中遗留的问题往往被掩盖，直至物业管理阶段才显现出来，导致物业服务企业在承接物业项目后难以处理前期建设与后期维修、养护的关系，责任不明，加大了物业管理的难度，容易引发纠纷。所以，通过招标投标的方式，引入公平竞争机制来选聘前期物业服务企业，实现优胜劣汰，则能打破“谁开发谁管理”的旧有模式，保障选择物业服务企业的程序的公正性，最终达到维护业主的合法利益的目的。

但该条第2款也明确规定了，住宅物业前期物业管理必须实行招标投标，属于强制性规定。也就是说，非住宅物业是否要求以招标投标方式选聘物业服务企业，目前不做强制要求。

值得注意的是，《物业管理条例》对于违反第24条要求的行为只是处以行政处罚，对于所涉的前期物业服务合同的法律效力并未作出规定。所以，第24条并非属效力性强制规定。也就是说，案例中的喜某苑作为住宅物业应依法进行物业服务的招标投标；但未经招标投标所签订的前期物业服务合同只要是平等自愿基础上的真实意愿表达，该合同仍然是有效的。案中的被告罗某不得以前期物业服务合同无效为由拒绝支付物业服务费。

（二）协议选聘方式

《物业管理条例》并没有绝对要求所有的房地产物业服务企业都必须采取招标投标方式选聘，只是对于涉及面大、数量多的住宅物业要求必须采取招投标方式选聘物业服务企业。《物业管理条例》第 24 条第 2 款也规定："……投标人少于 3 个或者住宅规模较小的，经物业所在地的区、县人民政府房地产行政主管部门批准，可以采用协议方式选聘具有相应资质的物业服务企业。"

这里的"住宅规模较小"的标准，是由省一级人民政府房地产行政主管部门确定。《前期物业管理招标投标管理暂行办法》(2003) 第 42 条也规定，"本办法第三条规定住宅规模较小的，经物业所在地的区、县人民政府房地产行政主管部门批准，可以采用协议方式选聘物业管理企业的，其规模标准由省、自治区、直辖市人民政府房地产行政主管部门确定"。如，武汉市就要求在多层物业总建筑面积少于五万平方米，或者单栋高层（含小高层）物业总建筑面积少于三万平方米，或者多层、高层混合物业总建筑面积少于四万平方米的情况下，经物业所在地区房屋主管部门批准，可以采取协议方式。①

但是，实践中开发建设单位直接与物业服务企业协商签订物业服务协议的，容易导致一些问题出现，如聘用的物业服务企业并不一定是最好的企业，开发建设单位有可能与物业服务企业串通损害业主权益，选聘的物业服务企业往往可能是开发建设单位集团的下属子公司、维护的仍旧是开发建设单位一方的利益。因而，行政部门有必要加强对前期物业协议选聘过程的监督。

三、前期物业服务企业的招标投标程序

（一）开发建设单位的招标

前期物业服务企业的招标中，招标人是指依法进行前期物业管理招标的物业开发建设单位。

前期物业管理招标由开发建设单位依法组织实施。建设单位不得以不合理条件限制或者排斥潜在的投标人，不得对潜在投标人实行歧视待遇，不得对潜在投标人提出与招标物业管理项目实际要求不符的过高的资格等要求。

前期物业管理招标分为公开招标和邀请招标。建设单位采取公开招标方式的，应当在公共媒介上发布物业管理招标公告，并同时在中国住宅与房地产信息网和中国物业管理协会网上发布免费招标公告。招标公告应当载明招标人的名称和地址，招标的物业项目的基本情况以及获取招标文件的办法等事项。建设单位采取邀请招标方式的，应当向 3 个以上物业服务企业发出投标邀请书，投标邀请书应当包含前款规定的事项。

建设单位可以委托招标代理机构办理招标事宜；有能力组织和实施招标活动的，也可以自行组织实施招标活动。物业管理招标代理机构应当在招标人委托的范围内办理招标事宜，并遵守《前期物业管理招标投标管理暂行办法》对招标人的有关规定。

建设单位应当根据物业管理项目的特点和需要，在招标前完成招标文件的编制。招标文件应包括以下内容：（1）招标人及招标项目简介，包括招标人名称、地址、联系方式、

① 《武汉市物业管理条例》(2010) 第 10 条。

项目基本情况、物业管理用房的配备情况等；（2）物业管理服务内容及要求，包括服务内容、服务标准等；（3）对投标人及投标书的要求，包括投标人的资格、投标书的格式、主要内容等；（4）评标标准和评标方法；（5）招标活动方案，包括招标组织机构、开标时间及地点等；（6）物业服务合同的签订说明；（7）其他事项的说明及法律法规规定的其他内容。

建设单位应当在发布招标公告或者发出投标邀请书的10日前，提交以下材料报物业项目所在地的县级以上地方人民政府房地产行政主管部门备案：与物业管理有关的物业项目开发建设的政府批件；招标公告或者招标邀请书；招标文件；法律、法规规定的其他材料。

房地产行政主管部门发现招标有违反法律、法规规定的，应当及时责令建设单位改正。

（二）物业服务企业的投标

投标人是指响应前期物业管理招标、参与投标竞争的物业服务企业。投标人应当具有相应的物业服务企业资质和招标文件要求的其他条件。

投标人应当按照招标文件的内容和要求编制投标文件，投标文件应当对招标文件提出的实质性要求和条件作出响应，包括以下内容：投标函；投标报价；物业管理方案；招标文件要求提供的其他材料。投标人应当在招标文件要求提交投标文件的截止时间前，将投标文件密封送达投标地点。

投标人不得以他人名义投标或者以其他方式弄虚作假，骗取中标。实务中，物业服务企业的资质等级不同意味着企业信誉、管理水平和服务质量存在差异。因此，国家要求资质等级的取得与使用必须一致。在前期物业服务企业的选择中，建设单位为了提高物业管理质量，往往在招标时将资质作为重要的投标条件。如果投标人假借他人名义进行投标，必然会侵害其他物业服务企业的权利，扰乱国家对物业服务企业的资质管理秩序。而且，最终签订的中标合同也会因投标人实际主体资格不符导致合同无效。

【案例 2-2】

某物业服务企业参加某建设单位组织的前期物业选聘投标后，为了能够顺利中标，通过多方打听，了解到参加本次评标的6名专家。然后通过同学、亲戚、朋友等关系与专家们联系，最后有3名专家同意帮忙。在3名专家努力下，该物业服务企业顺利中标。在表示庆祝宴请3名专家时，恰好被另一家参与竞标的单位发现，遂派人偷拍了宴席照片，于第二天将照片送到房地产行政主管部门，要求认定中标无效，并对这3名专家进行相应的行政处罚。

点评：物业服务企业在投标中不得相互串通投标，不得排挤其他物业服务企业的公平竞争，不得损害招标的建设单位或者其他投标人的合法权益。物业服务企业在投标中不得与建设单位串通投标，损害国家利益、社会公共利益或者他人的合法权益。禁止物业服务企业以向建设单位或者评标委员会成员行贿等不正当手段谋取中标。该案中，投标人与评标委员会之间的不正当行为，会导致最终签订的中标合同因损害他人或国家利益而无效。

（三）开发建设单位的开标、评标

1. 开标

开标应当在招标文件确定的提交投标文件截止时间的同一时间公开进行；开标地点应当为开发建设单位发布的招标文件中预先确定的地点。开标由开发建设单位主持，邀请所有参与投标的物业服务企业参加。

开标应当按照下列要求进行：由投标人或者其推选的代表检查投标文件的密封情况，也可以由建设单位委托的公证机构进行检查并公证。经确认无误后，由工作人员当众拆封，宣读投标人名称、投标价格和投标文件的其他主要内容。建设单位在招标文件要求提交投标文件的截止时间前收到的所有投标文件，开标时都应当当众予以拆封。开标过程应当记录，并由招标人存档备查。

2. 评标

评标由开发建设单位依法组建的评标委员会负责。评标委员会由开发建设单位代表和物业管理方面的专家组成，成员为5人以上单数，其中建设单位代表以外的物业管理方面的专家不得少于成员总数的2/3。评标委员会的专家成员，应当由开发建设单位从房地产行政主管部门建立的专家名册中采取随机抽取的方式确定。与投标的物业服务企业有利害关系的人不得进入相关项目的评标委员会。

评标委员会成员应当认真、公正、诚实、廉洁地履行职责。评标委员会成员不得与任何物业服务企业或者与招标结果有利害关系的人进行私下接触，不得收受投标人、中介人、其他利害关系人的财物或者其他好处。评标委员会成员和与评标活动有关的工作人员不得透露对投标文件的评审和比较、中标候选人的推荐情况以及与评标有关的其他情况。

评标委员会可以用书面形式要求参与投标的物业服务企业对投标文件中含义不明确的内容作必要的澄清或者说明。物业服务企业应当采用书面形式进行澄清或者说明，其澄清或者说明不得超出投标文件的范围或者改变投标文件的实质性内容。在评标过程中召开现场答辩会的，应当事先在招标文件中说明，并注明所占的评分比重。评标委员会应当按照招标文件的评标要求，根据标书评分、现场答辩等情况进行综合评标。除了现场答辩部分外，评标应当在保密的情况下进行。

评标委员会应当按照招标文件确定的评标标准和方法，对投标文件进行评审和比较，并对评标结果签字确认。评标委员会经评审，认为所有投标文件都不符合招标文件要求的，可以否决所有投标。依法必须进行招标的物业管理项目的所有投标被否决的，开发建设单位应当重新招标。

（四）物业服务企业的中标及签约

1. 制作并提交评标报告

评标委员会完成评标后，应当向开发建设单位提出书面评标报告，阐明评标委员会对各投标文件的评审和比较意见，并按照招标文件规定的评标标准和评标方法，推荐不超过3名有排序的合格的物业服务企业作为中标候选人。

2. 确定中标人

开发建设单位应当按照中标候选人的排序确定中标人。当确定中标的物业服务企业放弃中标或者因不可抗力提出不能履行合同的，开发建设单位可以依序确定其他中标候选人中的物业服务企业为中标人。开发建设单位应当在投标有效期截止时限30日前确定中标的物业服务企业。投标有效期应当在招标文件中载明。

3. 发出中标通知

开发建设单位应当向中标的物业服务企业发出中标通知书，同时将中标结果通知所有未中标的其他参与投标的物业服务企业，并应当返还其投标书。

4. 评标结果备案

开发建设单位应当自确定中标的物业服务企业之日起15日内，向物业项目所在地的县级以上地方人民政府房地产行政主管部门备案。备案资料应当包括开标评标过程、确定中标企业的方式及理由、评标委员会的评标报告、中标企业的投标文件等资料。委托代理招标的，还应当附招标代理委托合同。

5. 签订物业服务合同

开发建设单位和中标的物业服务企业应当自中标通知书发出之日起30日内，按照招标文件和中标人事先的投标文件订立书面合同。招标人无正当理由不与中标人签订合同，给中标人造成损失的，招标人应当给予赔偿。

【案例2-3】

某物业服务企业是某建设单位的下属企业。2003年9月6日，该物业服务企业参加了由建设单位组织的前期物业服务企业的招标。为了能够中标，该物业管理企业故意降低服务费，结果该物业服务企业如愿以偿地中标，但在其与建设单位签订合同时，却又将物业管理服务费提高了30%。

点评：物业服务企业在中标后不得违反中标书要求签订物业服务合同，也不得再行订立背离合同实质性内容的其他协议。实践中，常常有物业服务企业在中标后，另行与开发建设单位签订与中标书不符的物业服务合同，更改物业服务费或者降低物业服务标准，如案中事后将物业费提高30%，其实都构成了对标书内容的实质性修改，应该认定为无效。

第三节　前期物业服务合同

一、前期物业服务合同的签订

（一）前期物业服务合同的签订主体

《物业管理条例》第21条规定，在业主、业主大会选聘物业服务企业之前，建设单位选聘物业服务企业的，应当签订书面的前期物业服务合同。由此可见，前期物业服务合同是开发建设单位和物业服务企业签订的。但是如前所述，前期物业服务合同往往涉及业主的权利和义务，所以，在物业买卖合同中经过业主承诺的前期物业服务合同同样对业主具有约束力。

（二）前期物业服务合同的签订时间

前期物业服务合同最初是由建设单位在物业竣工验收后与物业服务企业签订的。物业买受人在与建设单位签订房屋买卖合同时，也必须对前期物业服务合同的约定的内容予以承诺。所以，对于业主而言，签订前期物业服务合同的时间与物业买卖合同同步。

（三）前期物业服务合同的签订方式

建设单位与物业服务企业在平等、自愿基础上通过要约邀请、要约、承诺的过程最后达成意思表示一致，完成前期物业服务合同的签订，与一般合同的签订方式和过程相同。但受前期物业服务合同约束的业主，并没有直接与物业服务企业进行协商，而是在与建设单位协商房屋买卖合同时，对前期物业服务合同予以接受。

业主与建设单位签订合同时，虽然建设单位存在一定的强势，业主只能对之前建设单位已经签订好的前期物业服务合同内容予以接受，但并不代表业主对于前期物业服务合同的内容没有意思表示的自由。业主对于不满的前期物业服务合同也有权发表意见，也有权提出修改；如果前期物业合同内容明显有失公平，业主也可拒绝签订，主张合同无效；并向有关部门投诉，要求建设单位和前期物业服务企业对前期物业服务合同进行修正。

【案例 2-4】

2003 年 10 月 13 日，杨先生在紫玉山庄购买别墅一栋，房价款 607 万元，支付全额房款后 15 日内交付房屋。杨先生没想到，当他验房后准备领取钥匙收房时却被告知，必须先签订物业合同才能收房。杨先生认为，开发商的作为实际上是将《商品房买卖合同》和《物业合同》捆绑销售，而这是两个完全不同的合同。按照合同约定，业主有权在房屋交付完成后再签订物业合同。双方在物业合同的签订程序上发生分歧，而开发商称，先签物业合同再交房是“行业惯例”。于是，杨先生一纸诉状将开发商告上法院，要求解除购房合同，退还购房款并由开发商支付违约金。①

点评：杨先生和开发商矛盾的焦点在于到底是先交房再接受物业公司服务，还是先接受物业公司、签订物业服务合同后再入住。开发商认为，杨先生要在签订物业服务合同后才能入住。而杨先生则认为，应该先拿到钥匙才能签订物业服务合同。双方的依据都是购房合同中明确规定的：买受人在房屋交付之日起接受集祥物业公司的管理。本案中，双方签订的买卖合同中房屋交付的履行除交付全额房款外并没有别的前提条件。业主支付房款，开发商按期交付房屋，这种买卖关系就成立并完成了。但案中开发商却根据双方已签订的买卖合同补充协议中“业主必须接受开发商指定的物业管理公司”一款，让杨先生先签订物业服务合同。杨先生已经支付了全部购房款，而开发商却没有依约交付房屋，因此开发商应当承担违约责任。

① 案例改编自石毅：《业主获赔 607 万元退房款》，载《京华时报》2006 年 3 月 11 日，A11 版。

二、前期物业服务合同的效力

（一）前期物业服务合同的效力范围

所谓效力范围，即前期物业服务合同对哪些主体具有约束力。根据上文，前期物业服务合同对开发建设单位、购买物业时作出承诺的业主和物业服务企业具有约束力。因此发生的法律关系包括：

1. 开发建设单位和物业服务企业之间的物业服务合同关系

在开发建设单位未完全出售物业之前，开发建设单位仍为部分物业的业主，接受物业服务企业的服务，向物业服务企业履行包括交付服务费的义务等。而当开发建设单位将所有物业全部出售后，则物业服务企业的服务对开发建设单位不再具有任何实质性影响，开发建设单位也会逐渐怠于行使物业服务合同的权利，不愿意浪费时间和精力去追究物业服务企业的责任，因此影响到的是更多的入住业主的实际权益。

2. 业主和物业服务企业之间的物业服务合同关系

业主并不是前期物业服务合同的签订主体，却能享受前期物业服务合同的权利并履行义务，其依据在于：第一，《物业管理条例》第 25 条规定，物业买卖合同包含前期物业服务合同约定的内容。第二，在业主从开发商处购得物业后，开发建设单位和物业服务企业先前签订的前期物业服务合同确立了双方的权利义务，就全部转移给了新的物业业主，此即合同的概括承受。

3. 开发建设单位与业主之间的关系

开发建设单位与业主之间存在物业买卖合同法律关系，交付物业后开发建设单位对物业的维修保质责任以及开发建设单位与业主间关于前期物业服务合同的权利义务的概括移转法律关系。

（二）前期物业服务合同的效力期限

前期物业服务合同期限具体多长时间，《物业管理条例》并无规定，可以由建设单位和物业服务企业之间进行约定，通常不能太长；也可以根据法律规定确定合同期限，通常在业主委员会成立后重新选择物业服务企业签订新的物业服务合同时为止。所以，前期物业服务合同具有临时性和过渡性。

前期物业服务合同和正式的物业服务合同（业主委员会与物业服务企业签订）的相互衔接与协调的问题非常重要。在实践中，经常会出现以下几种典型情况：（1）前期物业服务合同期限已经届满，但业主大会还未召开，未来得及成立业主委员会，也就没有选聘新的物业服务企业，此种情况下有可能造成物业无人可管或者旧有物业服务企业的事实物业服务关系。（2）前期物业服务合同还未届满，业主大会已经召开，已经通过业主委员会选聘新的物业服务企业并签订新的物业服务合同，这就容易导致多个物业服务企业都进行管理，容易造成冲突和纠纷。（3）前期物业服务合同届满时新的物业服务合同生效，此时新旧物业服务进行了很好的衔接。

根据现有规定，前期物业服务合同终止的时间，通常即建设单位与物业公司约定的到期时间。但不管约定多长时间，截止于业主委员会与物业服务企业签订新的物业服务合同生效时，也就是说即便前期物业合同约定的期限还未届满时，业主委员会新签订的物业服务合同生效时，则前期物业合同必须终止。这样就避免了上述第二种情况中两个物业服务合同发生冲突。因为物业管理毕竟与业主的权益密切相关，而前期物业服务合同却不是业主签订的，并不能完全反映业主对物业服务企业的要求，法律作此规定也是出于对业主权益的保护。

当然，前期物业服务合同届满后如果没有新的物业服务衔接，只要前期物业服务企业提供了物业服务，业主又已接受，则构成了事实上的物业服务法律关系，业主应该按原有物业服务合同的约定履行交付物业服务费的义务。①

三、前期物业服务合同的内容

建设部在 2004 年 9 月 6 日制定并公布了《前期物业服务合同（示范文本）》，作为建设单位与物业服务企业签订前期物业服务合同的重要指导。根据该示范文本，前期物业服务合同应当对物业服务内容、服务标准、收费标准、收费方式及收费起始时间、合同终止情形等内容进行约定；涉及物业买受人共同利益的，其约定应当一致。一般应包括以下内容：

1. 物业的基本情况

包括物业名称、物业类型、坐落位置、建筑面积、物业管理区域等。

2. 前期物业服务内容与质量

（1）物业共用部位的维修、养护和管理；

（2）物业共用设施设备的运行、维修、养护和管理；

（3）物业共用部位和相关场地的清洁卫生，垃圾的收集、清运及雨、污水管道的疏通；

（4）公共绿化的养护和管理；

（5）车辆停放管理；

（6）公共秩序维护、安全防范等事项的协助管理；

（7）装饰装修管理服务；

（8）物业档案资料管理。

其他还包括物业服务应达到的质量标准。

3. 前期物业服务费用

（1）前期物业服务费用的缴纳主体和缴纳方式。

《物业管理条例》第 42 条第 2 款规定，“已竣工但尚未出售或者尚未交给物业买受人的物业，物业服务费用由建设单位交纳”。所以，在前期物业管理中，也就是业委会成立

---

① 《最高人民法院关于适用〈中华人民共和国合同法〉若干问题的解释（二）》第 2 条规定：“当事人未以书面形式或者口头形式订立合同，但从双方从事的民事行为能够推定双方有订立合同意愿的，人民法院可以认定是以合同法第 10 条第 1 款中的‘其他形式’订立的合同。但法律另有规定的除外。”

并选聘新的物业服务企业之前，也同样分两种情况收物业服务费。物业交付业主前由建设单位承担物业费，交付后由业主支付。但是该规定有明显不足，其忽视了开发商和业主约定费用承担的情况，缩小了当事人意思自治的空间，也是对当事人权利不合理的限制。有的地方规定在此做了不同于条例的要求，如北京要求建设单位承担前期物业服务责任。① 也就是哪怕物业交付给业主了，只要业委会还未成立，还未选出新的物业服务企业，前期物业服务费就都由建设单位承担。这有利于减轻业主负担，同时有利于促进开发建设单位积极推动成立业主大会。

前期物业服务费用的缴纳方式。有两种，一种是包干，另一种是酬金制。包干制是业主按其拥有物业的建筑面积交纳物业服务费用。酬金制是由业主按其拥有物业的建筑面积预先交纳物业服务资金，作为物业服务支出和物业服务企业的酬金。

（2）物业服务费支出范围包括：①管理服务人员的工资、社会保险和按规定提取的福利费等；②物业共用部位、共用设施设备的日常运行、维护费用；③物业管理区域清洁卫生费用；④物业管理区域绿化养护费用；⑤物业管理区域秩序维护费用；⑥办公费用；⑦物业管理企业固定资产折旧；⑧物业共用部位、共用设施设备及公众责任保险费用；⑨法定税费；⑩物业管理企业的利润等。

（3）物业服务费标准。国家发改委、建设部颁布的《物业服务收费管理办法》第5条规定，“物业服务收费应当遵循合理、公开以及费用与服务水平相适应的原则”，即“质价相符”原则。

4. 物业的经营与管理

包括物业管理区域内停车场、会所及其他物业共用部位、公用设备设施的使用方式、费用收取及收入分配。

5. 物业的承接验收

通过承接验收，能够及时将发现的问题向建设单位提出。不仅能够有效地防止将来可能发生的物业使用和管理纠纷，而且物业管理企业根据验收资料，可以有针对性地制定管理措施和维修计划。这是和普通物业服务不一样的主要内容体现。

6. 物业的使用和维护

《物业管理条例》第27、28条规定，“业主依法享有的物业共用部位、共用设施设备的所有权或者使用权，建设单位不得擅自处分。物业服务企业承接物业时，应当对物业共用部位、共用设施设备进行查验”。物业共用部位和共用设施设备的权利归业主享有，建设单位无权处分，在业主大会、业主委员会成立并就此作出约定前，应由前期物业服务企业进行查验并管理。

7. 专项维修资金

包括专项维修资金的缴存，专项维修资金的管理，专项维修资金的使用，专项维修资金的续筹。

---

① 《北京市物业管理办法》(2010) 第8条。

8. 违约责任

主要包括前期物业服务合同双方对违约责任的约定和处理，免责条款的约定等。此外可以约定承担违约金的情形和违约金的数额，也可以约定在不可抗力、意外事件等发生后导致合同不能履行时无须承担违约责任。

9. 其他事项

此部分主要包括前期物业服务合同的履行期限、合同生效条件、合同争议处理、物业服务用房、物业服务相关资料归属以及双方认为需要约定的其他事项等。

第四节　物业的承接验收

一、物业的承接验收的意义

狭义的物业的承接验收，是物业服务企业承接开发建设单位移交的新建物业时，对物业共用部位、共用设施设备进行检查和验收的活动。广义上物业的承接验收还包括业主对建设单位移交物业的承接验收以及物业服务企业对于原有物业的承接验收。在此部分，我们主要探讨物业服务企业与建设单位之间的物业承接验收。

物业承接验收是物业服务企业承接物业时不可或缺的工作程序。通过承接验收，可以发现此前没有发现的质量问题及时进行整改。特别是物业服务企业在楼房竣工后、居民进户前，进行物业的承接验收，就能够及时将发现的房屋质量、使用功能等问题向开发建设单位提出，并监督开发建设单位返修。不仅能够有效地防止将来可能发生的物业使用和管理纠纷，而且物业服务企业可以根据掌握的验收资料，有针对性地制定预防性的管理措施和维修计划。

二、物业的承接验收与竣工验收

承接验收是指物业服务企业为实施物业管理而承接验收物业；竣工验收是指建设单位收到建设工程竣工报告后，组织设计、施工、工程监理等有关单位对建设工程进行的竣工验收。二者主要区别在于：

一是体现的合同关系不同。竣工验收体现的是建设单位与施工单位之间建设工程合同关系，物业承接验收则体现建设单位与物业服务企业之间的前期物业服务合同关系，以及物业服务企业与业主、业主委员会之间的交接关系。

二是接受主体不同。竣工验收的接受主体是建设单位，物业承接验收的接受主体是物业服务企业、业主委员会。

三是查验范围不同。竣工验收是对该建设工程的全面质量查验；承接验收是物业服务企业对现有物业共用部位、共用设施设备的查验以及对物业资料的接收。

四是查验标准不同。竣工验收应当符合国务院《建设工程质量管理条例》第 16 条、建设部《房屋建筑工程和市政基础设施工程竣工验收暂行规定》第 5 条规定。承接验收对查验内容法律没有明确规定，但根据《建筑法》第61条第2款关于“建筑工程竣工经验收合格后，方可交付使用”的规定，物业服务企业应当在这一底限基础上，为便于今后顺利实施物业管理，对物业共用部位、共用设施设备进行查验，具体可参照1991年建设部发布的《房屋承接验收标准》。

三、物业承接验收的要求

物业承接验收的流程如下：

1. 验收申请

建设项目全部竣工后，开发建设单位应向政府建设行政主管部门提出综合竣工验收申请报告并附相关的文件、资料。

2. 建设行政主管部门组成综合验收小组

建设行政主管部门应在接到申请报告和有关资料后1个月内，组成由城建（包括市政工程、公用事业、园林绿化、环境卫生）、规划、房地产、工程质量监督等有关部门及住宅小区经营管理单位参加的综合验收小组。

3. 进行验收

综合验收小组应当审阅有关验收资料，听取开发建设单位汇报情况，进行现场检查，对建设、管理的情况进行全面鉴定和评价，提出意见并向城市人民政府建设行政主管部门提交住宅小区竣工综合验收报告。

4. 交付使用手续的办理

建设行政主管部门对综合验收报告进行审查，审查合格后，开发建设单位方可将房屋和有关设施办理交付使用手续。验收合格并已办理交付使用手续的住宅小区，开发建设单位不再承担工程增建、改建费用。

5. 验收备案

开发建设单位应当按规定，在竣工验收合格后，将完整的验收资料报送备案。

承接验收时应移交的资料包括：竣工总平面图，单体建筑、结构、设备竣工图，配套设施、地下管网工程竣工图等竣工验收资料；设施设备的安装、使用和维护保养等技术资料；物业质量保修文件和物业使用说明文件；物业管理所必需的其他资料。

【典型案例】

2007年8月20日，原告佛山市某置业有限公司与被告李某签订《商品房买卖合同》，约定被告以159万余元的价格认购原告开发并已取得预售许可的位于佛山市城门头西路环球国际广场的一套房屋。签约后，李先生支付了全部购房款。购房合同的第3条中约定了“买受人签订本买卖合同时，应与出卖人或其委托的物业管理公司签订《前期物业服务协议》”。不过，因对前期物业服务协议中的收费标准有异议，李先生拒签了《前期物业服务协议》。3个月后，置业公司以特快专递的形式催促李先生签订前期物业服务协议，结果该邮件被退回。随后，置业公司把李先生告上了法庭。该公司表示，李先生拒不履行商品房买卖合同中约定的买方应履行签订前期物业服务协议的义务，致使商品房买卖合同无法办理登记备案，合同事实上已无法继续履行，要求法院判令解除合同。李先生辩称：其至今未签前期物业服务协议的原因是：协议存在许多不合理收费及重复收费的地方，且曾要求开发商就前期物业服务协议中内容进行协商，但开发商称该协议内容不能作任何修改。对此，李先生认为，在自己与开发商双方签订的所有书面材料中均没有不签前期物业服务协议就可解除商品房买卖合同的约定的情况下，开发商要求解除商品房买卖合同的诉讼请求没有法律依据。①

评析：《物业管理条例》第25条要求，建设单位与物业买受人签订的买卖合同应当包含前期物业服务合同约定的内容，业主在签订房屋买卖合同时应与建设单位签订前期物业服务合同。但房屋买卖合同与前期物业服务合同是两个不同的法律关系，房屋买卖合同里的主要权利义务是交房和付房款，前期物业服务合同的主要内容是提供物业服务和交付物业费。如果双方并没有约定将拒不签订前期物业服务协议作为解除商品房买卖合同的条件，那么在买房人已与建设单位签订商品房买卖合同且已交纳全部购房款的前提下，建设单位仅以买房人拒签前期物业服务合同导致其无法办理商品房买卖合同备案为由，请求法院解除其与买房人之间的商品房买卖合同的诉讼请求，不符合我国《合同法》第94条规定的法定解除条件，不应支持。所以，物业买受人拒绝签订前期物业服务合同，并不会导致物业买卖合同解除或无效。

但是，李先生在签订房屋买卖协议时，已经知道前期物业服务协议的内容，却没有提出异议，也未能举证证明该《前期物业服务协议》的物业服务收费如何不合理或违法，故李先生对双方未能签订《前期物业管理协议》也存在一定的缔约过失责任。

如果购房人李先生对前期物业服务协议的内容确有异议，是可以向建设单位和物业服务企业提出修改意见，或在知道或应当知道的一年期限起诉法院要求撤销的。另外，我国《物业管理条例》和建设部《前期物业管理招投标管理暂行办法》规定招标单位应将有关的招标过程和结果的资料到房地产行政主管部门登记备案，通过备案，可以对前期物业管理合同内容进行有效的监管。同时，对于住宅物业不经过招投标选聘物业服务企业以及物业服务合同擅自改变招投标文件实质内容的规定了一定的处罚措施。所以，如果李先生发现物业服务合同的内容侵犯了业主的合法利益，也可以向房地产行政主管部门举报，要求他们作出处理决定。

◎思考题：

1. 简述前期物业管理有哪些特殊性？

---

① 案例源自刘艺明：《不签前期物管协议？百万豪宅不卖给你!》，载《广州日报》2008年7月24日，第A38版。

2. 试说明物业服务企业资质管理包括哪些方面？

3. 试分析说明前期物业服务合同的起止时间和期限长短。

4. 物业承接验收有几种？前期物业管理中的物业承接验收应注意什么？

5. 请对下则案例进行分析：

余某入住某房地产公司开发的精装修商品房后，认为该房质量存在瑕疵，拒付物业费引发诉讼纠纷。近日，江西省南昌高新技术产业开发区人民法院调解此案，余某支付物业公司物业服务费2300余元。2008年1月24日，余某购买由某房地产公司建设的精装修商品房一套，双方签订了商品房买卖合同，该合同附件包括前期物业服务内容。余某确认住宅小区的前期物业管理由房地产公司选聘的益达物业公司实施。余某入住房屋后，认为该房存在卫浴、厨房排水不达验收标准等质量问题，多次要求房地产公司解决未果，向物业公司提出要求协调解决，也未得到满意答复。在物业公司要求余某交纳2008年9月之后物业服务费时，余某抗辩其与物业公司并未签订物业服务合同，双方不存在合同关系；其仅与房地产公司发生合同关系，房地产公司有违约行为，其有权拒绝物业公司关于交纳物业费的履行要求。为此，物业公司诉至法院要求余某交纳物业费。① 该案中业主的做法有无不妥？应该采取什么方法解决问题？

① 案例源自黄文亮：《房屋质量有瑕疵　物业费还得交纳》，载《人民法院报》2010年9月27日，第003版。

第三章　业主大会和业主委员会

【本章导读】

业主是建筑物区分所有权下的概念，业主身份的确认既影响到业主大会的召开和业主委员会的组成，也关系到业主大会决议的通过。依据房屋所有权的获得和对买受房屋的占有这两个判断标准，现实中的不动产所有权证上的登记所有人、房屋买受人、房屋继承人、建房人、裁判书中载明的财产所有人都属于业主。业主大会由全体业主组成，包括定期会议和临时会议两种，只有经过法定程序的业主大会决议才有法律效力。业主大会的决议包括一般表决和特殊表决机制两种，均不得违反管理规约，对全体业主和业主委员会都有效。业主有权请求法院撤销违反召集程序、法律法规和管理规约的业主大会决议。在业主大会成立后，首次业主大会会议上选举产生业主委员会，并要经登记备案；其成员必须为业主，且有相应资格和任期要求。业主委员会作为业主大会的执行机构，通过召开会议通过决议形式来执行业主大会的决定事项。业主自治的还需要制定管理规约和小区规章制度，前期物业管理中由建设单位制定临时管理规约，作为物业管理小区的自治性规范，约束全体业主。

【问题引入】

广州市海珠区宏×花园业委会成立于2008年1月2日。吴女士是该花园21栋业主。2009年6月，业主委员会准备召开业主大会更换物业服务公司。吴女士认为，在选聘新的物业服务公司的过程中，业委会无视广大业主的反对，没有听取房管局和街道办事处的意见，没有按照国务院《物业管理条例》、《广东省物业管理条例》、《宏×花园业主大会议事规则》的要求召开业主大会会议。“宏×花园第二次业主大会会议决议”的产生，没有物业管理区域内专有部分占建筑物总面积过半数的业主且占总人数过半数的业主参加，应予以撤销。

另外，在宏×花园业委会召开业主大会期间，吴女士将收集到的超20%的业主联名签字送达业委会，要求以其个人名义组织召开集体讨论形式的临时业主大会，共同商讨选聘物业公司的事项。而业委会不听取小区业主的意见，以书面征求意见的形式召开了业主大会会议，并在之后委托某咨询有限公司作为招标机构进行物业招标时，对于招标文件的内容、选聘标准、评标办法等关系业主切身利益的重大事项，未按照规定和约定提交业主大会讨论和投票，吴女士认为业委会的行为是明显的侵权行为。于是，吴女士诉至法院，请求法院依法判令撤销宏×花园业委会作出的宏×花园第二次业主大会会议决议；撤销宏×花园业委会作出的业委会决议；确认业委会根据上述决议进行的招投标并签署物业服务合同的行为无效。被告业委会在诉讼中辩称：宏×花园第二次业主大会会议的召开符合相关法律法规规定，合法有效。全体业主就解聘旧物业公司、选聘新物业公司一事，从2009年7月起至2010年2月止，以书面形式组织召开了历时七个月的第二次业主大会会议。在长达七个月的会议期间，全体业主充分考虑和表达了自己的意见并作出了决定，慎重通过了物业公司选聘程序，形成了第二次业主大会会议决议。业委会正是严格按照业主大会确定的程序和授权作出的上述职务行为，选聘了物业公司，而且得到了街道办和居委会等相关行政部门的监督、指导，是合法有效的，故请法院依法驳回原告的诉讼请求。①

问题：

1. 原告要求召开临时业主大会是否合理？
2. 业主大会应当采用集体讨论方式还是书面征求意见方式进行？
3. 小区“第二次业主大会会议决议”是否合法？

第一节　业　　主

一、业主的含义

（一）业主的概念

在我国漫长的历史发展过程中，业主并不是典型的民法概念，而是日常生活中的概念。《现代汉语词典》中所谓“业主”，指“产业或企业的所有者”。② 中国历史传统中，业主也是对不动产所有权人、典权人和永佃权人的统称。③ 后来随同物业管理一起，“业主”一词从我国香港传入内地并逐渐被人们熟悉和接受。随着近几十年来我国住房市场化改革的不断深入和城镇居民居住状况的深刻变化，正演变为日益壮大的拥有房产的市民群体的代名词。④

“业主”一词也本非传统大陆法系概念。在世界各国、各地区的法律规定中的称呼并不统一。有称“业主”的⑤，如新加坡、中国香港特别行政区；有称“建筑物区分所有权人”的，如日本⑥；有称“区分所有权人”，如我国台湾地区⑦；等等。

---

① 案例改编自程磊：《撤销业主大会决议败诉案》，载《现代物业·新业主》2010年第10期。

② 中国社会科学院语言研究所词典编辑室编：《现代汉语词典》，北京商务印书馆1991年版，第1349页。

③ 任志强：《论传统社会中的“业”及其与“业主”的关系》，载《甘肃政法学院学报》2008年第5期。

④ 邹树斌：《城市业主维权运动：特点及其影响》，载《深圳大学学报（人文社会科学版）》2005年第5期。

⑤ 史尚宽著：《物权法论》，中国政法大学出版社2000年版，第109页。

⑥ 日本《建筑物区分所有权法》第2条。

⑦ 台湾《公寓大厦管理条例》第3条规定：本条例用辞定义如下：……七、区分所有权人会议：指区分所有权人为共同事务及涉及权利义务之有关事项，召集全体区分所有权人所举行之会议。

对于何为业主，《物业管理条例》第6条第1款规定：“房屋的所有权人为业主。”因此，业主就是物业的主人，通常指房屋的所有权人，也包括与房屋相配套的设备、设施和相关场地的所有权人。《物权法》在第六章“业主的建筑物区分所有权”中都使用了业主概念，其中第70条规定：“业主对建筑物内的住宅、经营性用房等专有部分享有所有权，对专有部分以外的共有部分享有共有和共同管理的权利。”因此，业主作为建筑物区分所有权制度下的一个法律概念，指的是区分所有权人，不应包括建筑物独立所有权人，如酒店、大厦的所有权人。

（二）业主的分类

根据业主是自然人还是法人，业主可分为自然人业主和非自然人业主。后者指对物业拥有所有权的是自然人以外的主体，包括法人和非法人组织。

根据业主资格取得的先后顺序不同，业主分为原始业主和继受业主。原始业主是指最初取得物业所有权的人；继受业主是指通过转让、赠与、继承和互易而从原始业主或其后手那里取得物业所有权的业主。

根据物业所有权归属主体不同，业主可以分为公房业主和私房业主。公房业主按我国法律规定是国家和集体；狭义仅指国家及其授权经营管理公房的部门或单位。私房业主是指享有物业所有权的“私人”，包括自然人、非国家机关性质的法人或其他组织。

最后，根据物业基本用途的不同，可将业主分为居住物业业主和非居住物业业主。

二、业主身份的界定标准

明确界定业主身份，既关系到业主大会召开的合法性和业主委员会组成的合法性，又关系到业主大会决议的有效性，非常重要。虽然业主被称为“房屋所有权人”，但根据现有立法规定，业主范围的界定标准却有如下两方面：

（一）取得房屋所有权

《建筑物区分所有权司法解释》第1条规定：“依法登记取得或者根据物权法第二章第三节规定取得专有部分所有权的人，应当认定为物权法第六章所称业主。”也就是说业主身份的认定标准为对物业是否拥有所有权。

根据《物权法》第二章的规定，依法取得物业所有权的方式有两种：一种是法律行为，如买卖、赠与；另一种是非法律行为，如根据法律文书、征收、继承或受遗赠等事实行为取得。建筑物为不动产，通过法律行为取得的所有权必须办理登记，不动产登记记载或权属证书便为业主身份的依据。通过非法律行为取得所有权的，无需登记，分别自人民法院、仲裁委员会的法律文书或人民政府的征收决定生效时取得所有权，或者自继承或者受遗赠开始时取得所有权，或者自合法建造、拆除房屋等事实行为发生时取得不动产所有权。当然，对于那些没有经过物权登记的事实行为，《物权法》第31条规定：“……处分该物权时，依照法律规定需要办理登记的，未经登记，不发生物权效力。”

（二）取得对买受房屋的占有

《建筑物区分所有权司法解释》第1条第2款规定，“基于与建筑单位之间的商品房买卖民事法律行为，已经合法占有该专有部分，但尚未依法办理所有权登记的人，可以认定为物权法第六章所称业主”。

实际上，这一规定是对业主的范围作了扩大解释。该规定从社会实际生活出发，补充了业主身份界定的另一标准，即虽未登记取得建筑物专有部分所有权，但却基于与建设单位之间的商品房买卖合同（包括预售合同），已经合法占有建筑物专有部分的人也可以认定为业主。

之所以作扩大解释，是因为在现实中，建设单位（开发商）和购房人签订商品房买卖合同（商品房预售合同）之后，客观上建设单位不可能立即将不动产权证交付给购房人，从合同签订到办理权属登记手续、再到办好不动产权证需要一定的周期。① 而且，从主观上来说，建设单位也希望购房人办理不动产权证的时间越长越好，因为建设单位极有可能以房子为抵押在银行有借款作为流动资金使用或者不愿缴纳办理不动产权证中的相关费用；同时，购房者在缴纳大笔购房费用后不愿立即缴纳契税、住房维修基金，因而也不愿意立即办理房屋变更登记。

而建设单位的房屋经过验收合格后，会通知购房者办理入住。入住条件中最关键的是购房合同及缴款凭证，这就意味着购房人没有办理房产变更登记也可以入住。所以，现实中购房者入住 2 年、3 年都还没有拿到不动产权证的现象不足为奇。这些尚未获得房屋产权，但已经办理了房屋买卖合同登记的人，从办理入住手续开始，就已经获得了对房屋占有控制的权利，就应当缴纳物业管理费用；而且，入住后既然从物业管理中受益，要求其支付物业管理费用也是合理的。这部分人与已经办理产权变更登记的业主在实际需求和利益上并无二致，因此有必要对其“业主身份”进行特别规定。

虽然有人认为，根据司法解释这一扩大规定，假设在甲建设单位将房屋出售给乙并转移占有，之后甲又将房屋出售给丙并办理房屋变更登记的“一房二卖”情形下，可能导致“同一专有部分出现两个业主”的问题②。笔者却并不认同。看起来，似乎乙是根据解释第 1 条第 2 款规定被认定为业主，而甲作为房屋所有权人也是业主，这就出现了一房两个业主的混乱情形。其实不然。当在后购买人丙成功办理所购房屋变更登记时，丙就成为所有权人，就可以对抗一切其他社会不特定主体，包括在先的合法占有者乙，从而成为唯一业主。并且，上述所有权的业主认定标准源自于《物权法》，房屋买卖合同及合法占有的业主认定标准源自于《建筑物区分所有权司法解释》，前者效力优于后者，丙因此也可以对抗乙获得唯一业主资格。

所以，解释中将通过买卖并合法占有商品房的人，即便没有取得房屋所有权登记，也被认定为业主是合理的。但实践操作中要注意几个方面的把握，一是此处的买卖仅限于与建设单位之间的商品房买卖，不适用于二手房转让；二是必须通过买卖商品房占有房屋，排除承租人、借用人等物业使用人以及开发商通过占有房屋被认定为业主的可能；三是必须合法、公然占有房屋，购房后未办理收房入住手续的购房人不得认定为业主。

---

① 《城市商品房预售管理办法》(2001) 第 12 条规定：“预售的商品房交付使用之日起 90 日内，承购人应当……办理权属登记手续。”

② 屈茂辉、周志芳：《论业主的法律界定———兼评〈建筑物区分所有权司法解释（征求意见稿）〉第 1 条》，载《政治与法律》2009 年第 2 期。

三、实践中业主的认定依据

(一) 房屋所有权登记证书

早在《物权法》之前，我国就有地方性法规、规定将“房地产权证记载”作为业主身份的认定依据。如《深圳市业主大会和业主委员会指导规则》(2005) 第3条规定“本规则所称的业主是指物业所有权人，即房地产权利证书记载的权利人”。上海市房屋土地资源管理局《加强住宅物业业主大会建设的若干规定》(2005) 第3条则规定“业主身份的认定以房地产权证记载的权利人为准”。

《物权法》第9条要求不动产物权的设立、变更、转让和消灭必须办理登记。我国《城市房地产管理法》第60条规定，国家实行土地使用权和房屋所有权登记发证制度。根据《物权法》第16、17条的规定，可以作为不动产权属根据的有登记机构管理的不动产登记簿和所有权人持有的不动产权证书。

不动产权证书上房屋所有权人项的署名者理所应当成为业主。不动产权证上署名者与房管部门登记簿上记载不一致的，除有证据证明不动产登记簿确有错误外，以不动产登记簿为准。此外，已到有关部门办理权属登记手续，但因办理手续等程序性原因而暂时未得到不动产权证的，不动产登记簿也自然是业主身份的确认依据。

(二) 裁判文书、征收决定等其他文件

如上文所述，根据非法律行为取得建筑物专有部分所有权的，业主身份界定依据则呈多元化状态。生效的法律裁判文书、征收决定、继承或受遗赠的相关证明、合法建造事实证明等均可作为业主身份的界定依据。若生效裁判文书确定的所有权人与房屋产权证上登记的所有权人不一致时，应以裁判文书中确认的所有权人为准。当然，生效裁判文书确定的“业主”，也应该尽早地拿着裁判文书去当地房管部门进行变更登记，领取房屋所有权证，使自己成为名副其实的“业主”。

(三) 商品房买卖合同

根据《建筑物区分所有权司法解释》第1条第2款规定，售房人和买房人之间的商品房买卖合同也可作为买受人业主身份的证明。

虽然有的学者认为“转移所有权的合同是双方当事人之间债权关系，不具有公示性”。① 但早在1994年的《城市商品房预售管理办法》中就初创了商品房买卖合同登记备案制度，该法第10条规定“开发企业应当自签约之日起30日内，向房地产管理部门和市、县人民政府土地管理部门办理商品房预售合同登记备案手续”。

而且从目前实践操作来看，在该司法解释之后，各地房地产管理部门都要求开发建设单位和购买者的商品房买卖合同进行登记备案（现在多数为网上自动登记备案，备案主体和责任方为房地产开发建设单位），如成都、厦门、武汉等地。这一网上自动备案制度使商品房买卖合同具有一定可查性和公示性。也有人认为此种“业主”身份的扩大认定

① 屈茂辉、周志芳：《论业主的法律界定——兼评〈建筑物区分所有权司法解释（征求意见稿）〉第1条》，载《政治与法律》2009年第2期。

恰恰不是为了让“外人识别”，而仅是为了方便内部关系上业主的自治与管理。① 这也有一定道理。

值得注意的是，根据司法解释的要求，仅有商品房买卖合同是不足以证明购房人业主身份的，因为解释里还要求“合法占有”，所以还必须同时辅佐以购房合同发票、付款证明、入住证明（存派出所、街道或物业）、入住手续办理凭证或物业缴费单、电费缴纳单、物业装修手续办理凭证等其他能有效说明其已入住或控制管理此房屋的事实。

【案例 3-1】

沙区五一路某小区的王先生自从入住后就被推选为业主委员会主任，他工作一直兢兢业业。可去年他的业委会成员资格被取消了，原因是房产证上并没有他的名字。王先生不明白，房子是他跟儿子合资买的，房产证上写的是儿子的名字，但是首付是他付的，而且也长期居住，为什么不算业主?②

点评：业主本应指产权证上的登记人，但据《建筑物区分所有权司法解释》，如案中王先生这种房屋购买出资人可以通过证明自己是房屋出资人以及作为买方签署了房屋买卖合同且同时占用房屋的事实，从而取得业主的身份。

（四）结婚证

【案例 3-2】

戴某与周某结为夫妻二十余年，在婚姻关系存续期间的 2002 年 6 月份，戴某与周某夫妻二人以妻子周某的名义在深圳市龙岗区某花园小区购买了一套商品房，房产证登记的只有妻子周某的名字，丈夫戴某名字未登记在房产证上。戴某所在花园小区的业主委员会任期届满后，因各种原因未及时选举产生新的业主委员会，而业主委员会又未能继续很好地履行业主委员会的相应职责，导致小区业主怨气十足。2008 年 12 月份，戴某等人与业主委员会成员达成协议，要求重新选举产生新的业主委员会。在选举新的业主委员会过程中一个必经程序是要确定花园小区业主的身份。在业主身份审核过程中，业委会以戴某的名字没有在房产证上，不是业主，不具有候选资格。戴某觉得虽然房产证上没有自己的名字，但房产是夫妻二人共有，妻子是业主，丈夫也应是业主。业委会与戴某由此对业主身份的认定问题产生争议。

点评：生活中，很多夫妻共同购买房产，但办理房产证时却只署了其中一个人的名字的现象非常常见。未在房产证或购房合同上署名的夫或妻是否能作为业主参与业主自治呢?

---

① 于飞：《〈物权法〉第六章“业主的建筑物区分所有权”中“业主”的界定》，载《华东政法大学学报》2011 年第 4 期。

② 案例改编自王颖：《分析五大案例 细说“业主维权”》，载大连天健网：http：//house. runsky. com/2009-05/31/content_3162702. htm，2009 年 5 月 31 日。

我国《婚姻法》第17条、第18条、第19条明确规定了夫妻共有财产和夫妻个人财产。第17条规定:"夫妻在婚姻关系存续期间所得的下列财产,归夫妻共同所有 :(1)工资、奖金;(2)生产、经营的收益;(3)知识产权的收益;(4)继承或赠与所得的财产,但本法第18条第3项规定的除外;(5)其他应当归共同所有的财产。夫妻对共同所有的财产,有平等的处理权。"夫妻婚姻存续期间购买的房屋,如果没有约定为个人所有,则应为法定共同所有。所以,作为夫妻关系的合法证明的结婚证,也是证明已办理产权登记或已购买的夫妻共有房屋的所有权的有效证明。作为房屋共有人的夫或妻即便在房产证或购房合同上没有署名,也可以依据结婚证证明自己的业主资格。

而且,在某些地方规定中早已有将结婚证作为业主资格认定的规定。如福建省建设厅《关于加强业主大会制度建设的若干意见》(2006)第2条第4项规定:"夫妻、兄弟姐妹、父母子女等同住亲属能够提供合法有效法律文件证明其对房屋享有共有权利的,在物业管理中也可确认具有业主身份。"但夫妻之外的房屋出资人(如父母、岳父母、亲戚)不得根据出资协议或共有协议取得业主资格。这种出资协议或约定仅对协议当事人有效,不具有外部的对抗效力。除非,作为房屋买卖合同中的买受人,可以根据出资及房屋买受人身份获得业主资格。

四、业主的实际范围

(一)房屋所有权人

包括房屋独立所有人和房屋共有人。房产证上单独署名的独立所有人是业主;房产证上共同署名的共有人,包括配偶、父母、子女、合伙人、亲友等都属于业主;房产证上独立署名的登记人及其配偶也都基于房屋所有权属于业主。

(二)购房住户

从开发商处购得房屋,办理房屋买卖合同备案登记并支付一定预付或全额房屋款项后,并已经办理了入住手续的住户,也属于业主。

(三)裁判书中载明的财产所有人

法院、仲裁机构、政府机构等主体作出的生效的法律裁判文书、征收决定等法律文件中载明的房屋所有人也属于业主。

(四)继承人

在继承开始后、遗产分割之前,被继承人的房屋所有权由继承人不分份额地享有,这是遗产分割前的共有。房屋所有权人的合法继承人对其继承的房屋享有所有权,因此,也能成为业主。

(五)建房人

这主要包括两类情形。一是开发商公示保留自己使用的专有部分,基于建造事实获得所有权,成为业主。二是在房屋使用年限届满情况下,原有业主依法共同决定改建、重建建筑物及其附属设施后,也成为改建、重建房屋及设施的业主。①

---

① 陈宁:《详读最高院关于建筑物区分所有权纠纷的司法解释——〈最高人民法院建筑物区分所有权、物业服务司法解释理解与适用〉学习笔记》,载法律图书馆网站:http://www.law-lib.com/lw/lw_view.asp?no=11269,2010年4月9日。

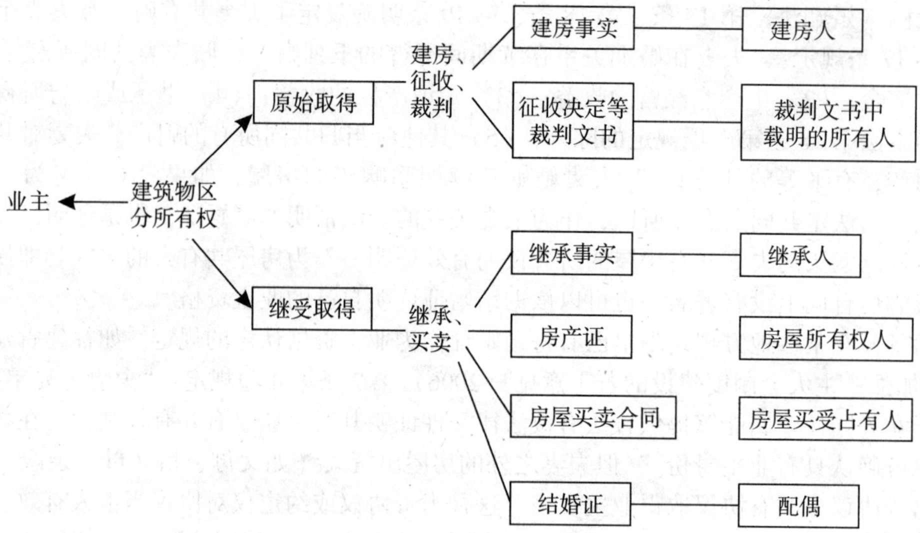

五、不为业主的特殊主体

（一）开发建设单位

【案例 3-3】

某住宅小区共有1000套住房，在成立业主委员会时仍有50套未售出。在公布业主委员会当选名单时，部分业主提出房地产开发公司不是业主，其经理当选为业主委员会委员侵犯了业主的合法权益，坚决反对选举结果，要求进行重新选举，发生纠纷。

点评：根据《物权法》的规定，房屋的所有权人为业主。虽然开发建设单位在办理初始登记后，在房屋全面销售并变更登记前，建设单位都是房屋所有权人。但是，开发建设单位拥有全部房屋的所有权，即房产行业所说的“大产权”。此时，所有房屋的产权仅归建设单位一人，仅有一个所有权，不存在建筑物区分所有权，也就不存在建筑物区分所有权下“业主”的适用的可能。建设单位此时一般不能称之为业主。

早先也有些地方规定作出了相关规定，如《中山市物业管理实施细则》(1999）第17条规定，“开发建设单位未售出的空房，由开发建设单位作为业主参加业主大会”；《厦门市住宅区物业管理条例实施细则》(1999）第2条中规定，“开发建设后尚未出售的房屋，开发建设单位视为业主”。

但笔者认为，开发建设单位将部分房屋出售后，对未售出房产享有所有权，此时是否能作为业主，也要区分以下两种情况对待：

第一种情况，在房产发售时明确公示未售出房屋为自用，建设单位可以认定为业主。

此时，建设单位拥有房屋所有权，且具有与业主一致的对物业的利用目的，与业主的地位相当，不会出现建设单位和业主的利益冲突。

第二种情况，开发建设单位未售出房屋均为待售房屋向社会公众公开发售，建设单位不能作为业主。

这有两方面的理由。其一，现有有关物业管理的立法中均将“开发建设单位”和“业主”作为并列两个独立法律主体进行规定的。如《物权法》第81条第2款规定，“对建设单位聘请的物业服务企业或者其他管理人，业主有权依法更换”；《物业管理条例》第27条规定，“业主依法享有的物业共用部位、共用设施设备的所有权或者使用权，建设单位不得擅自处分”；建设部颁布的《业主大会规程》第5条规定：“业主筹备成立业主大会的，应当在物业所在地的区、县人民政府房产行政主管部门和街道办事处（乡镇人民政府）的指导下，由业主代表、建设单位（包括公有住房出售单位）组成业主大会筹备组，负责业主大会筹备工作。”如果，开发建设单位也可以根据所有权的拥有成为业主，则使得物业管理中“开发建设单位”“业主”混为一体；倘若“物业公司”恰为开发建设单位下属分公司，则“开发建设单位”“业主”“物业公司”则成为同一主体，导致物业法律关系的混乱。

其二，开发建设单位的利益与业主的利益不一致。建设单位此时对所持房屋的利用目的是保存和出售，与物业管理中业主对房屋的居住、使用、消费是不一样的。即便建设单位此时也会顾及共有部分如花园、绿地、景观、电梯等的建设和保护，但主要都是为了房产出售的目的。如果让建设单位也可以拥有业主身份，可能会滥用业主权利，侵害到真正的广大业主的权利。如，建设单位利用自己业主票数的优势而先行成立业委会，并在业委会中占主导地位，使本应代表业主的业委会成了开发商的代言人。现实中已频频出现了建设单位利用业主身份侵犯业主合法权益的实例。

（二）物业使用人

《物权法》和《物业管理条例》对物业使用人都未作定义，《物业管理条例》中规定了物业使用人对业委会提供建议、参与享受物业服务等权利和缴纳物业费的义务，赋予了物业使用人在物业管理法律关系中独立的法律地位。我们一般认为，物业使用人是指不享有物业的所有权，但根据与业主的约定对物业享有使用权的人，主要指物业的承租人、借用人或其他实际使用物业的人。

现在越来越多的业主购买商品房不是为了自己居住，而是为了投资，这部分业主购买了商品房后就出租给他人使用。这样，广义的物业管理关系就不仅涉及业主和物业服务企业，还涉及物业承租人、使用人。此外，物业的实际使用人还可能是尚未出售的公有住房的使用人；也包括其他实际使用物业的人，如物业所有权人的亲属、朋友、雇工等因为某种原因而实际使用物业的人。

在我国，根据现有法律规定，如上文所述，认定业主的标准只有“取得房屋所有权”或“取得买受房屋的占有”，而物业使用人并不具备这两个标准中的任一个。因此，物业使用人不属于业主。假若赋予物业使用人的业主身份资格，就有可能会导致在同一专有部分里存在两个业主，有两人能行使业主的表决权，带来了进一步确认表决权主体和表决数量的麻烦。那种区分不同租赁期限，将10年以上的长期租赁人赋予业主资格，短期承租人无业主资格的观点也是无法得到认可的①。显然这种区别对待构成了对短期物业承租人的歧视，导致物业承租人之间的不公平；租赁期限的长短并不会在不同承租人中产生本质地位的划分。

综上，物业使用人是不属于业主的。当然，现有立法赋予了物业使用人许多业主所享有的权利，也要求物业使用人承担业主应承担的义务。《物业管理条例》第48条第1款规定："物业使用人在物业管理活动中的权利义务由业主和物业使用人约定，但不得违反法律、法规和管理规约的有关规定。"第2款："物业使用人违反本条例和管理规约的规定，有关业主应当承担连带责任。"另外，《建筑物区分所有权司法解释》第16条第2款规定："专有部分的承租人、借用人等物业使用人，根据法律、法规、管理规约、业主大会或者业主委员会依法作出的决定，以及其与业主的约定，享有相应权利，承担相应义务。"这些权利如占有使用物业专有部分、使用共有部分、享受物业服务、为业主大会和业主委员会提供意见建议、参与物业小区公共事务管理等。承担的义务如未经有利害关系的业主同意不得将住宅改变为经营性用房、遵守管理规约、不得抢占破坏小区道路、缴纳物业管理费等。但我们不能以物业使用人享有类似业主的权利就认定物业使用人的业主身份资格。

六、业主的权利和义务

（一）业主的权利

根据《物业管理条例》第6条第2款，业主在物业管理活动中，享有下列权利：

1. 接受物业服务

物业服务合同是广大业主选举出来的业主委员会与业主大会选聘的物业服务企业之间签订的，委托物业服务企业对物业进行综合管理的法律文件。物业服务合同是确定业主和物业服务企业之间权利义务的基本法律依据。

2. 提议召开业主大会会议

业主大会是物业小区实施物业管理的决策机构，成立业主委员会或业主管理委员会后，应由业主委员会或业主管理委员会组织召开业主大会，但须一定比例以上的业主或业主代表提议。提议召开业主大会会议的权利应当由业主享有，以便能够及时解决有关业主公共利益的问题。

同时，业主都是物业管理的享用者，物业管理的好坏与否直接决定了业主的利益能否得到充分保护，因而业主都有权就物业管理事项提出建议。

3. 提出制定和修改管理规约、业主大会议事规则的建议

管理规约，是业主共同订立或者承诺的，对全体业主具有约束力的有关使用、维护物业及其管理等方面权利义务的行为守则。业主大会议事规则是有关业主大会召开时应当遵循的会议程序、决议通过的要求等有关规则。这些规约直接决定和影响业主的自治权能否得到充分有效的保护。

4. 参加业主大会会议，行使投票权

业主在物业管理活动中，根据拥有物业的所有权而取得参加业主大会会议、参与管理

① 李劼、齐恩平：《小区业主资格探析》，载《温州大学学报（社会科学版）》2010年第3期。

物业以及对业主大会或决定事项表达自己意愿的权利。参加业主大会，是保证业主民主表决权的前提，而投票权则是业主民主权利的实现。

5. 选举业主委员会成员，并享有被选举权

业主委员会是经业主大会选举产生并经房地产行政主管部门登记，在物业管理活动中代表和维护全体业主合法权益的组织。是一个物业管理中长期存在的、代表业主行使业主自治管理权的机构。业主能够选举业主委员会成员，以实现自己管理的权益，也有被选举权，从而为自己也为其他业主更为直接实现权益。

6. 监督业主委员会的工作

（1）监督的原因。业主委员会委员具有双重身份。一方面，代表并维护业主的共同利益；另一方面，业主委员会委员又有个人利益。如果监督不力，可能会导致委员怠于行使业主们委托的各项职责；甚至于可能为了个人利益而做出损害业主公共利益的行为。

（2）监督的内容。对业主委员会工作、物业服务企业履行物业服务合同的情况、物业共用部位、共用设施设备和相关场地使用情况、物业共用部位、共用设施设备专项维修资金的管理和使用等方面享有监督权。

（3）监督的实现。并非每个业主单独行使，而应通过业主大会的方式来行使，即召开业主大会会议，通过具体的决议来监督业主委员会的工作。

7. 监督物业服务企业履行物业服务合同

物业服务企业是物业服务合同中相对于业主的另一主体，它的主要义务是受业主的委托对业主所有的物业按约定进行管理。由于物业服务企业的管理和服务行为直接涉及业主的切身利益，故业主对于物业服务企业的各种行为均有监督的权利。

8. 知情权和监督权

知情权，物业服务企业有义务将物业的共用部位、共用设施设备和相关场地使用等情况明确告知业主。

监督权，对物业共用部位、共用设施设备和相关场地使用情况有权进行监督。

9. 监督物业共用部位、共用设施设备专项维修资金（以下简称专项维修资金）的管理和使用。

10. 法律、法规规定的其他权利。

（二）业主的义务

根据《物业管理条例》第7条的规定，业主在物业管理活动中，履行下列义务：

1. 遵守管理规约、业主大会议事规则

管理规约是全体业主签订的就物业使用、维护及其管理等方面进行规范的行为规则，对全体业主具有约束力。约束所有业主、使用人和物管企业。即使是那些在规约表决时投反对票的业主，也必须严格遵守。一旦通过，就成为小区的“宪法”。业主委员会有权责令违反业主规约的行为人加以改正，也可以对违反管理规约的行为人提起诉讼，请求法院判决。业主大会议事规则是确保业主大会正确行使职权的保证，全体业主都有遵守的义务。

2. 遵守规章制度

物业管理区域内物业共用部位和共用设施设备的使用、公共秩序和环境卫生的维护等方面，既涉及业主个人利益，还涉及物业使用人的利益和社会公共利益，因此，业主有义

务遵守物业管理区域内的规章制度。规章制度和业主规约一样，须经过业主大会与会业主投票权 1/2 以上决议通过，方为有效。

违反规章行为的，可采取与违反业主公约行为同样的办法处理。业主委员会有权责令行为人改正；行为人拒绝改正，业主委员会可以提起诉讼。如果违反规章的行为直接侵害了某些业主的利益，受侵害业主可以直接向法院提起侵权之诉。

3. 执行业主大会的决定和业主大会授权业主委员会作出的决定

业主大会的决定代表全体业主的意愿和要求，对全体业主具有约束力。业主委员会是业主大会的执行机构，由业主大会授权业主委员会作出的决定和业主大会决定有一样的法律效力，全体业主必须执行。

4. 交纳专项维修资金和物业费

物业服务费用和维修资金是保证物业区域获得正常的管理和维护的条件，各业主都应负有此项义务。专项维修资金是指物业共用部分和共用设施设备发生毁损以及维护所应支付的必要费用。物业服务费是指维持建筑物正常使用的运行保养费用，以及对物业管理区域内的治安、消防、保洁等的服务费用。

5. 其他义务

业主还应当接受、服从业主委员会、物业服务企业的管理、物业服务合同中约定的各项义务。如，不得侵害其他业主的权利、维护公共利益的义务。

【案例 3-4】

某小区的业主高女士称，某物业公司在对小区进行物业服务期间，不遵守合同约定，擅自在公共电梯间张贴广告，故诉到法院要求该物业公司停止侵权，公开电梯间广告费的账目。被告某物业公司承认曾利用电梯和有关单位合作制作广告一事，但表示广告费收益用于小区建设和服务。同时，物业公司提出高女士未按约定交纳物业服务费，现不同意原告诉求。①

点评： 高女士作为小区业主之一，享有物业企业对小区实施物管服务过程中所发生资金收支情况的知情权。同时对物业共用部位、共用设施设备和相关场地使用情况有权进行监督。因此，高女士要求物业公司应在管理小区公告栏内公示在公共电梯间内张贴广告费的收益账目的诉讼请求应得到支持。

第二节　业 主 大 会

一、业主大会的含义及特点

业主大会是指由物业管理区域内全体业主组成，代表和维护物业管理区域内的全体业

① 案例改编自王洪宇：《业主权利与义务纠纷典型案例评析》，载《 现代物业 · 新业主》2007 年第 11 期。

主在物业管理活动中合法权益的业主自治机构。在业主人数较多的物业管理区域，也可以由业主推选代表组成业主代表大会。它是一种群众自治团体和物业监督管理组织。

业主大会具有如下特征：

1. 自治性

业主大会进行的一切活动都是自我服务、自我管理、自我协商、自我约束。业主大会成员是基于维护物业整体利益需要而进行的管理，不受外部人员的非法干预。

2. 民主性

业主大会成员在业主大会中的法律地位平等，都可以按照自己的意愿提出有关物业管理的建议、看法和意见。

3. 代表性

根据《物业管理条例》第 8 条和《业主大会和业主委员会指导规则》(2009) 第 2 条规定，业主大会的成员是全体业主。业主大会所进行的活动都是代表全体业主的合法权益；业主大会所作出的有关决议、所制定的规章制度都是广大业主共同利益的反映。

4. 监督性

业主大会有权选举、更换业主委员会委员，监督业主委员会的工作；决定专项维修基金的使用、统筹方案，并监督实施；业主大会选聘、解聘物业服务企业，监督物业服务企业的管理、服务。

二、业主大会的成立

（一）物业管理区域的划分

1. 物业管理区域的含义

一般而言，物业管理区域应该是一个由原设计构成的自然街坊或封闭小区。① 它是一个相对独立的、只由一个物业服务企业或管理人实施统一物业管理的区域。通常一个物业管理区域只成立一个业主大会进行业主自治。

2. 划分物业管理区域的作用

“物业管理区域”一词在《物业管理条例》中出现了 27 处，它是物业管理中的一个基本概念，也是一个重要概念。物业管理区域决定了业主享有权益的范围和物业服务企业提供物业服务的范围，关系到整个物业法律关系的运行范畴，更是业主成立业主大会进行业主自治的前提。因而，《物业管理条例》第 9 条第 2 款规定：“物业管理区域的划分应当考虑物业的共用设施设备、建筑物规模、社区建设等因素。具体办法由省、自治区、直辖市制定。”

3. 物业管理区域的划分主体

《物业管理条例》第 5 条第 2 款规定，“县级以上地方人民政府房地产行政主管部门负责本行政区域内物业管理活动的监督管理工作”。可见，物业管理区域的划分理应由各地房地产行政管理部门担当。从现有各地规定来看，房地产行政管理部门也成为物业管理区域划分的实际操作者。如《福州市物业管理区域划分暂行办法》第 3 条、《天津市物业

① 中国法制出版社编：《物业管理条例新解读》，中国法制出版社 2010 年版，第 20~21 页。

管理区域划分管理办法》第 3 条、《武汉市物业管理条例》第 6 条的规定。

4. 物业管理区域的划分程序

实际操作中，新建住宅商品房物业管理区域的划定一般是在房屋预售许可证办理之前，由建设单位向不动产所在地的房地产行政管理部门提出申请，由房地产行政管理部门提出划分意见（如福州）或批准建设单位提交的划分方案（如武汉）。房地产行政管理部门审批后在地籍图或其他有关图纸（如建设工程规划图纸）上注记。具体的认定时间，大多没有具体要求，控制在房屋竣工销售前，也有些地方规定在“前期物业管理备案时”（如天津）。房地产行政管理部门出具的划分意见或注记应在房屋销售前向房屋买受人公示。有的地方还要求将此注记包含在房屋买卖合同中，如福州。

从目前物业管理区域的划分主体和程序来看，物业管理区域的划分属于行政管理行为范畴，如对该划分存有异议，则可对做出划分决定的机构提出行政复议和行政诉讼。

5. 物业管理区域的划分标准

《物业管理条例》并没有统一规定物业管理区域划分的标准，只是在第 9 条第 2 款规定了物业管理区域划分的三个参考因素，即“共用设施设备”、“建筑物规模”和“社区建设”，具体的操作则交给了地方。

《武汉市物业管理条例》(2010) 第 5 条规定，物业管理区域的划分，参照下列标准：(1) 以建设项目《国有土地使用证》宗地图用地范围线为准，一个项目视为一个物业管理区域；但规模过大、划分为一个物业管理区域不便于管理的，或者已分割成多个自然街坊或者封闭小区的，可以分别划分为独立的物业管理区域；(2) 分期建设项目或者两个以上单位开发建设的项目，其配套设施设备共用的，划分为一个物业管理区域；(3) 已建成、共用设施设备比较齐全、相对集中的项目，划分为一个物业管理区域。

《天津市物业管理区域划分管理办法》(2008) 第 4 条规定，新建物业项目内有市区级规划道路穿越的，应当划分为不同的物业管理区域，规划行政主管部门有明确要求的除外。新建住宅小区内的非住宅物业应当与住宅小区物业划分为一个物业管理区域。第 5 条规定，对于新建物业项目，包括分期建设或者由两个以上单位开发建设的物业项目，其配套的设施设备是共用的，应当划分为一个物业管理区域。

《北京物业管理办法》(2010) 第 5 条规定，建设单位应当在销售房屋前，结合物业的共用设施设备、建筑物规模、社区建设等因素划分物业管理区域，并在房屋买卖合同中明示。物业主要配套设施设备和相关场地共用的，应当划分为一个物业管理区域；住宅区和非住宅区原则上应当划分为不同的物业管理区域。

从以上地方规定可见，根据《物业管理条例》的规定，上述三个参考因素不是彼此独立的，而是相互结合的，不能各自孤立使用。

并且，各地还补充了一些具体标准。如“建设项目规划用地范围”（福州），“城市规划”。有的还以“物业的用途”作为划分标准，如北京要求“住宅区和非住宅区原则上应当划分为不同的物业管理区域”。

就建筑物的规模，条例中没有明确说明，地方也少有具体要求。如《天津市物业管理区域划分管理办法》(2008) 第 6 条规定为 30 万平方米为一个区域。《南宁市物业管理办法》(2007) 第 10 条第 3 款中规定超过 50 万平方米可划分为多个区域。《内蒙古自治区城镇居住物业管理区域划分办法（试行）》(2000) 曾要求“一个物业管理区域的规模应为3万~10万平方米为宜”。《甘肃省物业管理暂行办法》(2006) 要求“建筑物规模一般不小于3万平方米”。

【案例3-5】

某开发公司通过招标竞拍在某地段获得开发用地120亩，该项目规划分两期开发，其中一期用地40亩，二期用地80亩，2007年6月完成一期开发。随着业主入住，2008年8月经选举成立了小区业主委员会，选聘物业管理企业，物业费住宅每平方米0.8元。2009年9月，二期开发项目竣工，业主陆续入住。2010年2月，正当业主酝酿成立业主委员会，选聘物业公司时，经开发商、街道办事处协商，决定将一、二期开发的两个住宅小区划分为一个物业管理区域，其理由是两个小区规模不大，由同一个开发商开发，共用一个泵房。为便于管理，开发商将二期开发的住宅小区大门砌墙封闭，拆除两个小区间的围墙，二期开发的住宅小区业主改为从一期大门进出，一期住宅小区的物业管理费与二期住宅小区的物业管理执行同一收费标准，调整为住宅每平方米0.7元。一期部分业主对二期住宅小区业主从本住宅小区大门进出的行为表示不满，认为两个住宅小区划分为一个物业区域不够合理，于是到房管部门投诉。①

点评：本案虽涉及两个住宅小区，但两个小区建设规模不大，由一个开发公司兴建开发，在一个《国有土地使用证》宗地图用地范围线内，且存在着配套设备共用现象，为了社区建设管理需要，划分为一个物业管理区域，符合相关法律规定，且有益于减轻业主经济负担，有益于物业服务企业降低物业管理成本。不过，在物业管理区域调整时，事先与业主广泛沟通，征得广大业主理解，避免产生纠纷，这对搞好物业管理、促进社区和睦更为重要。

6. 物业管理区域的更改

物业管理区域在房屋销售前确定后，因为建设中的因素影响，导致不再适合划分为一个区域或者不适合分别多个独立区域进行物业管理的话，可否进行调整和更改呢？这在《物业管理条例》和《业主大会和业主委员会指导规则》中都没有涉及。

其实，这种情况出现的可能是大大存在的。物业管理区域划分的最终目的是便于物业管理，便于业主自治，实现业主应有的权利。如果在房产竣工销售前就确定下来的物业管理区域不利于今后业主对共有设施设备的利用，不利于物业服务的开展，最终损害的还是业主的实际利益。因此，应允许物业管理区域的调整。

比如《北京物业管理办法》(2010) 第6条规定，业主共同决定对物业管理区域进行分立或者合并的，应当向物业所在地街道办事处、乡镇人民政府提出申请，由街道办事处、乡镇人民政府会同区县房屋行政主管部门等相关部门进行审查，确需调整的，予以确认并公告。因而，业主入住后决定改变物业管理区域的，可以向当地政府提出申请。

① 案例改编自彭建中：《如何划分物业管理区域》，载《武汉晨报》2011年5月3日，第12版。

再如《福州市物业管理区域划分暂行办法》第11条规定，建设项目在竣工验收合格之前，经规划行政主管部门批准调整原有规划设计方案后，原物业管理区域划分不符合划分要求的，应当重新划分物业管理区域。第12条规定，经业主大会决定需要调整物业管理区域的，由相关业主委员会持业主大会决定的书面证明材料，向物业所在地的县（市、区）房地产行政主管部门提出调整物业管理区域的要求。这两条的规定明确了房屋建成前、销售后乃至业主入住后，物业管理区域都可以根据实际情况进行调整和变更。这使得物业管理区域的划分更具灵活性，更具人性化。但这种规定并不是在全国各地统一操作实践，也因此体现出了目前全国立法和规定在物业管理区域划分上的概括性和局限性。

（二）业主大会的成立方式

根据《物业管理条例》第10条和《业主大会和业主委员会指导规则》第7条规定，对于各个物业管理区域并不都必须设立业主大会和业委会。当只有一个业主的，或者业主人数较少且经全体业主一致同意，决定不成立业主大会的，由业主共同履行业主大会、业主委员会职责。

而究竟多少人才算"人数较少"，条例和指导规则里都未要求。《武汉市物业管理条例》第19条第3款中要求业主总人数在20人以内且经全体业主一致同意，决定不设立业主大会的，由全体业主共同履行业主大会和业主委员会的职责。并且要求的是"一致同意"，不是2/3的多数决。

因而，根据立法意图，除业主人数较少或全体一致同意不成立业主大会，各物业管理区域均应当成立业主大会。

（三）业主大会的成立条件

在我国，业主入住后通过召开第一次业主大会会议来成立业主大会，此处所说的业主大会的成立条件，就是第一次业主大会会议召开的条件。

《物业管理条例》对业主大会的成立没有规定具体条件，但在《业主大会和业主委员会指导规则》有较为具体的说明。该规则第8条规定，当物业管理区域内，已交付的专有部分面积超过建筑物总面积的50%时，也就是获得房屋交付的业主的房屋面积之和超过整个物业管理区域建筑面积的一半时，就具备了成立业主大会的条件，建设单位即可申请成立业主大会。

要注意的是，这里的"50%"并非指入住率。因为，基于房屋买卖合同获得房屋的产权或占有，让业主取得了建筑物区分所有权，业主就可以基于成员权对物业管理区域进行自治。而至于业主是否真正实际入住，那是业主自身权利行使的自由，外人不得干涉，也不便于统计计算。其次，很多项目也由于开发建设单位资金不足、拆迁腾地、开发面积较大等诸多原因，导致开发周期很长，房屋是分批交付使用的，业主是分期入住的，小区先期入住的业主很难占到总面积的50%。最后，业主也可能在开发建设单位能办理交付时以各种理由拖延办理。所以，以业主收到建设单位办理房屋交付手续的通知作为交付的计算时间点较为适宜。

目前，《业主大会和业主委员会指导规则》只规定了上述业主大会成立的一个标准，但在地方立法中却有其他辅助条件的规定。比如广东规定"20%以上业主可以联名"或"已交付使用的物业建筑面积达到物业管理区域建筑面积50%以上"时业主可以申请成立业主大会。北京规定“占总人数的5%以上或者专有部分占建筑物总面积5%以上的业主”可以申请成立业主大会。武汉规定“首次交付使用专有部分之日起满2年且交付使用的专有部分建筑面积达到建筑物总面积20%以上”应当成立业主大会。可以发现，地方规定比《业主大会和业主委员会指导规则》中的要求条件要低，符合现实环境和实践需要；而且地方立法补充的都是业主直接申请成立业主大会的条件，《业主大会和业主委员会指导规则》中规定的“50%的交付”是建设单位申请成立业主大会的条件。

（四）业主大会的设立程序

1. 业主大会的申请

（1）申请人。

据上所述，目前我国法律规定两类主体有申请召开首次业主大会的权利，即建设单位和业主。虽然《业主大会和业主委员会指导规则》第8条里将建设单位规定为首要的申请主体，没有提业主。但从第7条规定看，业主是有权申请的，且地方立法都补充规定了业主的申请权。

但问题是这两个主体的申请之间有无先后之分、主次之分，立法中并未明确。目前地方立法中，仅有个别地方如《武汉市物业管理条例》第21条规定“开发建设单位或者前期物业服务企业未及时予以书面报告的”，20%以上业主可以联名申请成立业主大会，体现了一定先后顺序。其他地方立法都是用的“可以”一词，说明只要符合法定条件，业主就可以自行申请，不需要其他在先程序，无须建设单位先行申请。而正因为现实中建设单位往往怠于申请成立业主大会，地方立法才补充规定了业主的申请权。

（2）申请材料。

当业主大会成立条件满足时，建设单位应当按照物业所在地的区、县房地产行政主管部门或者街道办事处、乡镇人民政府的要求，及时报送下列筹备首次业主大会会议所需的文件资料：物业管理区域证明；房屋及建筑物面积清册；业主名册；建筑规划总平面图；交付使用共用设施设备的证明；物业服务用房配置证明；其他有关的文件资料。

业主申请成立业主大会，也应报送上述材料。但往往这些材料都掌握在建设单位手中，业主很难获得，应该在立法中规定建设单位协助交付义务及不履行交付的责任追究，才能有效落实业主的申请权。

（3）申请的受理主体。

建设单位或业主均应持相应的申请材料到物业所在地的区、县房地产行政主管部门或者街道办事处、乡镇人民政府办理业主大会设立申请。

2. 成立筹备组

（1）筹备组成员构成。

首次业主大会会议筹备组由业主代表、建设单位代表、街道办事处、乡镇人民政府代表和居民委员会代表组成。值得说明的是，此处将业主代表和建设单位代表并列在内，说明在建设单位未售出房屋时，如果不是专门为了自用的房屋，建设单位不得作为业主。这就排除了建设单位利用自己的票数优势而在业主大会筹备过程中损害业主利益。

筹备组组长由街道办事处、乡镇人民政府代表担任。也有规定社区工作站负责人担任的，如深圳，也属于政府部门成员。这说明，在业主大会筹备过程中，政府行政单位起着主要的指导、协调作用。包括筹备组中业主代表的产生，也由街道办事处、乡镇人民政府或者居民委员会组织业主推荐。建设单位代表、社区代表、街道办事处、乡镇人民政府代表、居委会代表由各单位推荐。

筹备组成员人数应为单数，其中业主代表人数不低于筹备组总人数的一半。因为筹备组运行的目的是为了召开业主大会，成立业主的自治组织，因此筹备组中占多数的为业主也理所当然。某些地方甚至规定了更高业主代表人数，如《北京市物业管理办法》(2010)第15条规定，筹备组中非建设单位的业主代表人数不低于筹备组中具有表决权成员人数的2/3；《广东省物业管理条例》(2008)第13条规定，业主代表应当不少于首次业主大会筹备组人数的60%。

但遗憾的是，《业主大会和业主委员会指导规则》并没有规定筹备组的总人数，这就使得上述的60%、2/3成为了空谈，也容易导致实践中筹备组的组建出现随意性和主观性，难以保证日后成立的业主大会能真正代表和实现全体业主的利益。当然，有些地方规定已进行了补充。如《深圳业主大会和业主委员会指导规则》(2005)第14条规定，“筹备组一般由五名成员组成，其中社区工作站或社区居民委员会、建设单位代表各一名、业主代表3名”。为了避免各地具体操作各异，今后适宜在全国性立法中做出统一规定，保证筹备组和将成立的业主大会的人数规模、交付的专有部分面积对应的业主的人数相当。

筹备组应当将成员名单以书面形式在物业管理区域内公告。业主对筹备组成员有异议的，由街道办事处、乡镇人民政府协调解决。建设单位和物业服务企业应当配合协助筹备组开展工作。

(2) 筹备组的经费。

《业主大会和业主委员会指导规则》第42条规定了业主大会、业主委员会的工作经费由全体业主承担。但是对于筹备业主大会期间的筹备组的经费却没有规定。虽然业主大会筹备组也是为了成立业主大会，其经费由全体业主承担也是合理的，但毕竟此时业主大会还未成立，不能使用业主大会的经费。而要求业主提前垫付，在现实中也很难实现。

目前，各地相继颁布的规定里都增加规定，要求由建设单位来承担业主大会筹备组的经费。如《武汉市物业管理条例》第24条规定召开首次业主大会会议所必需的宣传、文印资料等经费由开发建设单位承担。《北京市物业管理办法》第16条要求建设单位承担筹备及召开首次业主大会会议所需费用。《南京业主大会和业主委员会指导规则》第48条规定筹备召开首次业主大会会议所必需的费用应由建设单位承担。

(3) 筹备组的筹备时间。

《业主大会和业主委员会指导规则》第9条只规定了，符合成立业主大会条件的，物业所在的区、县房地产行政主管部门或者街道办事处、乡镇人民政府应当在收到业主提出筹备业主大会书面申请后60日内，负责组织、指导成立首次业主大会会议筹备组。没有提及建设单位申请或提交申请报告后，成立业主大会会议筹备组是否受一定时间的限制。但在各地方的物业管理条例中对两种主体的申请都统一规定了期限限制，如《武汉市物业管理条例》第21条规定的是“收到报告或者要求之日起60日内”，《厦门市物业管理若干规定》第10条规定的“在收到书面报告或者请求之日起30日内”。

之所以对成立首次业主大会会议筹备组加以时间的限制，是因为现实生活中很多小区常年来在筹备成立业主大会过程中都跑起了“马拉松”，有的甚至拖上一年半载，直接影响到的是业主自治组织的成立和业主权益的保障。《业主大会和业主委员会指导规则》首次规定了“60日”的期限，是立法的一个进步，体现了行政效率原则。《业主大会和业主委员会指导规则》之后，很多地区遵循了期限限制，有的地方甚至提高了期限限制，如广东、深圳、厦门要求“30日内”完成，武汉、北京等地仍旧是“60日”的要求。

（4）筹备中的其他主体。

在筹备组筹备过程中，房地产行政主管部门、街道办事处、乡镇政府参与对业主大会筹备组的成立的组织、指导。同时建设单位和物业服务企业要对筹备工作进行配合、协助。比如，建设单位应当向筹备组提供业主名册、物业管理区域划分证明、建筑规划设计图、物业基本资料（包括共用设施设备、物业服务用房、绿化面积、车库等相关场地基本资料）、已筹集的专项维修资金清册以及其他成立业主大会必需的其他文件资料。

3. 首次主大会会议的筹备

根据《业主大会和业主委员会指导规则》第12条的规定，业主大会筹备组在成立后，主要进行以下首次业主大会会议召开的筹备工作。

（1）确认并公示业主身份、业主人数以及所拥有的专有部分面积。

这主要是对从建设单位和前期物业手中获得的业主名册和专有部分面积等资料，进行核实和确认，从而为业主委员会的产生和业主大会业主委员会的表决奠定基础。

（2）制定业主委员会委员候选人产生办法，确定业主委员会委员候选人名单；制定业主委员会选举办法。

业主委员会作为业主大会的常设执行机构，是全体业主的代表。在此，仅由筹备组确定业委会候选人，而筹备组中并非全部是业主，有失妥当。由全体业主在业主大会上进行讨论决定业主委员会的候选人和正式人员，是比较合适的。而且，业主委员会的候选人产生办法、业主委员会的选举办法在此如果仅由筹备组进行草拟，在首次业主大会上再进行讨论决定，也更为适宜。

（3）草拟管理规约、业主大会议事规则。

管理规约是全体业主必须共同遵循的小区自治规范，应由全体业主共同决定。为了提高业主大会的效率，由筹备组事先草拟，提交首次业主大会决定。

业主大会议事规则由业主共同制定的用以规范业主大会组织与行为的法律文件，涉及与业主、业主大会、业主委员会有关的重要事项，交由筹备组提前草拟，在首次业主大会上全体业主共同表决。

（4）依法确定首次业主大会会议表决规则。

首次业主大会的召开会决定到业主委员会和业主大会的成立、业主大会议事规则和管理规约的通过等重要事项，因而首次业主大会会议的表决机制应当客观公正，所以由业主大会筹备组事先确定会议表决规则。

但令人不解的是，从词面上理解“业主大会议事规则”是包含了“业主大会会议表决规则”的，《业主大会和业主委员会指导规则》里却还将此单独列出，而且点明的是“首次”业主大会会议表决规则，有让人觉得后来的各次业主大会会议表决规则和首次的不一样的嫌疑。

（5）确定首次业主大会会议召开的时间、地点、形式和内容。

《业主大会和业主委员会指导规则》第 15 条要求筹备组应当自组成之日起 90 日内完成筹备工作。所以筹备组应在该段时间内完成上述筹备工作，并且将上述内容在确定的首次业主大会会议召开 15 日前以书面形式在物业管理区域内公告。业主对公告内容有异议的，筹备组应当记录并作出答复。

4. 首次业主大会会议召开

首次业主大会会议召开，表决通过管理规约草案、业主大会议事规则草案，并选举产生首届业主委员会成员，业主大会自此成立。

业主大会议题表决通过后，由选举产生的首届业主委员会在 30 日内，持相关材料到街道办事处或乡政府备案；同时街道办事处或乡政府将有关情况抄送区房屋管理局。业主委员会备案后，持街道办事处或乡政府出具的备案证明向区公安分局申请刻制印章。

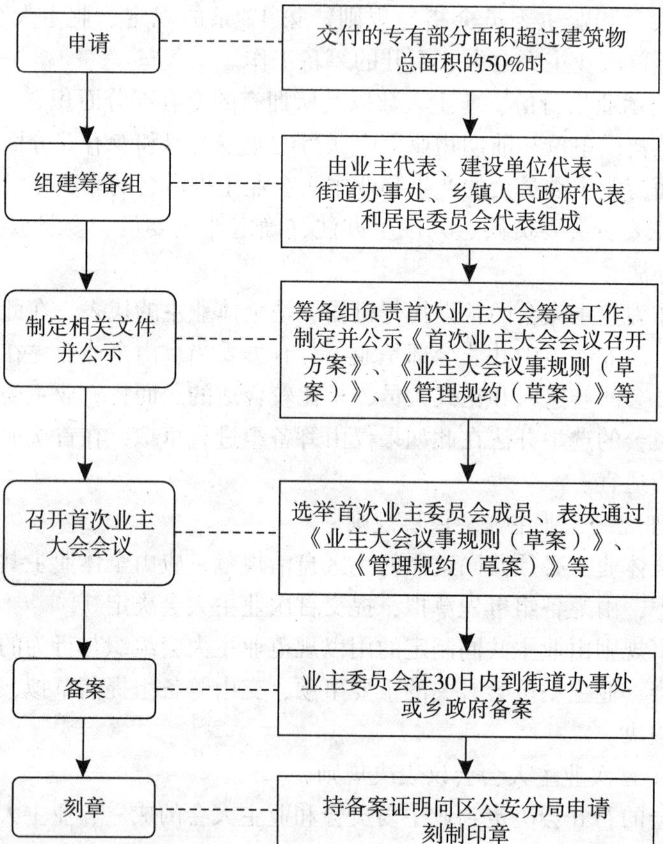

业主大会成立流程示意图

三、业主大会的职责

根据《物业管理条例》第 11 条和《业主大会和业主委员会指导规则》17 条规定，

下列事项由业主通过召开业主大会共同决定：

（1）制定和修改业主大会议事规则；

（2）制定和修改管理规约；

（3）选举业主委员会或者更换业主委员会成员；

（4）制定物业服务内容、标准以及物业服务收费方案，选聘和解聘物业服务企业；

（5）筹集和使用专项维修资金；

（6）改建、重建建筑物及其附属设施；

（7）改变共有部分的用途；

（8）利用共有部分进行经营以及所得收益的分配与使用；

（9）有关共有和共同管理权利的其他重大事项。

因而，业主大会的主要职责即在于以上几方面。

四、业主大会的运行规则

业主大会要履行以上职责，作出上述事项的决定，是通过组织业主召开业主大会会议的方式进行的。“业主大会”区别于“业主大会会议”，正如人民代表大会不同于人民代表大会会议。

（一）业主大会会议的召开方式

根据《物业管理条例》第12条的规定，业主大会会议可以采用集体讨论的形式，也可以采用书面征求意见的形式。

1. 集体讨论

通常情况下，业主大会的召开采取的是集体讨论形式，以便充分展示各方的意见。集体讨论，应当有物业管理区域内专有部分占建筑物总面积过半数的业主且占总人数过半数的业主参加。受到场地、安全、时间等方面的限制，集体讨论方式的业主大会在实践上非常困难。

2. 书面征求意见

书面征求意见的方式通常是针对那些已经基本产生共性认识的事项进行讨论，业主之间不存在争议，便于意见的征求收集。该种方式下，能够节约时间和成本。同样，书面征求意见也应当有物业管理区域内专有部分占建筑物总面积过半数的业主且占总人数过半数的业主参加。《业主大会和业主委员会指导规则》第22条要求采用书面征求意见形式的，应当将征求意见书送交每一位业主；无法送达的，应当在物业管理区域内公告。书面征求意见的形式，能很好地弥补业主不能参加集体讨论的不足，通过出具书面意见书的形式表达自己的想法，提出建议和意见。同时，对在集体讨论中碍于各种原因，未能很好表达业主真实想法的情况，起到补充和完善的作用。

两种会议方式的召开都需要专有部分占建筑物总面积过半数的业主且占总人数过半数的业主参加。这一比例要求太高，现实中难以实现。因为，目前很多业主买房是为了投资，并非自己居住，而且很多跨省跨地区购买。这部分业主很少能联系，他们也很少关心物业事宜，所以很少能参加业主大会，导致业主大会召开困难。所以，究竟采用哪种形式召开业主大会会议，应参考小区的规模、业主人数、召集会议的难度和可行性。导入案例中，宏×花园业主超过500户，采用集体讨论的方式召开业主大会实际上很难做到。业主人数过多，参加会议的业主有可能达不到人数和面积双重过半的比例，这些因素都将直接影响到业主大会决议的法律效力。业主委员会考虑到上述实际因素，最终决定采用书面征求意见的形式召开业主大会，并不违反法律规定，应属合法有效的会议召开形式。

当然，《业主大会和业主委员会指导规则》的上述规定也有些不健全的地方。如征求意见书若无法送达，公告的效力如何，公告是否视为送达？在有些地方如《武汉市物业管理条例》里规定“业主在规定期限内未反馈意见的，视为弃权”。

【案例3-6】

江岸区某小区在首次业主大会会议上表决通过管理规约、业主大会议事规则并选举产生业主委员会。首次业主大会会议采用的是集体讨论的形式，由于是面对面的交谈，所以业主们发言不是很踊跃，收集到的意见和建议也不多。于是，对于第二次的业主大会会议，业主委员会打算采用书面征求意见的形式，认为这样可以更好地了解到业主的想法。随后，业主委员会对积极参加业主大会会议的业主分发了征求意见书，而对于部分联系不上的和很少参与的业主，就没有送达。在业主大会会议结束后，部分业主因为不知道征求意见书一事而对业主委员会非常地不满，认为剥夺了他们提出意见的权利。业主委员会则认为既然一部分业主很少参与，而一部分业主又联系不上，则视为业主已经放弃此项权利，就不能再追究业主委员会的责任。双方争执不下，最终导致冲突升级。虽经居民委员会调解，但部分业主对业主委员会的抱怨依然很大，严重影响双方的关系。①

点评：《武汉市物业管理条例》第28条作出明确规定：“业主大会会议以采用集体讨论的形式为主，也可以采用书面征求意见的形式……”在本案例中，该业主委员会根据小区的实际情况选择这种形式是符合规定的。

但是，采用书面征求意见的形式也有严格的程序要求。《武汉市物业管理条例》第28条也要求“采用书面征求意见的形式时，应当将征求意见书送达每一位业主；无法送达的，应当在物业管理区域内公告；业主在规定期限内未反馈意见的，视为弃权”。因而，在本案中，业主委员会如果采用书面征求意见的形式，是“应当”将征求意见书送达给“每一位业主”的，而不能依据业主的参与程度来区别对待。对于无法送达的，则是“应当”通过公告的形式进行通知，不能因为联系不上就不予告知。只有在规定期限内未反馈意见的业主，才视为弃权。因而，业主委员会的做法是不合法的，由此导致业主大会所产生的决议也应该是无效的。

（二）业主参加业主大会会议的方式

业主可以亲自参加业主大会，也可以委托代理人参加。业主为法人的，由其法定代表人行使投票权。业主为无完全民事行为能力的，由其法定代理人行使投票权。业主还可以

① 案例改编自郑向前：《业主大会会议可书面征求意见》，载北海市物业管理协会网站：http：//www.bhwyxh.com/NewsShow.aspx？Id=1600，2013年7月15日。

委托他人（包括同住人或之外的人）参加，并且还可以将自己的表决权书面委托其行使。委托他人参加业主大会的，应将委托书提前向业主大会公示以便业主大会核实其参加业主大会的身份。

《物业管理条例》中规定的业主权利和业主大会职责中所涉及的全体业主共有的公共维修基金、物业公共部位及公用设施设备的管理使用，均与物业所有权中的处分权有关。所以，业主的家庭成员因本不是所有权人，并非业主，不能直接参加业主大会会议。同样，房屋的承租人只是房屋的具体使用人，也不能参加业主大会并行使业主权利。但依据《民法通则》第60条的规定，公民、法人可以通过代理人实施民事法律行为。所以，这两类人在获得业主的委托授权后，可以业主的名义参加会议，提出建议，获得投票授权的还可以参与表决投票。

物业管理区域内业主人数较多的，可以幢、单元、楼层为单位，推选一名业主代表参加业主大会会议。业主可以书面委托的形式，约定由其推选的业主代表在一定期限内代其行使共同管理权。具体委托内容、期限、权限和程序由业主大会议事规则规定。推选业主代表参加业主大会会议的，业主代表应当于参加会议前3日，就业主大会会议表决的事项书面征求其所代表业主们的意见，业主代表不能代替业主本人作出决定。表决书应当经业主本人签字后，由业主代表送达业主大会会议投票表决。

（三）业主大会会议类型

根据《物业管理条例》第13条和《业主大会和业主委员会指导规则》第21条的规定，业主大会会议分为定期会议和临时会议。

1. 定期会议

定期会议可以称为例会，指应当按照业主大会议事规则的规定定期召开的业主大会会议。经业主大会选举产生业主委员会后，由业主委员会负责召集业主大会会议。

业主大会定期会议应按照《业主大会议事规则》的规定，由全体业主根据实际情况商讨决定，属于业主自治范畴。至于业主大会定期会议的时间间隔是多长，目前立法没有做强制要求。实践中各住宅小区一般每年召开一次。但是，这也带来了问题，就是没有时间上限下限范围限制，就有可能导致业主大会定期会议间隔延长，不利于对于一些周期性、常规性重大事务的决策的通过和落实，影响业主自治内事务的决定，损害了业主的权益。

对此，国外倒是有时间间隔的限制规定，可以参考借鉴。如南非法律规定，两次定期会议之间的时间间隔不得超过15个月；德国法律规定，定期会议的举行以财政年度为界，在上一财政年度结束之时必须召开下一届业主大会；美国法律规定，定期会议必须每年举行一次。上述国家的立法均将业主大会定期会议召开的时间间隔设定在一年左右。① 这是强制规定，不能由议事规则改变，有利于保证业主大会会议的如期举行，保证业主自治内各项事宜都顺利开展。所以，即便立法不统一强制规定定期会议召开的时间，也最好对定期会议的时间间隔做一个范围的限制，才有利于切实发挥业主大会会议的作用。

① 魏康寿、戴忠：《如何使业主大会不再形同虚设——由一起某住宅小区业主委员会与开发商的纠纷所想》，载中国建筑房地产律师网：www.dyjlawyer.com/News/2008-6-19/2008619169834-1.htm，2013年7月1日访问。

2. 临时会议

在定期会议的间隔期间，如果出现了必须经业主大会会议决议的紧急事项，则由业主委员会召集召开业主大会临时会议。

根据规定，以下几种情形下应当召开临时会议：（1）经专有部分占建筑物总面积20%以上且占总人数20%以上业主提议的；（2）发生重大事故或紧急事件需要及时处理的；（3）业主大会议事规则或者管理规约规定的其他情况。三种情形中任一种出现，作为业主大会常设机构的业主委员会应当组织召开临时会议。因此我们可以发现，是否召开及何时召开临时会议并不是立法限制死了的，而是可以由业主事先商议自由决定的。

《业主大会和业主委员会指导规则》第51条还规定，业主委员会未按业主大会议事规则召开业主大会定期会议或者临时会议的，物业所在地的区、县房地产行政主管部门或者街道办事处、乡镇人民政府可以责令业主委员会限期召开；逾期仍不召开的，可以由物业所在地的居民委员会在街道办事处、乡镇人民政府的指导和监督下组织召开。

在本章的问题导入案例里，原告以个人名义要求召开临时会议，不符合法定要求，且吴女士虽然向业主委员会寄送所在物业小区的20%的业主要求召开集体讨论形式的临时会议的提议，但并未提交业主提议召开临时业主大会的书面意见及相应20%业主身份和投票权的相关证据，无法核实临时会议提议的真实有效性。原告吴女士主张业主大会临时会议是不合理的。

【案例3-7】

某小区通过召开业主大会选举产生了业主委员会。该业主委员会的部分委员在工作初期还比较认真负责，之后因个人原因很少履行业主委员会委员的职责，最后则完全不履行职责。于是部分业主联合对业主委员会提出了建议和意见，但没有得到任何的回复。经统计，全小区有过半数的业主要求召开业主大会，重新选举业主委员会。但该业主委员会以没有到一年一次的业主大会定期召开时间为由，拒绝组织召开业主大会，业主们只好等待。而后，由于连日降雨，小区排水不畅，整个小区浸泡在水中。业主请求业主委员会马上召开业主大会临时会议处理紧急事件。业主委员会则认为不需要召开业主大会，业主委员会有能力处理，并已有应急方案。但业主们认为该事件比较紧急，覆盖面广，涉及的是小区业主的全体利益，应该召开业主大会会议，由业主共同来决定。①

点评：第一，业主大会会议的召开时间。从上述《业主大会和业主委员会指导规则》和《武汉市物业管理条例》第27条规定看，业主大会定期会议的召开时间是由业主大会议事规则来确定的。而业主大会议事规则是在首次业主大会会议上由全体业主讨论决定的。所以，本案中，如果确未到定期会议召开时间，业主委员会可以不组织召开定期会议。

① 案例改编自曾国兵：《哪些情形应召开业主大会临时会议》，载《武汉晨报》2011年12月7日，第33版。

第二，业主大会临时会议的召开条件。《武汉市物业管理条例》第 27 条也规定："有下列情形之一的，业主委员会应当及时组织召开业主大会临时会议：（一）经专有部分占建筑物总面积 20%以上且占总人数 20%以上业主提议的；（二）发生重大事故或者紧急事件需要及时处理的；（三）业主大会议事规则或者管理规约规定的其他情况。"所以，本案中，业主两次提出召开业主大会临时会议都符合第 1 项和第 2 项的要求，业委会是应该组织召开业主大会临时会议的。

第三，业主大会会议的组织者。业主委员会不组织召开业主大会临时会议的，《武汉市物业管理条例》第 27 条同时规定："区房屋主管部门应当责令其在 30 日内召开；逾期不改正的，街道办事处、乡（镇）人民政府应当会同区房屋主管部门在 30 日内组织业主召开业主大会会议。"因此，该案中，业主两次要求召开业主大会会议不成，全体业主可以请求区房屋主管部门、街道办事处、乡镇人民政府帮助组织召开业主大会会议。

（四）业主大会会议的召开

1. 召集人

业主委员会负责召集业主大会定期会议和临时会议。但如果业主委员会怠于召开，经责令后逾期仍不召开的，可以由物业所在地的居民委员会在街道办事处、乡镇人民政府的指导和监督下组织召开。

2. 召开流程

《物业管理条例》第 14 条仅规定，召开业主大会会议，应当于会议召开 15 日以前通知全体业主。住宅小区的业主大会会议，应当同时告知相关的居民委员会。具体的会议流程交由业主大会议事规则进行规定。无论是定期会议还是临时会议都应当提前 15 天通知全体业主，这就会让临时会议召开显得不那么"紧急"迫切了。所以，对于临时会议可以考虑缩短通知期。业主委员会还应负责对业主大会会议过程进行记录。

（五）业主大会的会议决议

1. 业主表决权的确立

业主投票权如何确定，直接关系到业主的切身利益，也关系到业主大会的决定是否有效，这是业主实际行使物业管理权的重要一环，因此我们应平等公平确定业主投票权。

根据《业主大会和业主委员会指导规则》的规定，业主大会确定业主投票权数时，可以按照下列方法认定专有部分面积和建筑物总面积：（1）专有部分面积按照不动产登记簿记载的面积计算；尚未进行登记的，暂按测绘机构的实测面积计算；尚未进行实测的，暂按房屋买卖合同记载的面积计算；（2）建筑物总面积，按照前项的统计总和计算。因为能行使投票表决的只能是业主，因为业主基于所有权而对物业管理区域内的事务具有参与决策权。而所有权的认定依据是房屋登记簿（已过户登记）或房屋买卖合同（尚未过户登记）等。

业主大会确定业主投票权数，认定业主人数时，按照专有部分的数量计算，一个专有部分按一人计算。但建设单位尚未出售和虽已出售但尚未交付的部分以及同一买受人拥有一个以上专有部分的，按一人计算。认定总人数时，按照前项的统计总和计算。值得注意的是，此时《业主大会和业主委员会指导规则》对建设单位进行的上述限制，有利于避免建设单位滥用投票权投票通过不利于其他业主的业主大会决议，有利于业主利益的公平保护。但据前文所述，此时建设单位并不算真正业主。我们可以理解为代今后的业主行使权利。

业主大会应当在业主大会议事规则中约定车位、摊位等特定空间是否计入用于确定业主投票权数的专有部分面积。未参与表决的业主，其投票权数是否可以计入已表决的多数票，由管理规约或者业主大会议事规则规定。

《业主大会和业主委员会指导规则》里并没有明确业主大会决议投票时，是否要求专有部分占建筑物总面积过半数的业主且占总人数过半数的业主参加。但是，既然业主大会召开的必要条件是半数以上有表决权的业主参加，那为了保证决议的合法、公正，也应该要求对业主大会决议进行表决时，也要有半数以上有表决权的业主参加。

2. 表决规则

业主大会决议类型可以分为一致决和多数决。一致决是要求业主大会决议获得所有业主意见一致才能生效。多数决是大多数业主的同意即可让业主大会决议生效。德国、法国、瑞士、日本均规定有一致决。

例如，根据德国《住宅所有权法》的规定，处分行为须实行一致决。具体而言，下列情形须采一致决：①住宅所有权（区分所有权）的再区分；②住宅所有权的合并；③新增建筑物的结构；④改变、增加、减少共有权的份额；⑤改变专有所有权部分；⑥改变专用使用权部分；⑦改变共同关系公约；⑧修改建筑计划；⑨改变共有部分与附属设施；⑩重建建筑物。① 法国《住宅分层所有权法》规定，在管理规约有错误时，准许修改管理规约的期间经过之后，欲变更管理规约所规定的管理费用的分摊规定的，就应适用一致决。② 日本1962年制定的旧《建筑物区分所有权法》中对管理规约的设定、变更及共用部分的变更等，均采一致决原则。后来修改后的区分所有权法才将一致决改成特别多数决。

我国《物权法》、《物业管理条例》及《建筑物区分所有权司法解释》在业主大会决议机制上未规定适用一致决的情形，只承认多数决。多数表决机制又可以根据决议事项的不同分为一般表决机制和特殊表决机制。

（1）一般表决。

根据我国《物权法》第76条、《物业管理条例》第12条的规定，对于诸如制定和修改业主大会议事规则，制定和修改管理规约，选举业主委员会或者更换业主委员会成员，选聘和解聘物业服务企业或其他管理人等事项，因对业主的权益影响较小且不具有重大性，采取“普通多数同意方式”，即应当经专有部分占建筑物总面积过半数的业主且占总人数过半数的业主同意。

（2）特殊表决。

筹集和使用专项维修资金和改建重建建筑物及其附属设施，是建筑区划内较为重大的

---

① 陈华彬著：《建筑物区分所有权研究》，法律出版社2007年版，第308页。
② 陈华彬著：《建筑物区分所有权研究》，法律出版社2007年版，第308页。

事情，关系到每个业主的切身利益。所以，对这两项事项不能由业主以简单多数方式作出决议，而应当采取特别多数决方式，即应当经专有部分占建筑物总面积 2/3 以上的业主且占总人数 2/3 以上的业主同意。

案例引入中，经法院查明，被告业委会已在此次业主大会召开前 15 日以公告或入户送选票的方式通知了全体业主，参加投票和同意物业公司选聘程序的业主比例均达到法律规定，征求业主意见表中也对表决内容及采取招投标方式启动选聘物业公司程序、委托被告业委会依法与中标企业签订物业服务合同作了明确表述。故第二次业主大会会议的召开程序合法，据此形成的第二次业主大会会议决议及依据该决议形成的业委会决议均符合法律规定。并且，临时会议的召开并不是形成业主大会决议的法定前置程序，临时会议未召开亦不能否定已按照合法程序形成的业主大会决议的有效性。因此，原告也不能以未召开临时会议为由否认业主大会决议的合法性。

【案例 3-8】

重庆财富中心住宅区小区一共有 1742 户，小区业委会成立于 2011 年 5 月。业委会主任陈某说，因为小区已经入住 7 年，很多公共设施都逐渐老化、易损，很多问题需要业主们表决决定。小区第一次开业主大会，聘请了 10 多个小区业主和物业使用人，两人一组背着票箱上门征求书面意见，花了一个多月的时间，但最后有业主反映上门征求意见有扰民的现象，也发现有经办人员根据自己喜好，私自改票的现象，而上门服务的人员也抱怨钱少了。第二次业主大会吸取教训，委托物业工作人员上门征求，最后还是意见很多。第三次和第四次又改变方法，把选票和参选内容送到每一位业主的书报箱内，请业主们填写了投到投票箱。结果一个月之后，选票不足 200 张，无法进行。①

点评：召开业主大会如果采用集体讨论形式，会受到场地、安全、时间等方面的限制，实际操作有些困难；采用书面形式征集大家意见也很困难。当前，电子签名投票表决业主大会决议是一种合法有效的参加会议和表决方法。电子签名表决早有先例，如 2010 年 10 月 1 日起，北京业主公共决策平台可网上投票②；2010 年 11 月深圳福田紫薇阁社区采用电子投票方式成功召开业主大会改选业委会③。因为我国已有《电子签名法》，司法中对电子证据也都是采信的。但是电子签名投票的具体操作会面临一些细节问题：如何保证通知到位、如何保证投票真实、如何保证转换真实等程序问题需要规范。同时，也需要隐私权益的强化保护。

3. 决议的效力

（1）效力级别。

业主大会尽管是业主团体的最高意思机关，但其所作出的决议不得违反管理规约。国

① 案例改编自万雨：《业主参与业主大会不积极怎么办?》，载《重庆时报》2012 年 12 月 24 日。

② 马力：《业主公共决策平台明起可网上投票》，载《新京报》2010 年 9 月 30 日，第 A12 版。

③ 周昌和：《业主大会将采用电子投票》，载《南方都市报》2011 年 6 月 15 日，第 A32 版。

家法律、行政法规的效力位阶最高，管理规约次之，业主大会会议的决议再次之，最后为业主委员会的决议。

（2）效力范围。

《物权法》第 78 条第 1 款规定："业主大会或者业主委员会的决定，对全体业主具有约束力。"《物业管理条例》第 12 条第 4 款规定，业主大会或者业主委员会的决定，对业主具有约束力。业主大会的决定虽然并非经过全体业主的一致同意，甚至还会遭到个别业主的反对，但是只要是依法设立的业主大会的决定，只要业主大会的决定符合法律法规的规定，并遵循了"管理规约"的议事规则，这样的决定就对全体业主具有约束力。业主大会依照法定程序作出的决定，反映了物业服务区域内绝大多数业主的意愿和心声，代表和维护了他们的合法权益。

同时，根据《建筑物区分所有权司法解释》第 16 条第 2 款的规定，专有部分的承租人、借用人等物业使用人，根据法律、法规、管理规约、业主大会或者业主委员会依法作出的决定，以及其与业主的约定，享有相应权利，承担相应义务。这说明了业主大会决议对物业使用人等非业主也具有约束力。

由于业主委员会系业主大会的常设机构和执行机构，执行业主大会的决定事项，因此业主大会的决议不但可以约束业主，而且对业主委员会也有约束力。换言之，业主委员会所作出的有关共同事务的管理或决议，不得与业主大会会议的决议相抵触。

【案例 3-9】

刘女士所在的小区，准备把一块草地和花坛改建成两个羽毛球场，目前，业主大会已经通过，并且已经获得了有关政府部门的批准。现在的问题是，当初投反对票的个别业主，不但不交纳相关的费用，反而以影响其休息为由，阻碍改建工作的实施。这种情况，刘女士想知道业主大会的决议，是否对全体业主有效？

点评：业主大会合法通过的决议应当对全体业主有约束力，不能因投反对票而否定其效力；此外，如果该业主认为建成的羽毛球场会影响其安宁，侵犯了其合法权益，可以起诉要求撤销。但在此以前，应当尊重业主大会的决议。

4. 决议的撤销

业主大会的决议应该符合全体业主的权益，如果业主大会的决议违反法律、法规，则应被撤销。我国目前的立法对违法的业主大会决议规定了两种撤销制度。

一种是行政撤销。《物业管理条例》第 19 条第 2 款中规定当业主大会作出的决议违反法律、法规的，由物业所在地的区、县人民政府房地产行政主管部门或者街道办事处、乡镇人民政府等行政机关，责令限期改正或者撤销其决定，并通告全体业主。

另一种是法院诉讼撤销。《物权法》第 78 条第 2 款、《物业管理条例》第 12 条第 5 款中规定，业主大会或者业主委员会作出的决定侵害业主合法权益的，受侵害的业主可以请求人民法院予以撤销。根据《建筑物区分所有权司法解释》第 12 条规定，业主的撤销权应当在知道或者应当知道业主大会或者业主委员会作出决定之日起 1 年内行使。此处行使撤销权的期间为除斥期间，不存在中止、中断和延长的问题，是不变的固定期间。

【案例 3-10】

王先生住在法华镇路某小区里。2009 年 11 月，该小区业主委员会以书面征询的形式召开业主大会，并于当月 22 日作出决议，大厦大堂可临时设摊经营，经营所得除去物业公司管理费外，归全体业主所有，用于大厦公用部位、共有设施、设备的维修和改造。此后，大厦底层大堂一直被用于经营或仓储，堆放着鞋帽服饰等物品。大堂三扇出入门中，有一扇旋转门被锁上，当成临时试衣间和杂物间，居民正常通行的主要场所之一被阻断。2010 年 8 月 26 日，王先生向法院提起诉讼，认为大厦底层大堂，是全体业主共有的设施，业主大会的决议使之成为经营场所，不仅侵害了原告正常使用大堂的权利，使原告的物业价值贬损，而且给大厦的消防、治安等带来安全隐患，同时也改变了大堂原有的规划用途，因此要求撤销该业主大会决议。业委会辩称，该决议由三分之二以上业主同意，其程序和决议内容均符合法律、法规的规定，并没有侵害原告的合法权益。法院审理后，业主大会或者业主委员会有权依法对有关共有和共同管理权利的重大事项作出决定，但相关内容不应侵害业主的合法权益。据此，法庭判决撤销这项《业主大会决议》。①

点评：本案中的业主大会决议中改变大堂原有的使用功能，已影响到业主正常使用大厦共有部位的合法权益。大堂在用于设摊经营过程中，很容易出现人员频繁出入和物品堆放占用空间的状况，出现紧急情况时会妨碍人员的疏散和施救工作的开展。同时，在大厦内设摊经营活动本身，也涉及是否符合工商行政管理、消防安全等行政法规方面的问题。

五、业主大会的法律地位

（一）业主大会的民事主体资格

1. 世界各国和地区不同操作模式

各国和地区关于业主大会的主体地位的立法例有三种模式。

第一种是法人式的业主大会模式，如法国、美国、新加坡。依《法国分层所有权法》第 14 条，若有两名以上拥有建筑物不同部分的区分所有者，即应存在区分所有权人管理团体。而且，该两名以上区分所有权人全体于法律上系当然构成团体，并各自成为该管理团体之成员。关于管理团体之性质，依其规定，系为享有法人人格之团体。与公司相同，有法律上的行为能力，实施法律行为，并能进行诉讼活动。②

美国最初的法律制度并不承认区分所有人管理团体具有法人资格。直到 20 世纪 70 年代，美国法院才通过判例承认该类团体具有法人资格。依 1977 年制定的《美国统一区分所有物业产权法》，美国称业主大会为业主协会，其具有法人的法律地位。该法公布不久

① 案例改编自栾吟之、章伟聪：《居民楼大堂成了“杂货市场”》，载《解放日报》2010 年 11 月 24 日，第 11 版。

② 陈华彬著：《建筑物区分所有权研究》，法律出版社 2007 年版，第 273~274 页。

便获得美国律师协会的批准，到1980年便获得美国12个州的立法机关通过，即全盘采用该法。其他各州的立法，虽然没有从结构到内容全盘采纳该法，但却大量吸收了该法的内容。① 美国《统一区分所有物业产权法》第3.1条规定，小区业主协会的组织形式，为非营利公司法人，但也可是非公司法人。第3.2.1条规定物业小区业主协会的权利与职责范围包括审议通过和修改有关小区的收入、支出及维修准备金的预算方案，并有权向业主收取用于小区共同支出的管理费。②

第二种是非法人式的业主大会模式。如我国台湾地区的《公寓大厦管理条例》认定业主团体不具有法人人格。德国在2006年《住宅所有权法典修正案》通过前不承认全体业主组成的业主大会具有法人人格，而仅为没有权利能力的社团。③ 诉讼上的当事人为单个的住宅所有权人而非住宅所有权人共同体。但在2007年3月26日新修订的德国《住宅所有权法》上，业主大会为一法人，具有法人人格。这也说明了业主大会法人化的世界发展趋势。

第三种是折中式的业主大会模式。如日本《关于建筑物区分所有的法律》第47条，规定30人以下的区分所有权人构成的管理团体，属于无权利能力的社团；区分所有人人数为30人以上，经区分所有权人及决议权各3/4以上的多数集会决议，决定成立法人、规定名称和办公处所，并在主要办公处所所在地登记的，即成为具有法人资格的管理团体。④

2. 我国目前立法现状

我国《物权法》、《物业管理条例》和《建筑物区分所有权司法解释》均未对业主大会的民事主体资格和诉讼主体资格问题作出明确规定。

根据现有各规定看，业主大会有权制定和修改业主大会议事规则、制定和修改管理规约、选举业主委员会或者更换业主委员会成员、选聘和解聘物业服务企业、筹集和使用专项维修资金、改建重建建筑物及其附属设施等有关共有和共同管理权利的重大事项；业主大会或者业主委员会作出的决定侵害业主合法权益的，受侵害的业主可以请求人民法院予以撤销等权利和义务。倘若业主大会不具有独立的民事主体资格，如何会享有这些权利履行这些义务。

但是，我们根据《物业管理条例》的规定知道，由于业主大会履行职责的形式是召开会议，其只是业主团体的内部议事、决策机构或者议事、决策程序，不直接对外从事民事活动，且其并非常设机构，也没有自己独立的财产，因此它不符合我国法律规定的民事诉讼主体的成立条件。因此，业主大会不具有诉讼主体资格，在诉讼中不应列为诉讼当事人。

---

① 鲍尔·施蒂尔纳著：《德国物权法（下）》，申卫星，王洪亮译，法律出版社2006年版，第175页。

② 周树基著：《美国物业产权制度与物业管理》，北京大学出版社2005年版，第220页。

③ 白江：《德国住宅楼管理制度之研究及启示》，载《中外法学》2008年第2期。

④ 邢国威：《业主大会法律地位分析》，载《中华女子学院学报》2010年第5期。

3. 业主大会的法人化趋势

我国学术界对业主大会的主体地位这一问题也争论不休，大致概括起来有三种观点：一是非法人主义；二是法人主义；三是折中主义。我们认为，业主大会法人化应该是今后的发展趋势。目前，部分地区已经采取了业主大会法人化的规定。但是，目前地方发展的趋势不平衡。

2011 年 5 月 12 日，北京市怀柔区的业主大会登记试点工作全面启动。依据试点方案，业主大会成立后，全部到街道办事处、乡镇人民政府备案登记、领取《业主大会登记证书》，区质监部门依申请为已经登记的业主大会发放组织机构代码证书，区税务管理部门为业主大会办理税务登记及领购发票，银行也将为已登记的业主大会开立共同管理资金账户。2011 年 6 月 17 日，怀柔区于家园一区的业主大会成功进行了备案登记，成为了全国首个取得法人资格的业主大会。依法登记后的业主大会，具有以其自身名义开设的共同管理资金账户，拥有其名下的独立财产，可以以自身名义从事经营活动，可以依法缴税和开具发票，能够独立承担民事责任等。业主大会取得法人资格，为小区共有产权定纷止争、理顺物业管理中的各方关系、构建和谐社区奠定了基础。

从全国整体来看，业主大会究竟是何种性质目前倒不是最为紧要的问题，最为重要的是如何落实业主大会的成立，将业主大会制度真正贯彻在小区业主自治中。所以，细化业主大会筹备工作制度和流程，给予业主大会筹备中必要的资金扶持和制度保障，促进业主大会现实中成立比例的提高，才是当前重任。只有在真正落实业主大会成立后，才有可能进一步去探讨业主大会的性质、诉讼资格，以及业主大会和业主委员会之间的关系。

（二）业主大会的诉讼主体资格

根据诉讼权利能力理论，无权利能力的主体可以有独立的诉讼权利能力。业主大会虽然没有民事主体资格，但是否有独立的诉讼主体资格呢？

最高人民法院在 2008 年 6 月 16 日发布了旨在细化实施《物权法》第 6 章的《建筑物区分所有权司法解释（征求意见稿）》（以下简称《征求意见稿》）第 13 条中明确规定了业主大会和业委会的诉讼主体资格，对《物权法》所未能明确规定的内容作出了较为详细的规定。但是最高人民法院在 2009 年 5 月 14 日正式公布并于 2009 年 10 月 1 日起施行的《建筑物区分所有权司法解释》中删除了《征求意见稿》中关于业主大会诉讼主体资格的规定。

目前，《物权法》第 78 条和《建筑物区分所有权司法解释》第 12 条都规定了，业主大会或者业主委员会作出的决定侵害业主合法权益的，受侵害的业主可以请求人民法院予以撤销。这被称之为“业主的撤销之诉”。在这一诉讼中，权益受侵害的业主是原告，作出决议的业主大会或业主委员会是被告。这说明目前立法仅承认业主大会的被告诉讼主体资格的，而且当业主大会作被告时的原告仅限于受到决议侵害的业主。

在国外，德国《住宅所有权法》第 27 条还规定，住宅所有权人可以授权管理人以全体住宅所有权人的名义提起诉讼。因此德国法上业主团体虽然不具备独立的法律人格，但是在涉及建筑物区分所有权管理中的事项时，其具有对内和对外的诉讼主体资格。法国规定共同所有权业主联合会“可以单独或者与一位或数位共同所有权人以其在法院进行诉讼”。① 日本《区分所有权法》承认 30 人以上的业主团体具有法人资格；业主团体通过集会的决议，来选任或解任管理人，而管理人则可以“根据规约或集会决议就其职务为区分所有人之目的作为原告或被告。② 美国赋予业主协会法人资格，一般也就赋予其作为原告提起诉讼和作为被告应对诉讼的权利。

因此，我们发现，在国外无论是否赋予业主大会独立主体资格的国家，都赋予了业主大会参与诉讼的权利，这有利于维护建筑物区分所有权人的利益，有助于解决物业服务管理活动中以及业主自治中的纠纷。因而笔者也建议我国尽快改变目前业主大会主体地位和诉讼资格不明确的法律现状，尽快出台关于业主大会的法律性质和设立程序的细化规定，改变目前司法实践中操作不一裁判各异的现状。

第三节 业主委员会

一、业主委员会的含义及特点

立法中未明确业主委员会的含义，仅在《物业管理条例》第 15 条规定了“业主委员会执行业主大会的决定事项”。这导致无法确定业主委员会的内涵和外延，也易引发业主委员会的性质、法律地位等问题的争议。这种现状与业主委员会在建筑物区分所有权实现过程中所发挥的重要作用很不相符。

但是，学界对业主委员会的定义非常丰富。普遍认为，作为业主大会的执行机构，业主委员会是由物业管理区域内业主代表组成，根据业主公约或法律规定，在房地产行政主管部门指导下经业主大会选举产生并经房地产行政主管部门登记备案，在物业管理活动中代表和维护全体业主合法权益的民间性组织。

业主委员会具有如下特点：

（1）业主委员会由业主大会选举产生。作为业主大会的常设机构和执行机构，业主委员会应向业主大会负责。因此，业主委员会也应由业主大会来选举产生，反映绝大多数业主的意愿。

（2）业主委员会的活动范围应是进行物业的业主自治管理。业主是通过业主大会来实现自身自治权益，业主大会往往是通过召开业主大会会议来对决策事项进行协商讨论，但业主大会也需要业主委员会这样一个常设机构来行使，使得各业主的意见能够得到统一，并贯彻于具体物业管理事项中。业主委员会不能进行和从事与物业管理活动无关的任何活动。

（3）业主委员会应当经由政府房地产行政主管部门登记备案。业主委员会虽经业主

① ［法］弗朗索瓦·泰雷、菲利普·森勒尔著：《法国财产法（下）》，罗结珍译，中国法制出版社 2008 年版，第 794 页。

② ［日］我妻荣著：《新订物权法》，有泉亨补订，罗丽译，中国法制出版社 2008 年版，第 549 页。

大会选举成立，但在成立后的一定时间内需到当地政府房地产行政主管部门备案，以接受行政主管部门的监督和管理。

二、业主委员会的委员

（一）业主委员会的委员资格

《物业管理条例》第16条规定，业主委员会委员应当由热心公益事业、责任心强、具有一定组织能力的业主担任。该条对于业主委员会委员的要求规定得非常概括抽象，无法确保业主委员会委员能够切实履行职责。

《业主大会和业主委员会指导规则》第31条则进一步细化规定，要求业主委员会委员除了应是物业管理区域内的业主外，还必须符合下列条件：具有完全民事行为能力；遵守国家有关法律、法规；遵守业主大会议事规则、管理规约，模范履行业主义务；热心公益事业，责任心强，公正廉洁；具有一定的组织能力；具备必要的工作时间。

业主委员会委员的资格条件的设置多是为了保障被选举出来的委员能勤勉开展工作，也能组织开展工作。这也是各国物业管理法的惯例。

虽然《业主大会和业主委员会指导规则》的规定较《物业管理条例》的规定要更为细化，但实际上也并不严格，没有具体条件的限制，导致很多人参与业主委员会的动机不纯。有的业主是因为在维权过程中自己的问题得不到解决而想通过进入业主委员会解决问题的；也有业主是因为欠缴物业费被物业服务企业起诉败诉后想借助业主委员会的力量炒掉物业服务企业的；还有业主是因为车位分配等原因加入业委会；另外，也不排除有个别业主为了私利而与开发商有着千丝万缕的关联。

因此，很多地方都提高了业委会成员任职资格条件。比如广州、深圳等地规定业主如要参选业委会委员还必须“按时交纳住宅专项维修资金和物业服务费用”，业主“本人及其近亲属未在为本物业管理区域提供物业服务的企业及其下属单位任职”①；上海则规定“有损坏房屋承重结构、违法搭建、破坏房屋外貌、擅自改变物业使用性质、欠交物业服务费或者专项维修资金、违法出租房屋等情形且未改正的”业主不能担任业委会委员②。《沈阳市物业管理条例》第8条也规定了业主委员会委员应当具备的五个基本条件，其中之一是“按时交纳物业服务费，模范履行业主义务”。

【案例3-11】

在汉阳鹦鹉大道江景园小区看到，正在公示业主委员会委员候选人，多名候选人名字下面多了一行注脚：如当选，委托其父×××代为履行职责。记者找到一位老人，他说：“房子是儿女的名义买的，我不是业主。但儿女工作忙，没有精力管社区的事。我有经验、有时间，其实是借儿女的名义报名。”在汉阳月湖街碧水晴天小区，有两位非常有经验的老人，因为不是业主，社区忍痛取消了两人的竞选资格。社区党支部书记程红军说，社区里70%的志愿者都是中老年人，而且许多人是从管理

---

① 《广东省物业管理条例》第25条，《深圳市业主大会和业主委员会指导规则》第40条，《深圳经济特区住宅区物业管理条例》第23条。

② 《上海市住宅物业管理规定》第19条。

岗位上退休的干部，让他们参与小区管理非常合适，却不能把他们选进业委会。①

点评：业主委员会作为业主自治管理物业区域的机构，其组成人员应该是业主。物业服务区域中的承租人、其他实际使用物业的人员、有关行政机构或者组织的人员都不能成为业主委员会的委员，不能代替业主行使物业自治管理权。因为，物业管理有其特殊性，只有身为业主的委员，才与整个物业小区的管理服务利益最大化是一致的，《物业管理条例》这样规定也是为了保证委员们实实在在能够勤勉地履行作为委员的职责。因而，本案中的一些老人和子女的父母，虽然都有很多很好的管理经验，也热心和适合担任业委会委员参与对物业管理的监督中，但不具有担任业委会委员的资格，作为物业的使用人，他们是不能被选入业委会的。

【案例 3-12】

市民张先生向住房保障和房地产管理局电话咨询，他和小区部分业主觉得物业服务有待改进，因此向区房管局申请成立了业主大会筹备组，可他准备竞选业主委员会委员时，物业说他“一年多没交物业费，没资格当候选人”。他想了解不交物业费的业主能不能成为业委会的成员？

点评：《业主大会和业主委员会指导规则》中并没有规定业主委员会委员必须不得拖欠物业费。拖欠物业费属于业主违反物业服务合同中的约定，发生的是单个业主和物业公司之间的合同纠纷，具有相对性，理应根据合同法的规定在业主和物业公司之间解决，不影响到业主参与业主委员会代表其他业主实现自治权益。但是，也不排除有些欠费业主是为了争取进入到业主委员会后利用职权便利从而对物业公司进行报复以实现私利，这就不利于整个业主自治的实现，有损其他业主的正当合法权益。因而，有些地方②为了避免这种情形的出现，要求当选业主委员会成员的业主不得拖欠物业费，是有一定道理的。

况且，在《业主大会和业主委员会指导规则》第 44 条中也规定了，业主委员会委员拒不履行业主义务的，由业主委员会三分之一以上委员或者持有 20%以上投票权数的业主提议，业主大会或者业主委员会根据业主大会的授权，可以决定是否终止其委员资格。这里的“拒不履行义务”也包括了缴纳物业费的义务。拖欠物业费会成为业委会委员丧失委员资格的因素。

所以，除非地方立法有特别规定要求，欠费业主也能参与选举业委会委员。

（二）业主委员会委员资格的丧失

根据《业主大会和业主委员会指导规则》第 43 条，当出现下列几种情况时，业主委员会委员资格自行终止：①因物业转让、灭失等原因不再是业主的；②丧失民事行为能力的；③依法被限制人身自由的；④法律、法规以及管理规约规定的其他情形。

---

① 聂丽娟：《谁来“主政”业主委员会》，载荆楚网：http：//news. cnhubei. com/ctdsb/ctdsbsgk/ctdsb05/200803/t241887. shtml，2008 年 3 月 2 日。

② 如《郑州市业主大会和业主委员会指导规则》第 20 条。

此外，部分地方有具体补充，如北京规定业主“依法被追究刑事责任”①；武汉规定业主“被限制人身自由半年以上”②，广东和深圳规定“以书面形式向业主大会提出辞呈的”③时，天津规定业主“连续一年以上不在本物业管理区域居住”④时，委员资格自行终止。

《业主大会和业主委员会指导规则》第44条规定，当业主委员会委员出现下列情况之一的，由业主委员会1/3以上委员或者持有20%以上投票权数的业主提议，业主大会或者业主委员会根据业主大会的授权，可以决定是否终止其委员资格：①以书面方式提出辞职请求的；②不履行委员职责的；③利用委员资格谋取私利的；④拒不履行业主义务的；⑤侵害他人合法权益的；⑥因其他原因不宜担任业主委员会委员的。

该条通过列举的方式归纳业主大会或业主委员会决定委员资格丧失的情形。其中业主委员会委员提出辞职的情形，其实应考虑修改为自行终止的情形。既然业主委员会成员都提出辞职，说明主观上已经有了不愿履行职责进行服务的意愿，客观上或许早已停止履行职责了，如果还要等到业主大会或业主委员会来讨论决定其资格的终止，是毫无意义的，只会让该业主委员会委员的职务悬空，影响业主委员会职能的发挥。

业主委员会委员资格终止的，应当自终止之日起3日内将其保管的档案资料、印章及其他属于全体业主所有的财物移交业主委员会。此外，还应将业主委员会委员出现的上述情况和终止通知在物业管理区域内公告。

（三）业主委员会委员的候补

《业主大会和业主委员会指导规则》第46条规定，在业主委员会任期内，委员出现空缺时，应当及时补足。业主委员会委员候补办法由业主大会决定或者在业主大会议事规则中规定。

地方有些规定中借鉴采取民主政治选举的做法，进行民主推荐和差额选举。

广州、深圳等地方立法中统一规定了业主委员会候补委员制度。在业主委员会实行差额选举的，未当选业主委员会委员且得票数达到法定票数的候选人，可以按照得票顺序当选业主委员会候补委员。候补委员人数由业主大会议事规则约定。⑤ 深圳还要求如业主委员会委员缺员，全体候补委员递补为委员后，仍缺员超过40%的，应当召开业主大会会议增补⑥。北京要求在业主委员会委员任期内，委员出现空缺时，应当按照业主大会议事规则约定的候补制度自动递补并办理变更备案，递补的委员任期为缺额委员余下的任期。候补委员递补后人数仍不足的，业主委员会应当及时组织召开业主大会会议补选业主委员会委员。⑦ 武汉则要求候补委员人数不超过委员人数的40%，候补委员候选人由筹备组推荐，10名以上业主也可联名推荐候选人1名；筹备组应当审查候选人资格并确定候选人

① 《北京市住宅区业主大会和业主委员会指导规则》第46条。

② 《武汉市业主大会和业主委员会指导规则》第52条。

③ 《深圳市业主大会和业主委员会指导规则》第51条。

④ 《天津市物业管理条例》第27条。

⑤ 《广东省物业管理条例》第26条。

⑥ 《深圳经济特区住宅区物业管理条例》（2010）第37条。

⑦ 《北京市住宅区业主大会和业主委员会指导规则》（2010）第48条。

名单，业主委员会委员、候补委员实行差额选举，差额选举比例不得低于20%；业主委员会委员、候补委员按照预定名额和得票顺序当选；候补委员在业主委员会委员职务终止出现空缺时，替补当选为业主委员会委员。① 厦门规定业主大会在选举业主委员会委员的同时，应当一次性选举产生业主委员会候补委员。候补委员人数按照不超过委员人数的40%设置；候补委员实行差额选举，按照预定名额和候选人得票多少顺序当选。②

各地大多规定候补委员可以列席业主委员会会议，但不具有表决权③。

（四）业主委员会委员的任期

根据《物业管理条例》第18条和《业主大会和业主委员会指导规则》第19条的规定，业主大会议事规则应当对业主委员会委员的资格、人数和任期等主要事项作出约定。《业主大会和业主委员会指导规则》第32条规定，业主委员会委员实行任期制，每届任期不超过5年，可连选连任。

实践中，业主委员会委员的任期往往过长或过短。聘期或者续聘时间过长，容易使业主委员会委员产生惰性而懈怠职责，不利于其管理工作的开展，还容易滋生腐败；时间过短，又会导致其工作缺乏连续性和稳定性，影响全体业主的利益。

目前，各个地方基本都规定了不超过5年的任期，如武汉、广州规定每届任期不超过5年，深圳规定每届任期不超过3年。只有个别地方规定了超过5年的任期，比如《北京市住宅区业主大会和业主委员会指导规则》第45条规定了业主委员会委员的任期最高不超过6年。且业主委员会每两年定期改选部分委员，在召开第一次全体委员会议时，应当按照委员在业主大会选举中得票的多少，将全部委员尽量平均分为三组：得票较少的一组委员应当在第2年任满后的业主大会定期会议上改选，得票居中的一组委员应当在第4年任期满后的业主大会定期会议上改选，得票较多的一组委员应当在第6年任期满后的业主大会定期会议上改选。

究竟业主委员会委员的任期为多长时间，最好的办法是根据业主委员会委员的工作职责履行情况的好坏，结合物业管理区域的自治需求，由业主大会议事规则规定，或交由业主大会讨论决定。

因为在首次业主大会会议召开时，从业主委员会委员候选人中选出业委会委员来成立业委会，所以正常情况下，业主委员会的任期和业主委员会委员的任期是一致的。另外，业主委员会成立后7日内召开首次业主委员会并在会议上推选出业主委员会主任和副主任，因而业主委员会主任（副主任）的产生时间比业主委员会要晚，但其任期应该与业委会任期一致。

（五）业主委员会委员的酬劳

【案例3-13】

成都某小区居民万先生在小区业主QQ群共享里发现了3月1日贴出的《××家

① 《武汉市业主大会和业主委员会指导规则》(2012）第42条、第44条。

② 《厦门市物业管理若干规定》(2011）第13条。

③ 《武汉市业主大会和业主委员会指导规则》(2012）第32条第2款：业主委员会候补委员在候补阶段，不参与业主委员会会议，不具有表决权。

园业主大会议事规则（草案）》，其中一条让他有些诧异：除了业主大会和业委会的日常开销要进行实报实销外，还要按工作量及职责给予业委会成员不同的津贴通讯和交通等补贴，业委会主任费用为每月3900元副主任2600元，其他成员每人每月1300元。这两天，不论是小区业主QQ群还是邻里见面，都在讨论小区《业主大会议事规则（草案）》。大多数居民都质疑工资这一条，认为业委会应该是义务工作；也有人表示业委会工作也辛苦，可以给一定数量的报酬，但3900元实在太高了。①

点评：这是小区物业管理中经常出现的话题，究竟业主委员会主任要不要领报酬？这笔钱又从何而来呢？这里涉及了业主委员会成员是公益劳动还是有偿服务的问题。

很多人认为，业主委员会是代表和维护全体业主权益的民间自治公益组织。因为《物业管理条例》第16条和《业主大会和业主委员会指导规则》第31条也都要求业主委员会委员应当是热心公益事业、责任心强、公正廉洁的业主，有人就据此认为业主委员会委员既然应具有奉献精神，则不应获得酬劳或津贴；让业主委员会委员拿酬劳，可能会造成业主委员会成员拿了钱不干活、不为业主谋利，甚至还设法滥用、侵占维修基金损害业主权益，让很多人不是为了奉献而是为了私利进入业主委员会。况且，现实中不给委员发酬劳的业主委员会也普遍存在。

从目前的立法来看，虽然没有明确应否给业主委员会委员支付酬劳，但也没有明文禁止支付酬劳。法无禁止即合法，因而，现行立法环境下，给业主委员会委员支付工资是可行的。从长远来看，业主委员会委员从事的是公益性工作，应要求有极高的奉献精神。但在目前业主大会和业主委员会都成立困难，业主委员会日常运行阻碍多多的现实环境下，如果不给业主委员会委员支付一定酬劳，会让业主委员会缺乏约束力，委员们会以此为借口不认真履行工作职责、逃避责任；也会让那些原本认真负责的委员因为长期从事琐碎、劳累又吃力不讨好的事务而不堪重负辞去职务，最终也会让业主委员会瘫痪直至名存实亡。

此外，在《业主大会和业主委员会指导规则》和《物业管理条例》中都对业主委员会委员不履行职责时规定了相应法律责任的追究。从法理上来看，既然存在对委员的责任的追究，私法上就应该保障委员有获得酬劳的权利，权利和义务才能形成对应。

所以，既然业主委员会委员花了一定时间和精力提供了劳务，给予其一定的酬劳也无可厚非；而且，业主委员会委员领取一定酬劳，也可以督促其积极开展工作、履行自身工作职责。目前也有许多地方立法中将业主委员会委员的酬劳加入规定，《深圳经济特区住宅区物业管理条例》第22条规定，业主委员会委员津贴和执行秘书薪酬，从物业服务费中按照市政府规定的比例提取，专款专用，标准由业主大会决定；候补委员不领取津贴。北京市住房和城乡建设委的《北京市住宅区业主共有资金管理暂行办法》（征求意见稿）也规定，业主大会可以合法使用小区共用部分经营的收益，用来支付人员工资财务、办公

① 案例改编自谭梦媛、李和：《业委会主任工资月3900元？小区居民不干了》，载《华西都市报》2012年3月7日，第23版。

费等费用。

当然，此处的酬劳在性质上不应定性为“工资”，因为业主委员会委员和业主团体、业主委员会之间不存在雇佣关系、劳动关系，委员的工作也不是专职工作，委员没有对应的雇主、单位。此处的酬劳可以理解为“津贴”，就是对业主委员会委员劳务的付出给予的一定回报，不要求和当地最低工资挂钩，但具体支付多少津贴，应由业主大会讨论决定。

业主委员会委员的津贴应作为业主委员会运行的工作经费中的一部分，由全体业主分担，具体的筹措、使用办法应由业主大会决定（见后文“业主委员会工作经费”）。并且，应将业主委员会委员的津贴支出明细和业主委员会其他经费使用情况一起进行记录，并定期向业主公开，接受业主的监督和查询。

三、业主委员会的产生和组成

（一）业主委员会的产生

1. 业主委员会的成立

根据《业主大会和业主委员会指导规则》第 14 条规定，由业主推荐或者自荐业主委员会委员候选人，并由业主大会筹备组核查业委会参选人的资格，并根据物业规模、物权份额、委员的代表性和广泛性等因素，确定业主委员会委员候选人名单。业主大会筹备组应当自组成之日起 90 日内完成筹备工作，组织召开首次业主大会会议，在首次业主大会上选举产生第一届业主委员会。日后业主委员会需要更换则通过召开业主大会来决定。

但是，目前这种规定对业主委员会候选人的推选程序和产生办法规定不明确，完全由业主大会筹备组来决定业主委员会委员的名单，极有可能候选人都是业主大会筹备组成员“喜欢”的候选人，导致最终选出的业委会委员不一定能代表全体业主的利益。即便日后业主委员会可以更换，但也会因为程序麻烦而难以实现。因而，建议仍然可以采取业主联名推荐或自荐方式推选业主委员会候选人；采取差额选举方式①，由全体业主采取过半数的表决机制讨论决定选出业主委员会候选人（即专有部分占建筑物总面积过半数的业主且占总人数过半数的业主同意）。对大家一致选出的业主委员会候选人由业主大会筹备组进行核查，再在业主大会上表决决定业主委员会的成员构成。

有些地方已经采取类似做法，如《广东省物业管理条例》第 26 条规定，业主委员会委员候选人由业主联名推荐、业主自荐等方式产生。业主委员会是否实行差额选举以及实行差额选举的差额比例由业主大会议事规则约定。厦门也规定，业主委员会委员实行差额选举，按照候选人得票多少顺序当选。

2. 分期开发的物业小区的业主委员会的成立

《业主大会和业主委员会指导规则》第 16 条规定，划分为一个物业管理区域的分期开发的建设项目，先期开发部分符合条件的，可以成立业主大会，选举产生业主委员会。首次业主大会会议应当根据分期开发的物业面积和进度等因素，在业主大会议事规则中明

---

① 差额选举，是指候选人名额多于应选代表名额的选举。差额选举区别于等额选举，后者指候选人数与应选人数相等的选举。

确增补业主委员会委员的办法。也就是说，先期开发部分的业主组建业主大会，选举产生业主委员会，在首次业主大会上决定日后业主委员会人员的增补。

一些地方的规定也与此相当，如《厦门物业管理条例》第 14 条规定，同一个物业管理区域内分期开发的物业在分期开发期间成立业主委员会的，应当在业主大会议事规则中明确本物业管理区域的业主委员会委员总数以及按照建筑面积比例预留尚未开发物业的委员名额。《深圳经济特区住宅区物业管理条例》第 39 条要求，分期开发的物业，可以在分期开发期间成立业主大会，选举产生业主委员会。新一期物业的业主入住后，应当增补业主委员会委员和候补委员，但增补后的业主委员会委员总人数不得超过 17 人。

（二）业主委员会的构成

根据《物业管理条例》第 16 条和《业主大会和业主委员会指导规则》第 31、32 条的规定，业主委员会由业主大会选举 5~11 人单数组成。业主委员会主任、副主任在业主委员会成员中推选产生。业主委员会应当自选举之日起 7 日内召开首次会议，推选业主委员会主任和副主任。

在业委会人员总体数量要求上，地方具体各异。如广东、天津是 5~15 人单数；武汉为 5~11 人单数；厦门 5~13 人单数；北京、上海要求 5 人以上单数。

业主委员会成员包括正式委员、候补委员（具体前文已述）外，还包括业主委员会主任、副主任。有些地方还规定了业主委员会可以设置执行秘书或专职工作人员，由业主委员会聘请，其职责由业主大会议事规则决定，如深圳、厦门。在《南京市业主大会和业主委员会指导规则》第 41 条中也提倡业主委员会设立专职秘书。专职秘书虽然可以由小区业主委员会聘请，但是没有交代是否要求该聘请人员具有业主资格，也没有交代是否要从业委会成员中选出。其实，在上海、深圳等较发达地区，已经有了居委会专职秘书，不排除随着业主委员会的增加，业主委员会秘书也会逐渐步入职业化。① 而北京正通过政府购买服务的方式为多个小区提供业主大会规范运行的专业服务，也在积极推进业委会主任、业委会秘书、会计等人员的专业化、专职化。② 所以，业主委员会秘书是业主委员会日常事务执行的代表，只要有业委会的委托授权即可，不一定要求其具有业主身份或业委会成员资格。但业主委员会成员的职业化、专业化是今后业主委员会发展的趋势。

（三）业主委员会的登记备案

业主委员会应当自选举产生之日起 30 日内，持下列文件向物业所在地的区、县房地产行政主管部门和街道办事处、乡镇人民政府办理备案手续：①业主大会成立和业主委员会选举的情况；②管理规约；③业主大会议事规则；④业主大会决定的其他重大事项。③

业主委员会办理备案手续后，可持备案证明向公安机关申请刻制业主大会印章和业主委员会印章。业主委员会任期内，备案内容发生变更的，业主委员会应当自变更之日起 30 日内将变更内容书面报告备案部门。该登记备案通常是免费的。

---

① 殷立勤：《上海一小区业委会欲请大学生担任小区秘书》，搜狐新闻 http://news.sohu.com/20090318/n262855944.shtml，2009 年 3 月 18 日。

② 解丽：《业委会专职秘书将派驻社区》，载《北京青年报》2011 年 8 月 25 日。

③ 参见《物业管理条例》第 16 条、《业主大会和业主委员会指导规则》第 33 条。

对于业主委员会的登记备案的法律性质，有不同的认识和看法。有的认为业委会是物业管理区域内业主选举产生的自治组织，只有经房产局备案确认后，其组织才具有合法性①；也有人认为登记备案仅是进行形式审查，不影响备案登记主体、文书或事项的效力，如果备案登记的主体、文书或事项不合法，必须另行通过相关法律程序来撤销或确认无效，而不能在备案登记程序中直接处理②。

在此，笔者以为，业主委员会的登记备案在法律性质上应仅仅是为了行业管理需要所履行的备案手续，不同于企业法人等一般民事主体的设立登记。业主委员会仅仅是代表业主团体对外实施与物业管理有关的行为，其最终责任又是由业主承担的；如果需要业主承担民事责任，也无须通过登记来保障，因为业主有其不动产物业作为责任财产加以担保。所以，行政主管部门接受备案的行为，不决定业主委员会的成立与否，不影响业主委员会的合法性。业主委员会在备案前，第一次业主大会会议上选举产生时即已成立，备案只是为了接受房地产行政主管部门的监督、指导和管理，也不属于行政许可的范畴。

目前可能产生的矛盾是，《业主大会和业主委员会指导规则》第 34 条要求业主委员会必须持备案证明才能申请刻制印章，不备案登记就无法取得印章。刻制印章是民事法律主体对外进行民事活动的重要凭证，业主委员会如果没有合法有效的印章，将很难进行实际运作，其代表全体业主所为的法律行为将不被外界认可。这就使得房地产管理部门对业委会的备案审查实际上就带有了一定的行政许可因素，该行政行为就应当属于可以提起行政诉讼的范围。③ 而且在目前实际运作中，常把备案定位为审核和批准，造成业主委员会是否合法最终不是由大多数业主的选票决定，而是由政府主管部门审核确定。④

【案例 3-14】

2010 年 9 月至 11 月，某住宅小区以书面征求全体业主意见的形式召开业主大会。会期届满后，经清点表决票和选票，《业主大会议事规则》和《物业管理规约》以 76.4%的表决率通过；业主委员会 7 名候选人以 67%以上得票率通过。业主委员会成立后，未到房管局备案。业主委员会按照业主大会的授权与甲物业公司签订了物业服务合同。2011 年 5 月，因甲物业公司管理不善，部分业主诉至法院以业主委员会未经备案不具备签订物业服务合同的主体资格，要求确认物业服务合同无效。⑤

点评： 业主委员会的登记备案不是业主委员会成立的必要条件，不同于公司、企业等法人的“登记”备案。案件中，小区以书面征求意见方式召开业主大会，业主委员会以 67%得票率表决通过，均符合目前立法的要求，业主委员会一经业主大会

① 法规应用研究中心编：《物业管理条例关联规定：注释应用本》，中国法制出版社 2012 年版，第 231 页。

② 周华：《对业主委员会备案的司法审查》，载《人民司法》2009 年第 10 期。

③ 周华：《对业主委员会备案的司法审查》，载《人民司法》2009 年第 10 期。

④ 王栋、侯娉：《当前中国业主委员会建设中存在的问题及对策建设》，载《现代物业》2007 年第 16 期。

⑤ 案例改编自孙光建：《业委会未备案　签物业合同是否有效》，载《武汉晨报》2012 年 4 月 4 日，第 6 版。

表决通过则有效成立。虽然业委会没有到房管局备案，但是这并不影响业主委员会的有效成立。而签订物业服务合同是业主委员会的职责之一，业主委员会具有签订物业服务合同的主体资格，只要合同签订是平等、合法、自愿的，合同一经签订即成立生效。

（四）业主委员会的换届和改选

【案例 3-15】

济南某花园小区，是济大路上一个较早的小区。2007 年物业入驻时，小区成立了业委会，第一批成员 7 人，后陆续有人退出。2012 年 9 月 14 日，物业决定上调物业费，引发了业主不满。有居民发现，此次物业费上调是经过了业委会同意的，但业委会 2012 年 8 月任期满后，一直没有组织选举，现在的业委会已经不具备相关资质。业委会负责人表示到期后没有反对的，自动续任。小区业主纷纷表示疑问，业委会负责人这种说法合理吗？①

点评： 这一案例涉及业主委员会的换届问题，也即业委会任期届满后，新的业主委员会还未选出时，原业主委员会可否继续履行原职责。

业主委员会任期届满前 3 个月，应当组织召开业主大会会议，进行换届选举，并报告物业所在地的区、县房地产行政主管部门和街道办事处、乡镇人民政府。如果业主委员会在规定时间内不组织换届选举的，物业所在地的区、县房地产行政主管部门或者街道办事处、乡镇人民政府应当责令其限期组织换届选举；逾期仍不组织的，可以由物业所在地的居民委员会在街道办事处、乡镇人民政府的指导和监督下，组织换届选举工作。因客观原因未能选举产生业主委员会或者业主委员会委员人数不足总数的 1/2 的，新一届业主委员会产生之前，可以由物业所在地的居民委员会在街道办事处、乡镇人民政府的指导和监督下，代行业主委员会的职责。所以，指导规则的要求是，在上一届业委会任期届满后，新业委会还未选出的，原业委会是不能继续履行职责的。

因为业主委员会委员资格的自动丧失、委员的辞职或者因故被终止委员资格等原因，导致业主委员会委员人数不足总数的 1/2 时，业主委员会应当主持召开业主大会临时会议，重新选举业主委员会。

业主委员会应当自任期届满之日起 10 日内，将其保管的档案资料、印章及其他属于业主大会所有的财物移交新一届业主委员会。业主委员会的备案事项发生变更的，需到备案部门进行变更备案。

四、业主委员会的职责

根据《物业管理条例》第 15 条和《业主大会和业主委员会指导规则》25 条的规定，

---

① 案例改编自陈心如：《山东省某业委会任期已满却没组织换届》，载《山东商报》2013 年 10 月 22 日。

业主委员会执行业主大会的决定事项，履行下列职责：①执行业主大会的决定和决议；②召集业主大会会议，报告物业管理的实施情况；③代表业主与业主大会选聘的物业服务企业签订物业服务合同；④及时了解业主、物业使用人的意见和建议，监督和协助物业服务企业履行物业服务合同；⑤监督管理规约的实施；⑥督促业主交纳物业服务费及其他相关费用；⑦组织和监督专项维修资金的筹集和使用；⑧调解业主之间因物业使用、维护和管理产生的纠纷；⑨业主大会赋予的其他职责。

此外，业主委员会在履行上述职责过程中也应当向业主公布下列情况和资料：①管理规约、业主大会议事规则；②业主大会和业主委员会的决定；③物业服务合同；④专项维修资金的筹集、使用情况；⑤物业共有部分的使用和收益情况；⑥占用业主共有的道路或者其他场地用于停放汽车车位的处分情况；⑦业主大会和业主委员会工作经费的收支情况；⑧其他应当向业主公开的情况和资料。这些应当公布的资料保证了《建筑物区分所有权司法解释》第 13 条规定的业主知情权的实现，也有利于对业主委员会的监督的实现。

但目前业主委员会职责实现中也存在一些立法缺陷问题，如业主委员会不履行职责是否追究责任及如何追究责任。业主委员会不履行职责或滥用职责时，虽然业主有权申请撤销业主委员会的决议，但就业主委员会滥用职责造成业主的损害没有明确的根据去追究业主委员会的民事责任。这也与目前业主委员会的主体资格不明有关。因而，今后立法应在明确规定业主委员会法律地位的基础上，进而明确业委会职责违反时的责任追究机制。

五、业主委员会的运行规则

（一）业主委员会会议

1. 会议类型

根据《业主大会和业主委员会指导规则》第 37 条的规定，业主委员会要运行，必须按照业主大会议事规则的规定及业主大会的决定召开会议，此可以理解为业主委员会的定期会议。

如果 1/3 以上业主委员会委员提议，可以在提议后 7 日内召开业主委员会会议，此为业主委员会临时会议。有些地方还规定，业主委员会主任认为有必要的（如广东），也可以召开临时会议。武汉规定“讨论业主大会授权的物业管理公共事项，应当召开委员会会议”。厦门规定，“出现议事规则及管理规约中规定应当召开业主委员会的紧急情况时，业主委员会不及时召开会议的，街道办事处（镇人民政府）可以指定业主委员会委员组织召开”。这些地方规定也可视作是临时会议召开情形。

第一次业主委员会会议应在业主大会首次会议召开（成立业主委员会）后的 7 日内召开，在此会议上推选业委会主任、副主任。

2. 会议召开

定期会议召开的 7 日前，业主委员会应在物业管理区域内公告业主委员会会议的内容和议程，听取业主的意见和建议。临时会议没有作出规定要求，笔者以为在提议提交后，也应将提议的相关内容进行公告，保证 7 日后召开临时会议时，业主对会议内容和议程的知悉。

业主委员会会议由业主委员会主任召集和主持；主任因故不能履行职责，可以委托副主任召集。北京还规定，“当副主任委员不能履行职责或者不履行职责的，由半数以上委员共同推举一名委员召集和主持”会议。

与业主大会不同，业主委员会委员不能委托代理人参加会议。因为决定其委员资格的不仅仅是其业主身份，更是他的热心奉献精神和相应的组织号召能力。而且由全体业主选举出来的业委会委员不是仅仅代表他自己的利益，更担负着维护代表全体业主利益的职责。如果不由业委会委员亲自履行职责，那业委会的选举就成为了摆设。即便是选举出来的法人业主的业委会委员，也应该是业主大会上选举出来的特定的法人派出的代表。但业主大会可以对业委会成员是否可以委托代理人履行职责进行讨论决定。

3. 会议形式

业主委员会会议的形式，《业主大会和业主委员会指导规则》中没有明确要求，《北京市住宅区业主大会和业主委员会指导规则》规定不得以书面形式召开。

4. 会议的决议

业主委员会会议应有过半数的委员出席，作出的决定必须经全体委员半数以上同意。业主委员会会议表决时，每一位委员有一票表决权。

业主委员会会议应当制作书面记录并存档，业主委员会会议作出的决定，应当有全体参会委员的签字确认，并自作出决定之日起 3 日内在物业管理区域内公告。

和业主大会的决议一样，业主委员会决议对全体业主具有约束力。业主委员会作出的决定违反法律、法规的，物业所在地的区、县人民政府房地产行政主管部门或者街道办事处、乡镇人民政府，应当责令限期改正或者撤销其决定，并通告全体业主。业主委员会作出的决定侵害业主合法权益的，受侵害的业主可以请求人民法院予以撤销。

业主委员会的大量工作是通过举行会议产生决议来实行和解决的，因此业主委员会的合理运行需要建立一个良好的议事规则。而该议事规则主要应由业主大会议事规则规定，交由业主大会会议讨论决定。

（二）业主委员会的工作经费

1. 经费的来源

根据《业主大会和业主委员会指导规则》第 42 条的规定，业主委员会的工作经费主要来源于两个方面，即业主缴纳或物业共有部分的收益。后者如停车费、广告费等，这些共有部分的收益其实也属于全体业主所有。因而，业主委员会的工作经费是由全体业主承担的。

有些地方另外还规定业委会经费可以从物业管理费中提取，如《天津物业管理条例》第 30 条规定业委会经费可以从物业管理费中提取不超过 1%。其实，从物业管理费中提取业委会经费也未尝不可，因为《业主大会和业主委员会指导规则》原本就规定了业委会工作经费的筹集具体办法由业主大会决定，只要在业主大会上作为普通事项获得专有部分面积 1/2 以上和半数以上业主的同意即可。

2. 经费的使用

业主委员会的工作经费主要用于业委会实施各项工作、履行自身职责所需。比如，业主委员会的办公设施设备（桌椅、电脑、打印机、传真机、电话机等设备）的购买；日常办公经费（办公日常开支、差旅费、水电费、通信费等）的开销；会议经费花销（如组织、联系业主召开业主会议、会场布置费用、饮水费用等）；顾问咨询及人员培训费（聘请律师、会计师、工程师进行咨询，对业主委员会委员进行培训，对业主提供其他咨询服务等费用）；等。前文所论的业委会成员的津贴也包括在业委会经费中。

3. 经费的监督

对于上述业主委员会经费的利用办法应由业主大会讨论决定。比如，设置一定金额限度，该限度内的经费使用由业委会主任决定，超过该限度的应交业委会会议讨论，甚至交业主大会讨论决定。对于工作经费的收支情况，业主委员会应当制定详细的记录文档，并且定期在物业管理区域内公告，接受业主监督。如果设置业主委员会监督委员会，则监督委员会有权对经费的来源、使用和额度情况进行随时查阅、询问。

（三）业主委员会的印章

1. 印章的类型

一般业主大会和业主委员会成立后会刻制三个印章，业主大会印章、业主委员会印章和业主大会财务专用章，有的还会刻制一个业主委员会主任公务用名章。业主大会的印章的刻制、备案、管理、移交都和业主委员会的印章一致。但业主大会印章的使用应根据业主大会议事规则的规定或者业主大会会议的决定使用，在业主大会职责范围内进行使用。如在业主大会已经通过有关决议、决定、公告、协议、规章制度等文件上使用，具体包括业主大会议事规则、业主公约、业主大会决议、业主大会公告、物业管理企业选聘决定、专项维修资金使用、续筹决定等。

2. 印章的办理流程

业主委员会在区、县房地产行政主管部门和街道办事处、乡镇人民政府办理备案手续后，持备案证明及街道办事处或镇（乡）人民政府的刻章证明到当地公安局或当地公安机关办证中心申请刻制业主大会和业主委员会印章；再到备案部门进行印章备案；最后在物业管理小区内公告印章使用。

3. 印章的使用范围

根据《业主大会和业主委员会指导规则》第41条的规定，业主委员会印章应当根据业主委员会会议的决定使用。所以要经过业主委员会召开会议，应有过半数的委员出席，必须经全体委员半数以上同意的决定事项才能使用业主委员会印章。一般应根据印章管理规定或业主大会议事规则，在业主委员会的职责范围内，在业主委员会会议已经通过的决定、决议、公告、通知、规章制度等文件上使用。比如在代表业主与物业服务企业签订的物业服务合同上盖章。

另外，根据管理规约或者业主大会、业主委员会的授权，业主委员会主任也可以在相关会议通知（包括业主委员会会议通知、业主代表会议通知或者业主大会通知等）、一般提示性告示（包括社区公益活动、停电、停水、天气信息、新闻消息或者安民告示等）以及转发或联发居民委员会、房地产主管部门、街道办事处（镇人民政府）等相关指导文件上使用业主委员会公章。

4. 印章的管理

业主委员会印章是业主委员会进行各种工作和活动的重要凭证和依据，因而，《业主大会和业主委员会指导规则》要求业主委员会应当建立印章管理规定，并指定专人保管印章。业主大会议事规则应对业主委员会印章的使用规则作出规定。业主委员会同时还应当根据业主委员会会议的决定，使用业主委员会印章。印章应当用于业主大会与物业服务企业签订物业服务合同或其他与物业服务有关的活动①。业主委员会印章使用记录的材料应当被录入到工作档案中，并指定专人保管②。

上一届业主委员会应当自任期届满之日起 10 日内，将其保管的印章移交新一届业主委员会；拒不移交的，新一届业主委员会可以请求物业所在地的公安机关协助移交。擅自使用业主委员会印章的，物业所在地的街道办事处、乡镇人民政府应当责令限期改正，并通告全体业主；造成经济损失或者不良影响的，应当依法追究责任人的法律责任。

（四）业主委员会的办公场所

业主委员会作为业主大会的执行机构，代表全体业主进行物业管理内的日常事务，其履行职责必然需要使用办公场地。但《物业管理条例》仅在第 30、38、39、64 条对物业管理用房的配备、权属问题、用途限制及物业服务合同终止时物业管理用房的交接等做了原则性规定，并未明确物业管理用房是否包括业主委员会办公用房。《业主大会和业主委员会指导规则》也未对此加以规定。这造成了现实中诸多业主委员会在历经万重困难成立后却没有办公场所，难以将业主委员会的职责全面实现。

为了解决这一现实问题，许多地方进行了补充规定。如《深圳经济特区住宅区物业管理条例》里明确了物业服务用房包括业委会办公用房，且由建设单位无偿提供；业委会办公用房面积不少于 20 平方米；建设单位未按要求提供的，由区主管部门责令建设单位按照本物业管理区域内物业市场平均售价和规定的物业服务用房面积，向业主大会支付专款，存入物业专项维修资金专户，专项用于承租、购置物业服务用房，并处以 20 万元以上 50 万元以下罚款。中山市《关于住宅小区建设配置物业服务用房的通知》规定建设单位应当在物业服务用房中配置业主委员会办公用房，最低不少于 10 平方米、最高不超过 60 平方米。北京、上海、成都等地也都在地方立法里明确了物业服务用房包括业委会用房，要求按一定标准由建设单位提供。所以，从目前实践来看，业委会办公用房在性质上为物业管理用房的一部分，应属于全体业主共有，由建设单位提前配置。

【案例 3-16】

2009 年 12 月 30 日，北京市丰台区某国际公馆业主委员会向全体业主宣告成立。为尽快推动业委会工作走向正轨，该国际公馆新任业委会于 2010 年 1 月 22 日向物业发出首份函件，提出讨要业主委员会办公用房及办公经费等 6 项主张。但物业复函对业委会所提的 6 项主张予以回绝。对于业委会提出的办公用房，物业称其对该房屋没有所有权，无法办理移交手续。至于业委会其余诉求，物业也一一复函拒绝。③

① 参见《武汉市业主大会和业主委员会指导规则》第 46 条。

② 参见《北京市业主大会和业主委员会指导规则》第 44 条。

③ 案例改编自张淑玲：《业委会讨要办公用房等遭拒》，载《京华时报》2010 年 2 月 1 日，第 12 版。

点评： 案中业主委员会的办公场所应从物业服务用房中予以安排。开发商在建设初期即应配置物业服务用房，在申请房屋所有权初始登记时，应当对建筑区划内依法属于全体业主共有的公共场所，公用设施和物业服务用房等一并申请登记，由房屋登记机构在房屋登记簿上予以记载，不颁发房屋所有权属证书。所以，业主委员会是无法获得办公用房的房产证。但是，物业公司只是代为管理业委会办公用房，在业委会成立后应予以移交。

（五）业主委员会的监督机制

业主委员会作为对物业服务企业提供物业服务和督促业主缴纳物业费的业主自治主体，在现代小区物业管理中具有举足轻重的地位，直接关系着小区全体业主的利益和政府对社区的管理。但现实中也往往出现业委会委员滥用权力、以权谋私、任意决定共同事务，随意侵占物业维修基金，侵害其他业主的利益和全体业主的共同利益。因而，业主委员会在履行自身职责过程中也需要接受监督。

根据《物业管理条例》的第5、6、20条的规定，有权对业主委员会进行监督的主体包括地方房地产行政主管部门、居民委员会和业主。房地产行政主管部门属于政府部门，居民委员会属于居民自治组织，业主是物业管理区域内的单个的建筑物区分所有权人。但是具体的监督机构、监督方式都没有规定，这就容易造成“人人都有权监督、人人都没时间、精力、能力监督，最终人人都没监督”的局面。

业主对于业委会的监督，目前只有“业主有权监督业主委员会的工作”① 的概括规定、“业主撤销权”的救济规定②，政府相关部门也有行使“撤销权”的监督方式③。然而现实中业主很难有热心和时间去监督，再加上自身能力弱小导致无法切实监督业主委员会的工作；撤销权也只是事后救济，并且救济后无相应责任追究依据。政府部门和居委会如何实施对业主委员会的监督更没有细致规定。所以，为了督促业主委员会正常履行职责，有必要规定专门的业主委员会的监督主体和监督机制。

有些地方在此方面已有所突破，如《北京业主大会和业主委员会指导规则》第39条规定，在业主大会议事规则中可以约定设立监事会，监事会的监事应由业主大会选举产生，监事会相关工作经费具体筹集和使用办法由业主大会决定。从北京的规定来看，监事会不是必设机构，是否设立监事会是业主大会自治决定；监事会的成员也必须是业主，但监事会成员是否为业主委员会成员以及监事会是属于业主委员会内的机构还是独立于业主委员会之外，并不明确。

北京的做法是值得推广的。如前所述，业主大会目前也有法人认定的倾向，而目前大部分人都倾向认为业主委员会相当于业主大会的执行机构。因此，可以参照法人内部组织制度，在业主委员会之外，设立一个由业主组成的业主委员会监事/监督委员会；业主人

① 参见《物业管理条例》第6条第2款第6项。

② 参见《物权法》第78条第2款和新《物业管理条例》第12条第5款。

③ 参见《物业管理条例》第19条第2款。

数较少的，可以只设立监事，行使对业主委员会的监督。① 业主委员会监督委员会的成员可以是业主，也可以是物业使用人、居委会工作人员，由全体业主选出；有些地方选出的业主委员会候补委员，也可以加入到监督委员会成员行列中。监督委员会设委员会主任、副主任，具体构成可由业主大会会议讨论决定或在业主大会议事规则中规定；监督委员会的成员不得兼任业主委员会职务。监督委员会接受业主、物业使用人、物业公司等各方的举报、投诉；监督委员会定期召开会议，对举报、投诉进行审查，会议也可组织要求业委会成员进行述职评议，对述职结果达不到通过比例的，则辞去其业委会职务。业委会监督委员会主要对业主委员会的工作内容和职责履行进行监督，有权要求业主委员会专项维修基金的资料、了解知悉业主委员会各项决定的理由、查询业主委员会的各项档案文件；有权列席业主委员会会议，协助业主委员会组织召开业主大会会议，等。

但同时，我们也应一并加强政府和居委会对业主委员会的指导和监督。政府应在业委会的筹备组建成立过程中给予更多的指导监督，在业委会成员选举过程中参与资格审查；在备案审查中对不利于业主利益维护的业委会不予备案；组织开展对业委会成员运作、维权的培训；在业委会日常工作中给予更多的工作指导，对违法违规的业委会成员进行及时查处、纠正②；在业主中加强业委会的宣传，扩大业委会的影响力。同时，监督业主委员会工作的重心应该下移到街道办事处和居民委员会，他们对辖区情况比较熟悉，所对应的业主委员会的数量和工作任务相对较少，便于开展工作。

加大业主和业主大会对业主委员会的监督，就是要加强将业主委员会的工作内容对业主进行公示，定期公布业主委员会的文件资料，让业主了解知悉业委会的工作内容、工作流程、工作制度，切实保证实现业主的知情权；接受业主的批评和建议，对业主的建议进行记录汇总；等等。

六、业主委员会的法律地位

（一）业主委员会的民事主体资格

业主委员会的民事主体资格问题是业主委员会制度的基础问题，直接关系其诉讼权利的有无，与业主利益息息相关。

1. 各国和地区立法

各国和地区对于业主委员会的法律地位主要有 3 种不同做法：

法国、新加坡等国将业主委员会确认为法人。法国《住宅分层所有权法》，赋予全体业主组成的业主团体法人资格，并同时规定如果有 2 名以上拥有建筑物不同部分的区分所有人，即应存在区分所有权人管理团体。而且该 2 名以上区分所有权人全体于法律上是当然构成团体，并各自成为该管理团体之成员。该管理团体就对应于我们所说的业委会，为享有法人人格的团体。③ 第 15 条第 1 项规定，“管理团体有权代表管理团体实施民事上及

---

① 张宁：《业主欲建对话平台监督业委会》，载《新京报》2011 年 4 月 29 日，第 20 版。

② 李永：《谈谈业主委员会的问责制度》，载《现代物业》2008 年第 2 期。

③ 陈华彬著：《建筑物区分所有权研究》，法律出版社 2007 年版，第 273 页。

诉讼上的一切行为，有权雇佣及解聘具体的管理人员”。① 新加坡《土地权属法》第158章，称区分所有权人团体为管理团体，该管理团体在区分所有权人于全员登记官的“区分所有权一览书”上加以登记的同时，便自动设立。该管理团体为具有法人人格的实体，且具有永续性。可以缔结契约，或就有关涉及共同所有的财产的事宜，承担诉讼的原告或被告。②

德国、我国台湾地区等将业主委员会确认为无权利能力社团。德国《住宅所有权法》中将业主委员会称之为“住宅所有权人共同体”，该共同体不具有权利能力，不具有法人资格，权利义务的主体是作为单个的住宅所有权人③。但同时《住宅所有权法》第27条也规定：“……2、管理人得以全体住宅所有权人的名义为下列行为……（5）基于住宅所有权人会议决议的授权，于诉讼上或诉讼外为权利主张。”所以，管理团体属于“部分权利能力之特别团体”。④ 我国台湾地区的《公寓大厦管理条例》第38条规定，管理委员会或管理负责人虽具有当事人能力，可以作为原告和被告。但性质上相当于非法人团体，仍不具有实体的权利能力。实体的权利义务仍归属于全体区分所有权人。⑤

日本视业主委员会为附条件的法人。日本《区分所有权法》第25条，管理人得为原告或被告。第47条规定，区分所有权人人数为30人以上，经区分所有权人及表决权各3/4以上的多数集会决议，决定成立法人、规定名称和办公处所，并在主要办公处地登记的，即成为具有法人资格的管理团体。⑥ 不符合条件的称为“区分所有权人的团体”，即非法人团体。⑦

2. 我国立法现状

在我国，2003年的《物业管理条例》第一次从立法层面上创立了业主委员会制度，但只是简单将业主委员会表述为“业主大会的执行机构”，对其性质和主题资格都没有明确说明，且对被代表的“业主大会”的主体地位也没有规定。新《物业管理条例》第15条的表述改为“业主委员会执行业主大会的决定事项”，较之原先“业主大会执行机构”的表述，弱化了业主委员会的法律性质地位，有刻意回避业主委员会主体性质的嫌疑。

《物权法》、《建筑物区分所有权司法解释》、《物业服务纠纷司法解释》等和物业管理自治直接有关的立法和解释都没有对业主委员会的法律性质和地位作出明确具体规定。虽然，《业主大会和业主委员会指导规则》规定业主委员会在选举之日起30日内到房地产行政部门备案，但这种备案只是行政管理性质的形式性备案，并不意味着对业委会主体资格合法性的认定，不会决定业委会主体资格的取得。

---

① 高福平、黄武双著：《物业权属与物业管理》，中国法制出版社2002年版，第130页。
② 陈华彬著：《建筑物区分所有权研究》，法律出版社2007年版，第281页。
③ 戴东雄：《论建筑物区分所有权之理论基础（二）》，载《法学丛刊》总第115期，第17页。
④ 陈枫：《论业主委员会的主体性质及当事人能力》，载《人民司法》2004年第9期。
⑤ 尹章华著：《公寓大厦管理条例解读》，中国政法大学出版社2003年版，第72页。
⑥ 陈华彬著：《建筑物区分所有权研究》，法律出版社2007年版，第410页。
⑦ 谢增毅：《物业管理合同的当事人》，载《法学杂志》2005年第3期。

但是，从《物权法》第83条和《物业管理条例》第15条对业主委员会的职责的规定来看，业主委员会“对任意弃置垃圾、排放污染物或者噪声、违反规定饲养动物、违章搭建、侵占通道、拒付物业费等损害他人合法权益的行为，有权依照法律、法规以及管理规约，要求行为人停止侵害、消除危险、排除妨害、赔偿损失”。尤其是“业主委员会代表业主与业主大会选聘的物业服务企业签订物业服务合同”的职责规定，让人觉得业主委员会不仅可以和业主及业主大会之间发生自治性法律关系，也可以独立对外与物业服务企业发生法律关系，进而会产生业主委员会有独立主体资格、权利能力的认识。所以，目前立法中的这种模糊规定，不利于我们对业主委员会树立正确的认识，不利于业主委员会发挥在业主自治和物业管理中的重要作用和功能。

各个地方目前也只是遵照《物业管理条例》和《业主大会和业主委员会指导规则》的要求，简单规定业主委员会作为业主大会执行机构的职责，都回避了业主委员会的法律性质问题。如《福建省物业管理条例》第18条规定：“经业主大会会议依法选举产生的业主委员会是业主大会的执行机构，应当依法维护业主合法权益，促进小区和谐。”《武汉市物业管理条例》第34条规定，业主委员会是业主大会的执行机构，由业主大会会议选举产生，向业主大会负责并报告工作，受业主、业主大会监督。

之所以对业主委员会的主体地位的界定分歧，根源在于目前立法对业主大会这一上位概念的性质界定的缺失。所以，应该明确业主大会和业委会是业主团体借以进行自治、实现权利的方式。业主团体借助业主大会形成团体意志，进而通过业主委员会将该团体意志贯彻实施。① 前文已述，业主大会法人化已成为目前的趋势，为了适应业主大会这一法人的“执行机构”的要求，不宜将业主委员会界定为独立主体，而适宜将其界定为业主大会的内部的一个组成部分，是业主大会的内部机关。而且，《物业管理条例》第15条规定的业主委员会“代表业主与业主大会选聘的物业服务企业签订物业服务合同”的职责规定来看，业委会和业主大会及业主之间存在的是代表关系，而非代理关系。则代表人（业委会）和被代表人（业主大会）之间是一体关系，业委会只是业主大会的一个组成部分。而且业委会的成员都来自于业主大会的成员，这也与代表关系中的代表人也可以是被代表主体的成员的要求相符。

（二）业主委员会的诉讼主体资格

主委员会的诉讼主体资格也是实践中颇有争议的话题。

2002年上海高级人民法院发布的审理意见认为，凡涉及全体业主公共利益的事项，业主委员会有权作为原告提起诉讼，但应当召开业主大会对诉讼与否作出决定。

2003年4月，深圳市中级人民法院作出指导性意见，要求业主委员会没有经过合法的诉讼主体资格批准时，不可作为民事诉讼主体参与民事诉讼。

2004年，广东省高级人民法院作出的批复认为，经备案登记的业主委员会对于开发商未移交物管用房、物业维修资金或者相关资料的行为，以及全体业主与物业管理企业之间关于住宅小区物业管理问题的纠纷，可以以自己的名义提起诉讼。而且一般只能作原

① 方金华：《业主委员会主体资格研究》，载《南京航空航天大学学报（社会科学版）》2008年第12期。

告，不能作被告。

2004年，重庆市高级人民法院发布指导意见指出，依法成立的业主委员会在物业管理活动中，为维护业主的公共利益可以行使诉权，诉讼风险及诉讼后果由业主委员会及全体业主共同承担。其中判定的是业主委员会必须依法履行职责的，由业主委员会承担，涉及财产支付责任的，则由全体业主共同承担。

2003年最高人民法院对某高法《关于金湖新村业主委员会是否具备民事诉讼主体资格的请示报告》所作的批复认为，根据《中华人民共和国民事诉讼法》第49条的规定，金湖新村业主委员会符合“其他组织”条件，对房地产开发单位未向业主委员会移交住宅区规划图等资料，未提供配套公用设施、公用设施专项费、公共部位维护及物业管理用房、商业用房的，可以以自己的名义提起诉讼。

以上均是《物权法》之前司法实践中的不同做法，且地方各异，没有形成统一的认识和标准。

《物权法》草案曾对业主大会及业主委员会的诉讼主体资格问题作出明确规定，但后经立法机关反复研究认为该问题比较复杂，暂不作规定为宜。因为业主委员会没有独立的财产，一旦败诉难以执行，如果部分业主没有及时交纳有关费用，还将遇到执行难题。再者，目前很多小区没有业主大会和业主委员会，对于业主大会和业主委员会的诉讼、仲裁权利暂不做规定为妥；而对于侵害业主共同权益的纠纷，可通过推选代表人进行诉讼加以解决。

2008年6月16日最高人民法院发布的《建筑物区分所有权司法解释》(征求意见稿)也曾在第13条规定：业主共同权益受到侵害、妨害或者可能受到妨害的，若已经选出业主委员会的，业主委员会为原告，没有选出业主委员会，或者业主委员会怠于行使权利的，业主大会或者业主为原告。但是该条规定也没能出现在生效的解释正文中。

因而，为了赋予业主委员会合法的诉讼主体资格，理论界和司法界探讨的有两种途径：一是赋予业主委员会独立主体的法律地位，从而使其获得独立的诉讼主体资格；二是不承认其实体权利和主体资格，根据权利能力和诉讼权利能力可以分离的理论，赋予业主委员会独立的诉讼主体资格。

如前文所述，业主委员会不具有独立的法人资格和其他主体资格，只能作为业主大会这一法人的内部机关和执行机构，则业委会不可能通过获得独立主体地位来获得诉讼资格。因此，可以在不承认业主委员会的主体地位的前提下，赋予其诉讼主体资格，便于其参与诉讼，维护和实现业主、业主大会的各项权益。

而且，在《物权法》第78条也规定，业主大会或者业主委员会的决定，对业主具有约束力。业主大会或者业主委员会作出的决定侵害业主合法权益的，受侵害的业主可以请求人民法院予以撤销。《建筑物区分所有权司法解释》第12条将其进一步细化为：“业主以业主大会或者业主委员会作出的决定侵害其合法权益或者违反了法律规定的程序为由，依据《物权法》第78条第2款的规定，请求人民法院撤销该决定的，应当在知道或者应当知道业主大会或者业主委员会作出决定之日起一年内行使。”所以，业主行使撤销权只能通过诉讼方式来实现，而业主作为原告提起撤销之诉，其中对应的被告对应看来，只有业主大会和业主委员会。这也似乎说明，《物权法》是承认了业主委员会的被告诉讼资格的。

同时，《物权法》第 83 条也规定，业主应当遵守法律、法规以及管理规约。业主大会和业主委员会，对任意弃置垃圾、排放污染物或者噪声、违反规定饲养动物、违章搭建、侵占通道、拒付物业费等损害他人合法权益的行为，有权依照法律、法规以及管理规约，要求行为人停止侵害、消除危险、排除妨害、赔偿损失。这其实是对救济权的规定，而行使救济权的途径有私力救济和公力救济。既然赋予了业委会的实体救济权，那如果业委会直接要求侵害人停止侵害、消除危险、排除妨害、赔偿损失而不能，业委会也应该能以诉讼方式进行救济的。

此外，在《最高人民法院关于审理物业服务纠纷案件具体应用法律若干问题的解释》(2009 年 10 月 1 日实施，以下简称《物业服务纠纷若干问题的解释》) 中第 2 条规定，符合法定情形时，业主委员会请求确认合同或者合同相关条款无效的，人民法院应予支持。第 8 条规定，业主大会作出解聘物业服务企业的决定后，业主委员会请求解除物业服务合同的，人民法院应予支持。第 10 条规定，物业服务合同的权利义务终止后，业主委员会请求物业服务企业退出物业服务区域、移交物业服务用房和相关设施，以及物业服务所必需的相关资料和由其代管的专项维修资金的，人民法院应予支持。这三条的规定，也都一定程度说明了业委会是能够独立向法院起诉，是有独立的原告诉讼主体资格的。

七、业主大会、业主委员会和其他相关主体的关系

(一) 业主、业主大会和业主委员会

由前文所述可知，业主大会是由物业管理区域内全体业主组成的，代表和维护全体业主在物业管理活动中的合法权益的自治组织。业主大会可以说是全体业主对外进行自治活动的代表，是全体业主实现自身在物业管理活动中权益的法定形式。

在国外，业主大会和业主之间还有一个“业主团体”的存在。业主是单一的业主，业主团体是所有业主组成的团体，多被定性为社团法人。而我国立法中并不存在业主团体的概念。所以，业主大会应该作为全体业主这一整体的代表，全体业主通过业主大会实现自身权益。具体讲，是通过业主大会召开会议方式，对相应事项进行集体讨论，产生业主大会决议。个人觉得，不能将业主大会界定为决策机构，如果是决策机构，就应该对应的有一个包含决策机构的主体，我国立法是不存在这一对应的上位概念的。因而，业主大会是全体业主的对外代表，同时，由业主大会的会议发挥决策作用。

所以，在将业主大会这一自治组织界定为法人的前提下，业委会作为业主大会内部设置的执行机构，是一个常设机构，履行包括召集业主大会会议、报告物业管理的实施情况，代表业主与业主大会选聘的物业服务企业签订物业服务合同，监督和协助物业服务企业履行物业服务合同，监督管理规约的实施等职责，执行业主大会的决议等职责。业主委员会是从业主大会会议上选举产生，其成员来自于业主，且要求具有奉献精神。业主委员会应向业主大会负责，向全体业主负责；业主委员会维护和实现的是全体业主的利益。第一届业主委员会产生自首次业主大会会议上，每届业委会的改选都必须在业主大会上经过专有部分占总面积一半以上且人数一半以上的业主同意。

业主大会和业主委员会都要接受业主的监督。业主对侵害自身权益的业主大会和业主

委员会的决议，可以请求法院撤销。

（二）业主大会、业主委员会和房地产行政主管部门、街道办事处、乡镇人民政府

地方人民政府房地产行政主管部门负责对本行政区域内物业管理活动进行指导、管理和监督。街道办事处、乡镇人民政府和地方房地产行政主管部门的职责相当，主要对业主自治团体包括业主大会和业主委员会进行监督和管理。如，组织、指导成立业主大会，选举产生业主委员会；对选举产生的业主委员会进行备案；监督业主委员会的换届选举；监督业主大会、业主委员会作出的决定，对违反法律法规的决议责令限期改正或者予以撤销；处理业主、业主委员会在物业管理活动中的投诉等。可见，目前政府部门在物业管理活动中扮演了多重角色。

此外，《物业管理条例》第 20 条还提到了业主大会、业主委员会应当配合公安机关，与居民委员会相互协作，共同做好维护物业管理区域内的社会治安等相关工作。但注意的是，公安机关作为负责社会治安的政府机关应对物业区域内的治安事项进行管理，也属于公共管理范畴。

（三）业主大会、业主委员会和居民委员会

居民委员会是居民实现自我管理、自我教育、自我服务的基层群众性自治组织。它在基层政权或者其派出机关的指导下进行工作。居民通过居委会行使宪法赋予的自治权和民主管理经济、文化和社会事务的权力。

居委会的主要职责在于完成相关的政府工作事项，主要是通过居民自我组织起来对于公共事务进行管理。业委会也有社区管理的职责，但属于私权范畴，不同于居委会所实施的社区管理所属的公权范畴。

但是，目前立法规定，业主通过业主大会、业主委员会进行自治，要接受居委会的监督和指导。如，首次业主大会会议筹备组的组成成员里包括居民委员会代表；筹备组中业主代表的产生，可以由居民委员会组织业主推荐；业主召开住宅小区的业主大会会议，应当同时告知相关的居民委员会；业主大会会议逾期仍不召开的，可以由物业所在地的居民委员会在街道办事处、乡镇人民政府的指导和监督下组织；因客观原因未能选举产生业主委员会或者业主委员会委员人数不足总数的二分之一的，新一届业主委员会产生之前，可以由物业所在地的居民委员会在街道办事处、乡镇人民政府的指导和监督下，代行业主委员会的职责；业委会逾期不组织换届选举的，可以由物业所在地的居民委员会在街道办事处、乡镇人民政府的指导和监督下，组织换届选举工作。

业主大会、业主委员会应当配合公安机关，与居民委员会相互协作，共同做好维护物业管理区域内的社会治安等相关工作。在物业管理区域内，业主大会、业主委员会应当积极配合相关居民委员会依法履行自治管理职责，支持居民委员会开展工作，并接受其指导和监督。住宅小区的业主大会、业主委员会作出的决定，应当告知相关的居民委员会，并认真听取居民委员会的建议。

物业管理区域内，可以召开物业管理联席会议。物业管理联席会议由街道办事处、乡镇人民政府负责召集，由区、县房地产行政主管部门、公安派出所、居民委员会、业主委员会和物业服务企业等方面的代表参加，共同协调解决物业管理中遇到的问题。

第四节　业主管理规约

一、管理规约

（一）管理规约的含义

管理规约，原《物业管理条例》（2003 年）称之为业主公约，是由业主共同承诺的对业主具有约束力的有关业主在住宅区使用、维护物业及其管理组织等方面权利义务的行为规范。

管理规约有狭义和广义之分。首次业主大会制定的管理规约，即狭义的管理规约。广义管理规约还包括临时管理规约，即在前期物业中由开发建设单位制定的对全体业主有约束力的管理规约。

管理规约最初是从我国香港地区引入内地的，在香港，被称为“公契”（Deed of Mutual Covenant），是指“多层大厦发展商、经理人和大厦单位的第一位业主共同签订的，有关各业主之间享用其自有部分及公用部分和他们彼此之间在大厦管理过程中的权力、权利、利益和责任，在土地注册处注册，并对大厦全体业主和占用人有约束力的协议”。①

（二）管理规约的性质

管理规约的法律性质如何直接决定了管理规约的产生方式、内容构成和其效力影响，也决定了业主、物业使用人、物业服务企业等主体的权利义务，影响到业主自治的实现。因而，管理规约的法律性质问题应是管理规约的首要问题、核心问题。

对于管理规约的法律性质，学者有不同见解。主要有如下 8 种认识：①规约是区分所有权人间的契约；②规约虽非单纯的债权契约，但具有区分所有权人间的契约实质；③规约是比两当事人间的契约发展形态更社会化的契约；④规约乃集团性的协议，与一般契约有异，具有合伙的性质；⑤规约类似于劳动法上的劳动协约；⑥规约乃具有规定性的规则；⑦规约因规范区分所有权人的相互关系而具有自治法的性格；⑧规约乃有关区分所有权人相互间权利义务关系的基本规定，属于自治法规或自治规则。②

这些不同观点，可以进一步概括为三种，即“契约说”、“协议说”和“自治规则说”。其实都是从不同观察角度而得出的结论，均有一定道理，但也都存在一定不足。

“契约说”认为管理规约是通过业主大会制定的，反映了全体业主的意愿，是全体业主意思表示一致的结果，这符合契约的“合意”的要求。所以，管理规约是一种契约。但是，契约又具有相对性和财产性，只能就财产性内容的约定在业主相互间发生效力；而管理规约却主要涉及了许多身份性权利（如选举权被选举权）的规定，且根据约定还可以对其他物业区域内的主体发生效力。这使管理规约又存在了与契约不可调和的冲突矛盾。

① 黄志明：《多层大厦的公契问题研究》，载赵中孚主编《民商法理论研究》第二辑，中国人民大学出版社 2000 年版，第 57 页。

② 陈华彬著：《建筑物区分所有权研究》，法律出版社 2007 年版，第 260～261 页。

“协约说”是根据管理规约效力扩张和业主具有的身份性权利，提出管理规约是类似于劳动协议和合伙协议的协约。但是与合伙协议不同的是，管理规约规定了业主大会和业主委员会这一自治性组织；而且管理规约还规定了业主违反规约的强制性措施和责任，这也是合伙协议或劳动协议不具有的。

“自治规则说”针对业主自治管理的特点，提出管理规约具有自治法的本质，是全体业主共同的自治规则。但是，自治规则一般都是法人采纳的管理规则，但在我国目前还未明确业主大会和业主委员会的法人主体资格。而且，当业主违反了管理规约后，受侵害方却有权利提出违约之诉。所以，使得自治说也难以自圆其说。

从目前的立法背景和趋势来看，因为业主大会在当前立法和实践进程下有法人化趋势，管理规约更适宜界定为自治规则。所以，管理规约是业主自治管理的一种具体的表现形式，虽然在形式上表现为一种契约，但却是业主团体的最高自治规范和根本性自治规则，有如“国家之宪法”、“公司之章程”，是全体业主自治管理组织的“小宪法”，是协调从事物业管理有关活动的业主、物业服务企业和其他人员相互关系的“总章程”，是全体业主（包括开发商）和使用人的行为依据。

（三）管理规约的内容

管理规约属于自治性规范，所以其内容均由业主自由协商确定。但一般应对有关物业的使用、维护、管理，业主的共同利益，业主应当履行的义务，违反管理规约应当承担的责任等事项作出约定。其具体内容因建筑物的规模、用途及其习惯、生活水平而有所不同。根据《物业管理条例》的规定，一般下列事项应纳入其中：

（1）物业基本情况。介绍物业的名称、地点、面积、户数；公布公共场所及公用设施状况等。

（2）业主共同事务管理。规定业主大会召开的条件、方式、程序；物业管理区域内管理费用的承担分配；业主委员会委员的任职条件；业主大会和业主委员会对损害他人合法权益和业主共同利益的个别业主要求停止侵害、消除危险、排除妨害、赔偿损失的权利；物业服务企业的选聘

（3）业主权利义务设定。包括表决权、参与制定规约权、选举和罢免管理机构人员权等。比如，未参与表决的业主，其投票权数是否可以计入已表决的多数票①；限制拒付物业服务费，不缴存专项维修资金以及实施其他损害业主共同权益行为的业主对物业的共同管理权②；业主不得私自改变建筑物及其设施设备的结构、外貌、设计用途，不得在公共场地倾倒垃圾或者制造有害气体；不得违反规定饲养家禽、宠物，不得随意停放车辆和鸣笛等义务。

（4）违反规约的处理。业主违反规约，应承担约定的违约责任。包括停止侵害、排除妨碍、赔偿损失等法定方式；也可以约定其他责任方式。在违约责任中还要明确解决争议的办法，如通过业主委员会或者物业服务企业调解和处理等，业主不服调解和处理的，可通过诉讼渠道解决。

---

① 参见《业主大会和业主委员会指导规则》第26条。

② 参见《业主大会和业主委员会指导规则》第20条。

(5) 根据物业具体情况约定的其他事项。如：物业的保险；规约的持有和备案等。

(四) 管理规约的订立和修改

管理规约最初是由业主大会筹备组草拟，在首次业主大会会议上，适用普通多数表决方式表决通过（经专有部分占建筑物总面积过半数的业主且占总人数过半数的业主同意），从而成为业主大会的一般决议。在后的历次业主大会会议上可以讨论更改，其修改同样也只需要采取普通多数表决办法。管理规约应由业主委员会向全体业主公布。业主委员会成立后也需持管理规约到当地相应部门备案。

(五) 管理规约的效力

1. 对业主的效力

原《物业管理条例》第 17 条第 2 款规定了管理规约的法律效力，即“业主公约对全体业主具有约束力”。在新条例中虽没有再继续出现该规定，但作为业主大会的决议之一的管理规约理应对全体业主有效。业主大会和业主委员会作为业主权益实现的机构也应遵循管理规约。

管理规约只要尊重社会公德，不违反法律、法规或者损害社会公共利益，则对全体业主具有约束力，这是对人的效力范围。另外，管理规约的地域效力范围包括整个物业管理区域，共有部分、共用设备设施等，与物业管理区域的划分范围一致。

管理规约生效后的履行由业主委员会进行监督，并将其实施、更改的相关情况记入工作档案中。

2. 对其他主体的效力

同样，原《物业管理条例》第 48 条曾规定，“物业使用人在物业管理活动中的权利义务由业主和物业使用人约定，但不得违反法律、法规和管理规约的有关规定。物业使用人违反本条例和管理规约的规定，有关业主应当承担连带责任”。承认了管理规约对物业使用人的约束力。但在新的《物业管理条例》中此条未再做保留。

我们将管理规约界定为一种物业管理区域内的自治规则、行为准则，就使管理规约不仅对业主有效，而且对物业管理区域内的其他活动主体都可以产生约束力，包括物业承租人、借用人、暂住人等物业使用人。因为，管理规约的宗旨是实现物业管理区域内的共有物业、公共设备的正常使用运转，保障公共环境和秩序。而上述物业使用人不可避免会涉及物业的使用、管理和维护问题，尤其是业主委员会进行自治活动中经常要与物业使用人打交道。因而物业管理区域范围内的活动主体包括业主、物业使用人都应遵守。目前已有很多地方性规定中都明确了管理规约对物业使用人有约束力。如《广东物业管理条例》第 17 条、《武汉物业管理条例》第 33 条、《成都市物业管理条例》第 35 条等。在实践中，为了保证管理规约的效力实现，可以在管理规约中明确规定管理规约的适用范围涉及物业使用人；同时要求业主在转让合同、租赁合同、借用合同中明确约定物业使用人应遵守管理规约的义务。

对于物业的继受人，无须进行任何特别约定，自受让人取得建筑物所有权时，就应自动成为管理规约的约束对象。

另外，我们通过分析，也会发现，管理规约是在业主大会成立之时就产生了，物业服务企业是在之后业主委员会成立后进行选聘的。严格说来，管理规约对物业服务企业是没有约束力的。但是，在操作中，也可以通过签订物业服务合同，要求物业服务企业遵循管理规约，或者将管理规约的内容与物业服务合同相关内容保持一致，从而使管理规约对物业服务企业产生约束力。

【案例 3-17】

北京市格林××小区有5栋楼。4号楼一层近半数单元都已加盖了阳光房。在5号楼一层总共8户居民，其中有7户进行了加盖，俨然形成了“联排阳光房”。透过玻璃可以看到，多数阳光房内都放有桌子、床等家居用品。家住5号楼二层的王女士说，第一户违建阳光房出现时，物业和城管部门曾多次劝阻，但没有效果。此后，阳光房陆续出现，于是有了现在的“联排阳光房”。底层的阳光房给小偷爬向二楼提供了方便。出于安全考虑，她不得不紧闭窗户。原来在窗口低头可见绿化美景，如今看到的却是光秃秃的玻璃。“在光线强的天气里，玻璃还反光，特别刺眼”。包括王女士在内的很多业主认为，一层占地加盖阳光房明显属于私搭乱建行为，政府也有相关政策，大家就应该遵守相应法律法规。业主们也都很疑惑，这种行为除了靠城管执法大队来管，还有没有别的办法来整治。①

点评：小区违建的管理问题，需要经过包括调查取证、上报和出具违建认定文件等较为繁琐的步骤才能确认是否属于违建，并执行强制拆除。先通知业主自行拆除，不拆的才强行拆除。这一过程耗时长久，导致其他受损的业主的利益无法得到及时有效救济。其实，对于小区内是否可建阳光房等自行装修问题，不光可以通过政府强制管理方式，还可以通过召开业主大会，将“不得自行搭建”“不得自行装修”等要求通过决议，写入小区管理规约中，并列明违反规约擅自装修的处理办法，对全体业主乃至物业公司都进行约束。这样可以起到提前防范的效果。

（六）违反管理规约的法律责任

管理规约作为物业管理区域内的自治规范，应当得到严格执行和遵守。但在物业管理实践中，管理规约的约束力往往体现得不明显。原因就在于目前对管理规约的责任规定非常欠缺，仅限于《业主大会和业主委员会指导规则》第18条里要求将“违反管理规约应当承担的责任”规定在管理规约中。至于什么样的责任、如何追究责任，都没有具体化、操作性的规定。即便是各地的管理规约示范文本里，也只有业委会调解的权利的规定。因为管理规约的违反而遭受损害的业主除了请求业主委员会或街道办、居委会进行调解外，也还是得业主来走仲裁和诉讼的维权途径。业主一般都不会去继续申请仲裁或提出诉讼，这就使得管理规约的效力和执行显得异常苍白。

所以，有必要对违反管理规约的责任进行强制性规定。如规定业主委员会可以作为管理规约执行的监督者，对违反管理规约的主体收取违约金；业主委员会可以对违反管理规约的业主提出诉讼，要求追究其损害赔偿等法律责任。《物业服务纠纷司法解释》第4条

① 案例改编自《私建阳光房成小区管理难题 业主可立公约自治》，载新华网：http：//news. xinhuanet. com/house/bj/2013-08-12/c_125151140. htm，2013年9月10日。

中已经进行了一些细化规定，业主违反物业服务合同或者法律、法规、管理规约，实施妨害物业服务与管理的行为，物业服务企业请求业主承担恢复原状、停止侵害、排除妨害等相应民事责任的，人民法院应予支持。

【案例 3-18】

青岛某安居物业管理中心 根据与开发商签订的前期物业服务合同，为某住宅小区提供物业服务。该小区的《临时业主规约》规定："对业主不得安装外凸形防盗窗。"2009 年 9 月，该小区有三户住三楼的业主在自己房屋窗外安装了外凸式不锈钢防盗护栏和防盗窗。三业主的楼上业主认为这影响了自己家庭的人身和财产的安全，表示：如果楼下住户的该护栏不拆除，自己也要安装同类护栏。安居中心为此多次催促三名业主拆除上述建筑，可其置之不理。无奈，安居中心就此提起诉讼，要求三名业主拆除其上述防盗护栏和防盗窗。业主主张安居物业管理中心不是临时规约的主体，不是具有诉讼主体资格，不能到法院起诉自己。①

点评：此案中，安居中心与业主签订的临时业主规约中约定了不得安装外凸形防盗窗，对全体业主都有效，现三楼三户业主擅自安装防盗窗，违反了规约中的要求。这样的案例在《物业服务纠纷司法解释》出台前，法院往往会因为物业服务企业不是管理规约的主体而并非诉讼适格主体来驳回物业服务企业的起诉。但是那样就会造成业主在未成立业主大会和选出业主委员会之前，其他业主无法通过合理途径来对违反管理规约的业主行为进行追究和制约。所以，但依据最新的司法解释，案中的安居中心也是可以向法院起诉要求三楼业主拆除防盗窗的。

二、临时管理规约

（一）临时管理规约的含义

临时管理规约，是指建设单位在销售物业之前，对有关物业的使用、维护、管理，业主的共同利益，业主应当履行的义务，违反临时管理规约应当承担的责任等事项依法作出的约定。

很多情况下，物业建成后，业主入住是个逐渐的过程，业主大会不可能马上成立。而对于已经入住的业主和开发商而言，必须要有个管理公约来约束各自权利义务，所以临时管理规约有其存在必要性。

（二）临时管理规约的制定

管理规约本应由业主大会制定，但临时管理规约具有特殊例外。因其是在物业销售前制定的，业主还不确定，所以由建设单位来制定；但不得侵害物业买受人的合法权益。而且，临时管理规约也可以在房屋销售并交付使用后，经业主大会决议修改成为管理规约。

但是，物业服务企业不具有业主身份，也不是建设单位，无权制定和擅自修改临时管

① 案例改编自邹吉宏：《业主违章安装外凸防盗窗物业服务企业能否起诉拆除》，载《青岛日报》2010 年 5 月 4 日，第 16 版。

理规约。

（三）临时管理规约的内容

临时管理规约只是在实践上具有临时性，其内容和管理规约一样，一般也包括对物业的使用、维护、管理，业主的共同利益，业主应当履行的义务，违反规约应当承担的责任等事项。

临时管理规约虽是由开发建设单位制定，但不得侵害业主合法权益。若开发建设单位制定的临时管理规约中涉及了诸如“每晚10时关闭小区大门”、“1楼业主不得使用电梯”、“业主不得在小区晾晒衣物”等条款，明显侵害了业主的权益，业主可以向房产管理部门投诉，也可以请求法院认定该条款无效。而且，临时管理规约具有临时性，业主还可以通过召开业主大会制定正式的管理规约，改变旧有临时规约不合理的地方。

（四）临时管理规约的效力

《物业管理条例》第23条第2款规定，“物业买受人在与建设单位签订物业买卖合同时，应当对遵守临时管理规约予以书面承诺”。业主在买受物业时，业主临时管理规约构成房屋买卖合同生效的条件。买卖合同生效履行，业主必须接受关于业主临时公约的规定，即便是开发商单方制定的临时管理规约对所有物业买受人和物业使用人具有约束力。

（五）临时管理规约的说明和遵守

由于物业买受人毕竟没有参与临时管理规约的制定，又必须在入住后遵守临时公约的要求，为了防止建设单位在制定临时管理规约时滥用单方制定权，从而保护广大业主的利益和减少争议，也为了将来临时公约能得到广大业主的切实遵守，建设单位应当在物业销售前将临时管理规约向物业买受人明示，并予以说明。一般，建设单位应直接将临时管理规约文本交与物业买受人。

而且，为了避免建设单位和业主间就是否明示和说明发生争议，物业买受人在与建设单位签订物业买卖合同时，应当对遵守临时管理规约予以书面承诺。通常的做法是，建设单位将临时管理规约作为物业买卖合同的附件，或者在物业买卖合同中明确约定物业买受人遵守临时管理规约的内容，物业买受人在物业买卖合同上签字，或者物业买受人单独签署遵守临时管理规约的书面承诺书。

【典型案例】

2005年8月13日，闵行区富宏花园业主大会和业主委员会登记成立，2006年3月2日，业主大会张贴《首批议案表决》结果公告，其中第12条内容为：“对于有经营行为的虹梅路3125号地下室和3131号地下室会所，按非住宅用房收取每月每平方米5.60元物业管理费。”2007年2月14日，业主大会与物业公司签订《物业管理合同》，其中第六章约定物业管理费收费标准为商业用房5.6元/月/平方米。查明，富宏花园办公楼等的原房地产权利人为林某，业主大会筹备组确定林某投票权数为36票。2006年10月，马先生等两人通过向林某购买房屋的转让方式取得了3125号地下室、办公楼、屋顶茶室等房屋产权5055.65平方米。之后，业主大会认可马先生等两人拥有投票权数51票。

马先生等两人认为，从2006年10月13日起成为3125号房产的业主，但在此前，了解到原业主林某从未接到任何通知参加业主大会行使业主权利。经查，发现2006年3月2日所作的《首批议案表决》决定严重违反了《物权法》及上海市物业管理的有关规定，故请求撤销上述决定。

马先生等两人的理由有三：一是按照《上海市住宅物业管理规定》第九条之规定，两人应当拥有51个业主权数，但业主大会在统计业主权数时程序严重错误。按2006年3月2日作出的《首批议案表决》结果公告显示，总业主权数为141个，而通过对收取物业管理费的议案的业主权数为132个，显然是业主大会未正确计算业主权数，导致马先生等两人无法履行其合法投票权，原业主林某也从未同意上述决定。二是业主大会对于作为拥有51个业主权数的马先生等两人，从未就上述决定的内容通知，侵害了马先生等两人的知情权。三是2007年2月14日，业主大会与物业管理服务公司签订委托代管服务合同时，在明知业主已经更换的情况下也没有及时通知马先生等两人相关合同内容，也未告知《首批议案表决》决定的内容。故认为业主大会的行为严重侵害了自己的正当权利。

业主大会辩称，马先生等两人是在2006年10月才成为小区业主，而其要求撤销的《首批议案表决》的第12条决定却是在此之前的2006年3月，在时间上根本不存在"未准确计算业主权数""侵害合法权益""侵害原告知情权"的可能。假说曾侵犯业主的权益，也应当由原业主提起诉讼。业主投票权数系由有关部门负责计算与审核，不存在统计业主权数的程序错误，临时筹备小组还按规定张贴"业主身份及其在业主大会会议上投票权数公告"，无任何人提出异议。要求撤销的决定早在2006年1月20日便由业委会公告实施，并通过招投标的方式选聘物业公司及制定收费标准，不仅合理合法，而且已以合同方式存在和履行，不可能予以撤销。因小区所有活动和决定均在公告栏内及时告示，并备案，没有故意不向马先生等两人通知任何重要事项之必要与可能。①

评析：马先生等两人取得相关房屋权利的时间在业主大会形成《首批议案表决》公告的时间之后，马先生等两人在形成《首批议案表决》时还没有投票权；业主大会根据召开业主大会时原权利人林某拥有的房屋面积给予投票权数36票的事实，符合召开业主大会时的客观事实。马先生等两人起诉要求撤销《首批议案表决》第12条决定，应举证证明在进行业主投票时存在违反《业主大会议事规则》相关程序性要求之事实。否则马先生的请求无法得到支持。另外，业主大会的决定对全体业主具有约束力，当房屋权利人发生变更时，业主大会的决定同样适用于房屋受让人。法律法规也没有明确规定当房屋权利人发生变更时，业主大会执行机构对权利人变更前所作出的决定仍负有单独向房屋受让人告知的义务，作为该房屋的受让人无权以其未参加有关会议而不履行业主大会决定所产生的义务和责任。故马先生等两人认为未向其告知《首批议案表决》的相关内容，侵害了其知情权之意见，是不成立的。

---

① 案例源自杨克元：《业主状告业主大会要求撤销表决决议被驳回》，载中国法院网：http://old.chinacourt.org/html/article/200805/07/300059.shtml，2008年5月7日。

◎**思考题：**

1. 业主的身份如何认定？业主的配偶和家人是否可以参加业主大会和业主委员会？
2. 开发建设单位是否可以作为业主参加业主大会？
3. 业主的权利和义务有哪些？
4. 物业管理区域的划分与业主大会的关系如何？
5. 简要说明业主大会的成立方式、成立条件和成立程序。
6. 业主大会的筹备组在业主大会成立过程中的作用体现在哪些方面？
7. 业主大会会议决议的类型和效力如何？
8. 业主大会决议可否被撤销，如何撤销？
9. 业主委员会和业主大会是何种法律关系？业主委员会委员和业主大会成员关系如何？
10. 业主委员会委员的权利义务有哪些？
11. 业主委员会的经费来源，其中是否可以为业主委员会委员设置津贴？
12. 业主委员会与居民委员会是什么样的关系？
13. 试说明管理规约的性质、内容和作用。
14. 临时管理规约的效力范围如何？

第四章　物业服务合同

【本章导读】

物业服务合同是联系物业管理活动各方的纽带，业主与物业服务企业之间权利、义务的行使以及纠纷和争议的解决，都以物业服务合同作为重要依据。物业服务合同作为无名合同，其法律性质仍旧存在争议。业主、业主委员会要遵循一定程序和条件要求签订物业服务合同，且对全体业主、业主大会、业主委员会都有约束力。欠缺生效条件的物业服务合同也可能成为无效或效力待定、或可撤销合同。物业服务合同中的核心内容是物业服务企业提供物业服务，业主缴纳物业费。现实中发生最多的物业纠纷即与物业服务费有关的纠纷。掌握物业服务合同的订立、变更、解除程序及后果的立法规定，对我们解决物业服务纠纷有很大帮助。

【问题引入】

香海花园第三届业委会于由于任期已满，于2010年8月28日卸任。然而不久前，香海花园居民魏荣强不经意间发现，原业委会选票涉嫌造假。原业委会主任推荐魏荣强为下届新业委会成员，但魏荣强认为自己家房本上名字是女儿的，自己没有资格担任业委会成员。魏荣强顺便提出了对上届业委会选票的质疑。后来，经抽样查验，魏荣强及其家人、邻居所投选票均不属实，检验的四张选票都是别人代填的，此事轰动了整个小区。“业委会代表的是业主的利益，我们要为自己的权益讨说法。”业主们要求核查原业委会选票的真伪，张榜公布；要求新业委会的换届选举过程必须公开透明。①

问题：

1. 物业服务合同应该是哪些主体之间签订的？
2. 业委会已经签订的物业服务合同的效力如何呢？
3. 该合同现在应该怎样处理？

第一节　物业服务合同概述

一、物业服务合同的概念和特点

物业服务合同，是业主委员会代表全体业主与物业服务企业之间签订的关于物业服务

① 案例改编自张璐：《业委会换届 查出3年前“假选票”》，载《半岛晨报》2010年9月2日。

及相关的物业管理活动的权利义务关系的协议。

在《物业管理条例》(2003年) 出台前，业界一般将物业服务合同称之为“物业管理合同”或“物业管理服务合同”，极易让人产生误解，以为物业服务企业是管理者，业主是被管理者，两者地位不平等属于行政管理关系。实际上，物业管理属于服务性行业，物业服务企业提供的是一种服务，物业服务企业和业主之间是一种平等的服务合同关系。修订后的《物业管理条例》改称为“物业服务合同”，有助于帮助人们正确确立物业服务活动中业主和物业公司之间的关系的认识。

物业服务合同具有以下特点：

(一) 合同当事人的特殊性

物业服务合同的当事人一方是依法成立、具有独立法人资格、具备专门资质等级的从事物业服务的物业服务企业（公司)。其他任何自然人、个人独资企业、合伙企业均不得从事物业服务活动。

物业服务合同的另一方应是全体业主。但依据《业主大会和业主委员会指导规则》第17条、第35条的规定，物业服务合同的订立和履行过程中却涉及了建设单位、业主、业主大会、业主委员会和物业使用人等多个主体。

前期物业服务合同是由建设单位与物业服务企业签订的，业主入住后自动成为前期物业服务合同的履行主体。成立业主大会后，由业主大会通过召开业主大会会议讨论决定选聘物业服务企业，再由业主委员会代表全体业主与业主大会决定选聘的物业服务企业签订的物业服务合同。物业服务合同的实际履行主体仍是全体业主，由各个业主向物业服务企业缴纳物业服务费。同时，物业服务企业也可向物业使用人收取物业服务费，否则可以追究业主和物业使用人之间的连带责任。

物业服务合同是在平等自愿基础上签订的，物业服务企业和全体业主、业主大会、业主委员会之间是平等的主体关系，不存在传统物业管理模式中管理和被管理的上下隶属关系。

(二) 合同内容的特殊性

物业服务合同是平等民事主体之间签订的民事合同，但内容与一般民事合同不同。物业服务合同以物业服务为核心，所以物业服务合同具有很强的专业性，主要表现为物业服务企业提供物业服务，业主缴纳物业服务费。物业服务企业提供的物业服务包括物的管理服务和人的行为秩序管理，对物的管理主要是对建筑物及其附属设备、设施和相关场地进行维护、保养、修缮等行为，清洁、绿化、治安保卫等行为，以维持小区环境的整洁美观和保障业主人身财产行为；对人的秩序管理，主要表现为监督业主（或非业主使用人）对物业的专有部分或共用部分的使用，监督业主公约的正常履行和实现。① 同时，物业服务与日常生活密切相关，涉及业主生活与工作的各个方面，因而，物业服务合同又具有综合性。

(三) 一定程度的国家干涉性

物业服务合同虽然本质上属于民事合同，但却涉及诸多主体利益，关系到社会稳定、公共安全秩序等，因此一定程度上受国家公法的干涉和限制。比如，物业服务企业的市场

① 周湘华、新江：《物业服务合同法律性质辨析》，载《新疆警官高等专科学校学报》2008年第1期。

准入和资质认定、物业服务合同内容的部分条款的强制规定、前期物业合同的设置、物业服务费的标准、物业服务合同的备案等都体现了国家对合同意思自治的干预。即便有些没有写入物业服务合同，但某些法律、行政法规中对物业服务企业的要求也应视为物业服务合同的一部分。

（四）诺成、有偿、双务、要式等一般合同特性

根据传统民事合同的分类，物业服务合同是诺成合同，合同双方意思表示一致即成立；物业服务合同是有偿合同，物业服务企业在提供物业服务后会获得相应物业服务费作为报酬对价；物业服务合同是双务合同，业主履行支付物业服务费的义务对应着物业服务企业要履行提供一定物业服务的义务；物业服务合同是要式合同，应采取书面合同形式，各地都会出台物业服务合同范本，要求物业服务企业和业主委员会之间签订物业服务合同并进行相应备案。

二、物业服务合同的类型

（一）前期物业服务合同和约期物业服务合同

以物业服务行为实施的时间阶段为标准，物业服务合同可以分为前期物业服务合同和普通物业服务合同两类，这也是现有《物业管理条例》中对物业服务合同进行的分类。

前期物业服务合同是业主、业主大会选聘物业服务企业之前，由建设单位和物业服务企业签订的物业服务合同。它具有临时性和过渡性。约期物业服务合同，也称普通物业服务合同，是指在业主陆续入住后，由业主大会选出的业主委员会代表全体业主，以公开招标等形式与选定的新的物业服务企业或者前期物业服务企业签订的物业服务合同。

（二）一般性物业服务合同和特别性物业服务合同

以物业服务合同中物业服务企业提供的物业服务的内容的不同为标准，物业服务合同可以分为一般性和特别性物业服务合同。

一般性物业服务合同中，物业服务企业向所有业主提供不存在差别的物业服务，主要涉及的是普通物业服务合同中的核心内容，因此该种合同的适用范围遍及全体业主。特别性物业服务合同中，物业服务企业针对不同业主根据约定提供不同的服务，合同内容存在差异性，因此特别性物业服务合同仅对特定的个别业主有效。特别性物业服务合同中的内容往往较一般性物业服务合同更具特性化、差异化。比如，物业服务企业为业主提供室内保洁服务或者提供订餐服务、泊车服务的合同。

表1 **前期物业服务合同与约期物业服务合同**

	前期物业服务合同	约期物业服务合同
签订主体	开发建设单位和选聘的物业服务企业	代表全体业主的业主委员会和物业服务企业
签订时间	物业竣工验收后，房屋出售前	业主大会成立后，召开首次业主大会会议选举业主委员会后
合同期限	签订时至约期物业服务合同签订时止	双方协商确定
管理规约	临时管理规约	管理规约

三、物业服务合同的性质

（一）性质认定的重要性

物业服务合同虽然是《物业管理条例》中的核心内容，但是该条例并未对其性质加以界定。1997年建设部曾经出台过的《物业管理委托合同示范文本》将合同双方定性为“委托人”和“受托人”，似将当时的物业管理合同定性为委托合同，但在《物权法》和新《物业管理条例》颁布之后该示范文本早已失效。2009年的最高人民法院《物业服务纠纷解释》中第2条里提到业主委员会或者业主请求确认物业服务企业的转委托合同（条款）无效，似也有将物业服务合同界定为委托合同的意思，但并不明确。

物业服务合同虽然在根本性质上属于民事合同，因而对其应适用《民法通则》和《合同法》的规定。但从目前《合同法》的规定来看，无法在分则中的15类有名合同中找到其直接归属。因而，在发生具体的物业服务合同纠纷时，应该如何适用合同法解决纠纷就存在很大的障碍。

因此，对物业服务合同的性质应加以明确认定，否则会影响到法律适用以及纠纷的合理解决。

（二）学术界的不同声音

目前，学术界对物业服务合同的性质主要存在以下几种不同认识：

1. 委托合同说

该说认为物业服务合同属于委托合同。对物业进行管理本是业主的事务而不是物业服务企业的事务，业主由于时间、精力、能力等各方面的限制，不能自行管理物业，因而由业主委员会代表业主与物业服务企业签订物业服务合同，实现对物业的有效管理。因此物业服务合同中业主（委托方）委托物业服务企业（受托方）对业主所拥有的物业进行管理服务，与委托合同一样是以处理委托人的事务为目的的。① 此外，合同的标的都是提供一定的服务；都属于诺成、双务合同。因而物业服务合同具有委托合同的特征，属于委托合同。这也是目前大部分人坚持的看法。

2. 承揽合同说

该说认为物业服务企业按照物业服务合同的约定，向业主提供一定的服务，对小区物业进行管理，完成约定的特定服务工作，和业主之间是承揽关系。物业服务合同是一种承揽合同。②

3. 服务合同说

该说认为物业服务合同是一种以物业服务企业向业主提供物业服务，业主向物业服务企业支付物业服务费为对价的服务性合同。③

4. 独立合同说

该说认为因为物业管理提供的是一种复杂的综合性的服务，与传统的合同类型中的客

---

① 周珂著：《物业管理法教程》，法律出版社2004年版，第178页。

② 关淑芳：《物业服务合同的性质及其法律适用》，载《当代法学》2007年第4期。

③ 王家福主编：《物业管理条例释解》，中国物价出版社2003年版，第116页。

体都有所不同，所以这就决定了物业服务合同是一种独立的合同，不属于合同法所规定的任何一种合同类型，它是物业管理专业化的发展而涌现出来的一种新的合同形式。①

5. 混合合同说

该说认为物业管理合同不是单纯的某类有名合同，而是复合性的，其包含了委托合同、代理合同、承揽合同、服务合同等多种合同类型的特征，或者叫“复合性合同”。物业管理给付具有综合性，整个物业管理服务的过程具有整体、连续的特征，单一服务之提供都不能被称为物业管理合同。②

6. 无名合同说

有学者称之为非典型合同。③ 该说主张，物业服务合同属于合同法上的无名合同范畴。在形式上与委托合同十分相似，但物业服务合同具有涉及面广、标的内容复杂、期限较长的特点，这些是一般委托合同远远不可比拟的。④ 因而，物业服务合同的法律适用应遵循无名合同法律适用的一般原则。

7. 自治协议说

该说认为物业服务合同与管理规约，是业主对物业进行自治性管理的重要形式，与管理规约、业主大会议事规则、业主委员会章程等协议一样，同属自治协议的范围。⑤

（三）物业服务合同的性质界定

从目前关于物业服务合同的立法规定来看，物业服务合同具有很多与委托合同、承揽合同等有名合同的差异性。分析如下：

1. 物业服务合同与委托合同

物业服务合同虽然与委托合同存在目的、标的、信任基础等很多相似之处，但物业服务合同与委托合同却存在包括对价与否、存续期限、合同主体、合同形式、解除条件、责任条件等更多的差别和不同（见附表）。因此，物业服务合同不适宜定性为委托合同。

表 2　**物业服务合同与委托合同的对比**

	委托合同	物业服务合同
对价性	有偿或无偿	有偿
存续期限	一般时间较短	长期性
主体	委托人与受托人	建设单位、业主、业主委员会、物业服务企业
形式	要式或非要式	要式

① 程信和主编：《房地产法学》，人民法院出版社、中国人民公安大学出版社 2003 年版，第 197 页。

② 谭玲、廖鹊鸣：《物业管理若干问题刍议》，载《政法学刊》2005 年第 4 期。

③ 夏善胜主编：《物业管理法》，法律出版社 2003 年版，第 141~142 页；符启林著：《房地产法》，法律出版社 2004 年版，第 328 页。

④ 谢家瑾等主编：《物业管理条例释义》，知识产权出版社 2003 年版，第 94 页。

⑤ 王圣涌著：《中国自治法研究》，中国法制出版社 2003 年版，第 177~178 页。

续表

	委托合同	物业服务合同
解除条件	双方可随时解除	业主一方提出解除必须经过业主大会上专有部分面积占一半以上且人数占一半以上业主同意通过
归责原则	有偿：过错责任原则 无偿：受托人在故意或重大过失时对委托人的损失进行赔偿	无过错责任原则 物业服务企业只要没有按约定履行义务，就应当对业主造成的损失进行赔偿
法律后果	委托人对委托事务对外承担法律责任。受托人处理事务时，因不可归责于自己的事由受到损失的，可以向委托人要求赔偿损失	物业服务企业和业主分别承担自己的责任
可否转委托	经委托人同意可以转委托	物业服务不可以全部转委托他人

2. 物业服务合同与承揽合同

物业服务虽然与承揽有很大的相似之处，如在选任事务履行人中都注重对方的人力、技术、设备等资质条件；都是双务、有偿性；而且物业的维修、房屋的修缮、房屋的装修设计施工等更具有承揽性质。但这些承揽事项并不一定都发生在物业服务企业和业主这两个物业服务合同主体之间，物业服务合同与承揽合同的区别也是明显的。（如附表）所以，物业服务合同不适宜定性为承揽合同。

表 3　**物业服务合同与承揽合同的对比**

	承揽合同	物业服务合同
标的/客体	承揽人交付特定工作成果，具有有形性；注重最后结果	物业服务行为，连续性、综合性、无形性注重服务过程中的事务的处理
报酬的取得前提	工作成果的交付和验收合格才能获得报酬	只要按提供物业服务就可以获得报酬，不以约定的服务标准的完成为前提；不符合约定标准构成的是违约责任。
时间长短	具有临时性、短期性、一次性	持续性、长期性
合同解除	定作人可以随时解除承揽合同，造成承揽人损失的，应当赔偿损失	业主解除物业服务合同要经业主大会讨论决定

因此，据上述分析，不适宜以现在合同法分则中的与物业服务合同相似的有名合同去界定物业服务合同。那是否就应将其界定为混合合同或者无名合同，或者独立合同呢？

其实，混合合同说、无名合同说都认为物业服务合同具有不同于现在有名合同的特殊性，是值得肯定的。但两种学说究其本质还是回避了合同性质界定导致的法律适用的问题，都是笼统地认为，物业服务合同具有各类不同合同的性质特点，因此在法律适用上，就某一类具体性质的合同条款就适用该性质的合同类型的法律规定（如代理、委托、承揽），如果没有明确有名合同条款的依据，就适用合同法总则。所以，此类学说并未明确物业服务合同的法律性质，也就无法指导我们科学地适用法律依据去处理合同纠纷。

物业服务是在20世纪90年代才逐渐兴起和发展起来的一个较为新兴的事务。在《合同法》颁布出台的1999年，物业服务还处于一个发展起步阶段，并不成熟，所以在当年的《合同法》中不可能将当时并不普及的一种合同行为单独列为一类有名合同纳入到立法中。因此，《合同法》分则中有名合同的类型规定在今天看来是具有一定滞后性的。物业服务合同是具有时代发展背景的一类新型独立性合同，随着它的公益性的增强、适用性的扩大和重要性的突出，不排除在今后《合同法》的修改中会增加这一类新型有名合同的可能。2002年8月完成的《中国民法典》(草案）便曾将物业服务合同作为一种有名合同纳入合同法分则中（单列为第五十二章，共有十四条）。在新颁布的《物业服务纠纷解释》中对物业服务合同做了很多细化的规定，使其更接近于有名合同的标准，这也可以成为将来有名化规定的基础。

而这一新型有名合同在性质上界定为服务合同也是合理的，但应当直接单独规定为物业服务合同。因为，物业服务合同与现在已有的其他服务类合同，如旅游合同、医疗合同、餐饮服务合同存在很大的差异。而且，2008年2月4日，最高人民法院颁布《民事案件案由规定》，其中第四部分债权纠纷里合同纠纷的案由类型中，规定了“服务合同纠纷”这一案由类型，而在具体的服务合同纠纷案由中又将其细化为十五类具体的案由，其中最后一类案由便为“物业服务合同纠纷”。

四、物业服务合同与管理规约

（一）两者的区别

物业服务合同与管理规约虽然都属于私法范畴的民事合同，但却是两种性质不同的合同。存在以下明显的几方面的区别：

第一，当事人不同。物业服务合同的双方当事人分别为物业服务企业和业主（前期物业服务合同为建设单位）；管理规约的当事人均为业主。虽然临时管理规约是由建设单位制定的，但业主在与建设单位签订物业买卖合同时，对遵守临时管理规约予以书面承诺后，对业主也具有约束力。

第二，性质略有不同。物业服务合同中的双方当事人利益是对向的，双方的需求是不同的，属于对立的双方，因而属于理论上的狭义的契约范畴。业主公约中的各个当事人即业主的利益是一致的，需求是相同的，是多方的共同行为，与合伙协议、公司发起协议相似，属于理论上的狭义的合同。

第三，涉及事项的不同。物业服务合同的内容主要为物业服务企业提供的物业服务事项和物业服务费事宜。管理规约除了涉及物业的使用、维护、管理外，还涉及业主共同关心的其他公共事务的管理、业主的行为规范、业主之间关系的协调等内容。比如，阳台的封闭装修，宠物的饲养等。管理规约相当于业主内部的行为规范准则。

第四，权利义务的不同。物业服务合同属于有偿合同，业主需要向物业服务企业支付报酬作为享受物业服务的对价。管理规约涉及全体业主的自我约束规范，是不具有对价性的无偿契约。

第五，效力范围。物业服务合同仅对业主与物业服务企业这双方当事人有约束力。但管理规约不仅对业主、业主大会、业主委员会有效，且对业主外的物业管理区域范围内的物业使用人、承租人、继承人等主体都有约束力。管理规约属于业主内部自治规范，物业服务合同涉及业主自治外的法律关系。

（二）两者的联系

物业服务合同与管理规约虽然具有上述不同，分属两种不同性质的合同，但在实践运用中却彼此存在密切联系。

1. 内容上一定关联性

管理规约中约定的特定物业管理区域内的物业共有部分和共同事务管理等公共性物业事务，正是物业服务合同中物业服务企业的主要服务内容。管理规约作为自治规范，也可以通过召开业主大会对涉及物业服务企业的选任、物业服务合同履行的监督进行规定。

2. 效力上的相互制约

一般来讲，管理规约是在首次业主大会上制定通过的，而物业服务合同是在首次业主大会选出业委会之后才签订的。因此，在实践中签订物业服务合同时最好以管理规约的遵循为前提，保证物业服务合同的内容与管理规约的一致。管理规约对物业服务合同有一定参考。

管理规约作为自治准则，应该是全体业主都必须遵循的，任何其他规范性文件，如业主大会议事规则、业主委员会章程、物业服务合同等，均不得与管理规约的规定发生冲突。在实践中，如物业服务合同与管理规约的规定冲突，则物业服务合同中的相关条款应按照管理规约的规定予以解释；如果物业服务合同违反了管理规约的规定，则物业服务合同的相关条款应视为无效。①

3. 施行上的关联

管理规约的目标需要通过物业服务合同的履行予以实现。同时，业主遵守管理规约，也有利于物业服务合同的实施。

第二节 物业服务合同的订立

一、物业服务合同的订立主体

（一）物业服务企业

《物业管理条例》第 34 条规定，一个物业管理区域由一个物业服务企业实施物业管理。《物业管理条例》第 35 条规定，业主委员会应当与业主大会选聘的物业服务企业订

① 肖海军著：《物业管理与业主权利》，中国民主法制出版社 2006 年版，第 77 页。

立书面的物业服务合同。由此可知，订立物业服务合同的一方主体为物业服务企业。

在实际生活中，开发商在房屋竣工出售前，常常选定一个物业服务企业为它管理物业，即前期物业管理。虽然业主大会成立后，可以通过决议选择其他的物业服务企业，但是多数情况下，业主们出于方便等考虑，会接纳前期物业服务企业继续为自己服务。等到出现问题时，根据前期物业服务合同的内容，业主常常处于弱势，其利益难以追回。所以，要保障业主的权益，应尽可能在业主入住后及时组织成立业主大会，选出业主委员会成员，尽早重新招标投标选聘新的物业服务企业。

物业服务公司具有以下特征：第一，专业性。物业服务公司以自己的经营服务能力和专业技术资格，对自己的或委托代管的各种物业，及其附属设施和周围环境进行妥善科学的管理服务，为物业业主、租户和居民提供舒适的工作环境。第二，商业性。我国物业服务公司的商业性，从本质上讲，是由商品经济决定的。这种商业性体现在，公司经营服务所需资源的取得，所提供的服务必须遵循等价交换的原则，企业以自己活动的收入补偿支出，取得赢利，没有无偿的取得和付出。第三，服务性。物业服务公司的活动具有明显的服务性。它与物业业主或使用人之间的关系，是在商品经济条件下的服务者与被服务者、委托人与被委托人之间的关系。在现阶段，物业服务公司的服务活动具有特殊性，即物业服务公司在向业主提供服务的同时，也承担了部分政府对城市管理的职能，是现代化城市建设和管理的重要组成部分。第四，法人资格。物业服务公司由政府授权部门审查批准，登记后方可从事经营服务活动，其符合中国法律规定的企业法人的一般特性：有独立的组织、独立财产所有权和管理权，能以自己的名义享有民事权利，承担民事责任等。

（二）业主

物业服务合同的主体一方是物业服务企业毫无疑问，而相对方究竟是谁，理论界一直存在分歧。因为业主一方另外同时还存在业主大会、业主委员会两个特殊主体。究竟物业服务合同中是业主、或业主大会，还是业主委员会作为物业服务合同的主体，一直以来存在着争议。

为什么会出现这种争议，原因在于现今的立法存在着模糊和不一致。我们根据《物权法》的规定，尤其是其中第72、76、81、82条的规定发现，“业主对建筑物专有部分以外的共有部分，享有权利，承担义务”，“业主可以自行管理建筑物及其附属设施，也可以委托物业服务企业或者其他管理人管理”，“物业服务企业或者其他管理人根据业主的委托管理建筑区划内的建筑物及其附属设施，并接受业主监督”，“选聘和解聘物业服务企业或者其他管理人”，这些事项都由业主共同决定。所以，应该说业主是选聘物业服务企业的主体，业主也享受到了物业服务合同中的权利，也应该尽到相应义务，是权利义务的承担者。

但在《物业管理条例》第35条却又规定“业主委员会应当与业主大会选聘的物业服务企业订立书面的物业服务合同”；第15条第（2）项规定，业主委员会有“代表业主与业主大会选聘的物业服务企业签订物业服务合同”的职责。这样看起来，似乎是业主委员会有权与物业服务企业签订物业服务合同，合同的主体似乎是业主委员会。并且，这两处的规定里也都同时采用“业主大会选聘的物业服务企业”的说法，让人不得不怀疑是否业主大会才是物业合同中物业服务企业的相对方。

在这种犹豫不定中，也就有人采取了折中的办法，认为物业服务合同的主体有三类，即选聘签约者（业主大会或业主委员会）、提供服务者（物业服务企业）和接受服务者（业主或物业使用人）。①

但我们具体分析来看，《物业管理条例》第15条赋予了业主委员会代表业主与业主大会选聘的物业服务企业签订物业服务合同的职责。业主委员会是作为业主的代表实际签订物业服务合同的主体，只能表明业委会与业主之间成立代表关系，被代表的是业主，是以全体业主的名义与物业服务企业签订合同的。所以，业主委员会只是合同的签订主体，并不就是实际的物业服务合同权利义务的承担者。签订合同时，业主委员会应当出具业主大会选聘或者续聘物业服务企业的决定和业主委员会的合法有效证明。

而第15条中规定的“业主委员会执行业主大会的决定事项”，也表明业主委员会是作为业主大会的执行机构而履行职责的。况且，假设业主委员会是合同主体，则一旦与物业服务企业发生合同纠纷，业主委员会就要成为诉讼的原告或被告，最终要承担损害赔偿等法律责任的。但由于其不具有独立的财产，不具有独立承担法律责任的资格或能力，在业主委员会败诉后会导致执行上的不能。所以，因为业主委员会目前是否具有独立的民事主体资格还是不明确的，也使得无法将其确立为物业服务合同中主体一方。

虽然业主大会在目前也不具有明确的民事主体地位，但《物业管理条例》第8条规定，“业主大会应当代表和维护物业管理区域内全体业主在物业管理活动中的合法权益”。因此，业主大会和业主的利益一致性，名义上的一致性和关系上的代表性是不可置疑的。《物权法》第76条规定的业主具有的“选聘和解聘物业服务企业”的权利，虽然在物业管理条例第35条中变成了“业主大会选聘的物业服务企业”，但变化后的表述在根本上还是与业主、业主大会的关系是一致的。业主大会毕竟是由业主组成的，在每次业主大会会议上通过的关于物业服务企业选聘的决议是得到了半数以上业主的同意的。可能业主大会所选聘的物业服务企业会违反部分人意愿，也可能会因为部分业主缺席得不到其投票权，但这正是业主大会形式的优点的体现；否则，让全体业主一起来选物业公司注定会很难实现全体一致而影响物业服务尽早开展。所以，物业服务企业是业主选聘的，但是业主们通过业主大会会议表决的形式来选出物业服务企业的。

所以，业主和业主大会实际上具有统一性的，我们的物业服务合同是对所有业主都有效的，对于物业服务企业而言，物业服务合同的相对方是业主大会和业主，业主大会背后是广大业主；对于每一个业主而言，他们当然是物业服务合同的当事人。采取业主大会作为物业服务合同中代表业主这一方的主体，在程序上也较为简便和高效：只要业主大会在物业服务合同上盖上业主大会的章合同就生效，而如果让全体业主当主体，则需要所有业主的一致签字才生效②。业主委员会作为业主大会的执行机构，代表业主和业主大会与物业服务企业进行物业服务合同的签订。

归根到底，在物业服务合同的主体上存在以上分歧和争议的原因就在于，目前对于业主大会和业主委员会的主体资格和法律地位的规定不明确，建议今后在立法中明确业主大

① 徐晋：《物业服务合同若干法律问题的研究》，2012年吉林大学硕士论文。

② 陈慧娜：《浅析物业服务合同的主体》，载《上海房地产》2009年第2期。

会的法人主体地位，赋予其在立法中的合同当事人资格。

二、物业服务合同的订立方式

根据《物业管理条例》第24条规定，前期物业服务合同的签订有两种方式，即招标投标和协议选聘（详见第二章）。但约期物业服务合同的订立方式并无强制要求，一般也可以采取招标和协商订立。前者是业主委员会自己或委托专业招标公司通过公开发布招标公告，在多家物业服务企业进行投标竞标后选择中标企业签订物业服务合同；后者是业主委员会直接向业主大会讨论选定的物业服务企业发出要约并经对方承诺，签订书面合同。

但采取何种订立方式、选定的订立方式的流程方案及最后中标或协商对象等事项，都必须得交业主大会进行讨论表决，对业主委员会选出的物业服务企业或中标企业，经过专有部分占建筑物总面积过半数的业主且占总人数过半数的业主同意，才能由业委会与之签订物业服务合同。

三、物业服务合同的订立过程

物业服务合同的订立与一般合同一样，也经历“要约邀请—要约—承诺—书面合同签订”的过程。

（一）要约邀请

业主大会经过讨论决定选择招标方式选任物业服务企业后，则由业主委员会负责组织招标投标工作。业主委员会拟定招标文件，经上报居委会、街道办、房地产行政主管部门后，向社会发布招标公告。此即为合同法上的要约邀请，是希望物业服务企业向自己投标（发出要约）的意思表示。

招标文件包括招标书、投标须知、订立委托管理合同的条件及协议条款。招标书应当包括以下内容：物业规划建设的基本情况，包括占地面积、建筑面积、产权状况、商业用房及管理用房，共用部位共用设施设备维修基金、公用设施、设备及公共场地的情况、园林绿化、社区文化娱乐设施等；物业服务的内容和要求，包括服务内容、服务标准、服务费用额度及支付方式等；投标书编制的方式及依据；投标人的资质和条件；投标书的格式、主要内容及份数；组织解释招标文件及实地查验物业的时间、地点；送达投标书的地点及截止时间；开标，评标的时间、地点；其他需要说明的事项。①

业主委员会可以采取公开招标，以招标公告的方式邀请不特定的物业服务企业投标；也可以采取邀请招标，以投标邀请书的方式邀请特定的物业服务企业投标。邀请招标应向3个以上物业服务企业发出投标邀请书。招标公告和投标邀请书都应当载明招标人的名称和地址，招标项目的基本情况以及获取招标文件的办法等事项。

业主委员会采用公开招标方式的，应当提前通过报刊、广播、电视或其他方式公开发布招标公告；采用邀请招标方式的，应当提前发出投标邀请书。招标公告和投标邀请书应当送房地产行政管理部门备案。

---

① 参见《武汉市物业管理招标投标管理试行办法》（2000）第11条。

（二）要约

参与投标的物业服务企业应当按照招标文件规定的内容和要求编制标书，于提交投标文件的截止时间前，将投标文件送达投标地点。此投标书即为物业服务企业发出的要约，是物业服务企业希望和业主委员会订立物业服务合同的意思表示。

投标书一般包括以下主要内容：物业服务机构设立方案、运作流程及各项管理规章制度；物业服务人员配备方案（物业项目所设岗位和人数、项目负责人和主要工作人员的岗位资格、技术职称证书及简历）；管理服务用房及其他物质装备配置方案；管理服务费收支预算和收费标准方案；物业服务分项标准与管理目标（服务承诺），等等。投标文件不得出现或体现投标单位的名称或标志字样，否则投标文件无效。

业主委员会收到投标书后进行签收保存，但不得开启。超过投标时间的投标文件，业主委员会应予以拒收或视为无效。投标人少于三个的，业主委员会应当组织重新招标。

（三）承诺

采取招标方式选聘物业服务企业，业主委员会还要对投标进行开标、评标和中标程序。

业主委员会或受托的专业招标公司应当在招标文件确定的开标时间和开标地点公开进行。开标时，所有投标物业服务企业都应参加，由所有投标企业或者其推选的代表检查投标文件的密封情况，也可以由招标人委托的公证机构检查并公证；经确认无误后，由工作人员当众拆封。开标过程应当记录，并存档备案。

开标后，由业主委员会组建评标委员会负责进行评标。评标委员会可以由业主委员会选出的代表、其他非业主委员会成员的业主代表、物业服务的业内人士组成，成员人数为5人以上单数。物业管理专业人士应根据各地要求不得少于一定比例。与投标人有利害关系的人不得进入评标委员会。评标委员会成员的名单在中标结果确定前应当保密。

评标委员会应当按照招标文件确定的标准和方法，对投标文件进行评审和比较；评标委员会完成评标后，应当向招标人（业主委员会）提出书面评标报告，并推荐合格的中标候选企业。业主委员会根据评标委员会提出的书面评标报告和推荐的中标候选企业确定中标企业，也可以授权评标委员会直接确定中标企业。若否决所有投标的，则业主委员会应重新招标。在确定中标企业前，业主委员会不得与投标企业就投标价格、投标方案等实质性内容进行谈判。

业主委员会在选定中标企业后，应当向中标企业发出中标通知书，此即为合同法上的承诺，表明业主委员会愿意与中标物业服务企业签订物业服务合同。同时中标结果也要通知其他未中标企业。该中标通知书对业主委员会和物业服务企业均有约束力。如果中标通知书发出后，业主委员会改变中标结果或中标企业放弃中标的，应当承担违约责任。

业主委员会和中标的物业服务企业应在中标通知书发出后的一定时间内（通常一个月内），按照招标书和投标书的内容签订书面的物业服务合同。并向物业所在地的县级以上房地产行政主管部门办理备案。该备案仅具有行政管理和监督作用，不影响合同效力。

业主委员会若不采取上述招标方式签订物业服务合同，也可根据业主大会的决议，向业主大会讨论后决议中选定的物业服务企业发出要约，在收到物业服务企业的承诺后，正式签订物业服务合同。

【案例 4-1】

2001 年 9 月，由于原来管理该小区的物业服务企业严重失职，某小区由业主在业主大会会议上投票表决，成功炒掉了开发商下属的物业服务企业并选择了新的物业服务企业；然而，房管局认为未经招标程序所选聘的物业服务企业是不合法的，责令业主委员会再次通过招标的方式选聘物业服务企业。在新“管家”的招聘过程中，业主委员会受到行政管理部门的干预。首先，房管局为该小区指定了 5 家“相当不错”的物管公司，让该小区业主委员会选择，但遭到业主强烈反对。此时，小区业主委员会已从报名的 15 家物管公司中选出了 5 家资质较好的物管公司进行重点考察，最后 2/3 的业主选择了某物业公司。但在行政主管部门干预下，9 个评标委员中业主代表只有 3 个，其余 6 人均是房管局派来的“专家”，且这些“专家”全都来自该小区开发商属下的物管公司。因此，评标委员会所评出的中标候选名单中没有业主满意的物管公司。①

点评：我国《物业管理条例》第 5 条规定：“国务院建设行政主管部门负责全国物业管理活动的监督管理工作。县级以上地方人民政府房地产行政主管部门负责本行政区域内物业管理活动的监督管理工作。”为了规范物业管理活动，维护业主和物业服务企业的合法权益，规定了房产行政主管部门作为物业管理活动的管理和监督机关。业主大会成立后，业主大会有权决定采用协议或招标的方式选聘物业服务企业，行政机关只享有监督业主大会在选聘过程中有无违法操作的职责，因此，对于业主大会和业主委员会选聘物业服务企业，房产行政主管部门不应插手和包办。该案中，业主大会已经投票选定了物业服务企业，即采取协议方式选聘物业服务企业，却被房管局推翻，被房管局强制要求通过招标方式选择物业服务企业，侵害了业主和业主大会的自由选择权利。

再者，在本案中，在业主委员会进行物业服务招标过程中，招标对象受到房管局强行限制，不是向社会不特定对象招标；房产行政部门的人员也参与评标委员会。房管局将自己的意志强行加入到物业服务企业的选择中，使原本应在平等、自愿基础上签订的合同具有了很强的行政色彩，这是不合法的。业主可以通过业主委员会提起诉讼，主张撤销签订的物业服务合同。

四、物业服务合同的订立形式

《物业管理条例》第 35 条第 1 款规定，“业主委员会应当与业主大会选聘的物业服务企业订立书面的物业服务合同”，说明物业服务合同应当采用书面形式订立。物业服务合同规定了双方当事人的主要权利和义务，它既是物业服务企业进行管理活动的主要依据，也是双方出现纠纷后解决纠纷的依据。采用书面形式订立合同是非常有必要的。如果没有

① 案例改编自方明：《深圳一小区完全自主聘“管家”》，载《中国青年报》2003 年 10 月 23 日。

物业服务合同，即便双方形成了事实上的合同关系，一旦出现了纠纷，将出现“公说公有理，婆说婆有理”的局面。

但此条中的书面形式要求并不构成物业服务合同的必要生效要件。如果业主和物业服务企业之间没有签订书面形式物业服务合同，仅有口头协议；或者存在物业服务企业客观上提供物业服务又被业主接受的事实存在，也可以根据《合同法》第36条认定物业服务合同的成立。

另外，物业服务合同是诺成合同，《物业管理条例》并未要求物业服务合同在签字后必须备案才生效。所以物业服务合同不以备案为生效要件。备案一般只是为了便于房地产行政管理部门对物业服务合同进行监督管理。某些地方在地方物业管理条例（办法）中都对物业服务合同强制备案，也属于行政管理范畴。如《北京市物业管理办法》第20条规定，物业服务企业应当自物业服务合同签订之日起15日内，将物业服务合同报物业服务项目所在地区县房屋行政主管部门备案，区县房屋行政主管部门将备案材料抄送物业服务项目所在地街道办事处、乡镇人民政府。

五、物业服务合同的内容

《物业管理条例》第35条对物业服务合同的基本内容做了要求，双方当事人应当对物业服务事项、服务质量、服务费用、双方的权利义务、专项维修资金的管理与使用、物业管理用房、合同期限、违约责任等内容进行约定。结合各地物业服务合同范本，目前物业服务合同一般主要包括以下方面内容：

（一）物业的基本情况

主要包括物业名称、物业类型、坐落位置、四至范围、占地面积和建筑面积等情况，界定物业服务区域和范围。

（二）物业服务事项

物业服务事项即物业服务企业为业主提供的服务的具体项目和内容。主要可以分为建筑物的维护管理、社区环境卫生文化服务、社区安全秩序维护三个方面。

1. 建筑物的维护管理

主要包括：（1）房屋建筑物共用部位的维修、养护和管理，包括楼盖、屋顶、外墙面、承重墙体结构、楼梯间、走廊通道、门厅等；（2）共用设施、设备的维修、养护、运行和管理，包括共用的上下水管道、落水管、污水管、垃圾道、共用照明、天线、中央空调、高压水泵房、楼内消防设施设备、电梯等；（3）市政共用设施和附属建筑物、构筑物的维修、养护和管理，包括道路、室外上下水管道、沟渠、池、井、停车场等。

2. 社区环境卫生文化服务

主要包括：（1）公用绿地、花木、景观的养护与管理；（2）共有部位、公共区域的清洁卫生服务、垃圾收集清运等。

3. 社区安全秩序维护

主要包括：（1）维护公共秩序、小区安全，包括安全监控、巡视、门岗执勤以及发生安全事故，及时向有关部门报告，采取相应措施，协助做好救助工作等；（2）消防宣传管理，包括公共区域消防设施的维护、消防安全的宣传、消防管理制度的建立等；（3）

交通与车辆停放秩序的管理，包括停车场管理和车辆进出管理；（4）对禁止行为的告知、劝阻、报告等。

4. 其他

如物业档案资料的管理、物业服务费收取、专项维修基金的代管等，还可以空白形式出现，由双方当事人自由约定。

（三）物业服务质量

物业服务质量是对物业服务企业提供的服务在质量上的具体要求。目前各个地方已经陆续有地方的物业服务标准规范，如《北京市住宅物业服务标准》、《广州市普通住宅物业管理服务等级标准》、《深圳市住宅物业服务收费指导标准》、《上海市住宅物业服务分等收费管理暂行办法》。各种物业服务标准包括物业服务作业标准、清洁服务标准、工程维修服务标准、前期介入服务标准、社区文化活动标准、会所管理服务标准和中介服务标准等。也可以参考物业服务企业自治标准来要求。当事人可以参照不同服务标准来约定服务质量，并根据服务质量来约定相应的服务费用。

（四）物业服务收费

物业服务费用是业主购买物业服务企业提供的服务而支付的费用。包括物业共用部位、共用设施设备的日常运行维护费用、清洁卫生费、绿化养护费、秩序维护费、办公费、企业利润等。实行酬金制或包干制。物业服务收费应当按照国务院价格主管部门制定的物业服务收费办法，同时在合同中明确约定物业服务费用的收费项目、收费标准（详见下文物业服务费）。

（五）当事人的权利义务

主要涉及业主/业主大会/业主委员会和物业服务企业双方当事人的权利义务。

（1）业主（业主大会/业主委员会）的权利义务

权利一般包括要求物业服务企业按约定提供物业服务；对物业服务事项有知情权、建议权和监督权；审定和认可物业服务方案、年度服务计划、维修计划、年度费用预算方案；对物业服务进行年度考核。

义务主要涉及交付物业管理相关资料、提供物业管理用房、缴纳物业服务费、协助物业服务活动的开展、接受物业服务企业的制度约束。

（2）物业服务企业的权利义务

物业服务企业的主要权利包括收取物业服务费；制定物业管理区域内相关物业管理制度；制定物业服务各项计划；开展物业服务活动；根据委托对业主和物业使用人违反本合同和《管理规约》的行为进行处理等。

物业服务企业的主要义务包括提供符合约定和标准的物业服务；接受业主和业主委员会的监督；妥善保管物业资料档案；不得擅自占用本物业管理区域内的共用部分或擅自改变其使用用途；定期向业主和使用人公布管理费用收支账目，等等。

（六）物业专项维修资金的管理和使用

物业专项维修资金原本应属于物业管理区域内的全体业主所有，由业主通过业主大会决议、业主委员会进行运作和管理。一般对专项维修资金实行专户存储、专款专用、所有权人决策、政府监管。但也可以根据约定，委托物业服务企业代收代管，由业主、业主大会、业主委员会进行监督。

（七）物业管理用房

必要的物业管理用房是物业服务企业开展物业服务活动的前提条件。当事人需按照《物业管理条例》的规定，在合同中对物业管理用房的配置、用途、产权等相关问题予以细化。

（八）合同期限

物业服务合同委托期限即合同的生效终止日期，当事人需要对合同的期限进行协商约定。物业服务合同中的期限条款应当尽量明确、具体。

（九）违约责任

违约责任是指物业服务合同当事人一方或者双方不履行合同，依照法律的规定或者当事人的约定应当承担的法律责任。业主委员会和物业服务企业任何一方违反合同的约定，都应当承担一定的违约责任，例如继续履行、支付违约金、赔偿损失等。

（十）其他

物业服务合同一般还应载明双方当事人的名称、住所、合同终止和解除的约定、解决合同争议的方法以及其他事项等内容。

第三节　物业服务合同的效力和履行

一、物业服务合同的效力

（一）物业服务合同的生效条件

根据《民法通则》第55条规定，民事法律行为应当具备下列条件：行为人具有相应的民事行为能力；意思表示真实；不违反法律或者社会公共利益。物业服务合同作为法律行为中的一种，也应该具备以下条件。

1. 物业服务合同的双方当事人具有相应的缔约能力

这一缔约能力包括缔约权利能力和缔约行为能力。

根据《物业管理条例》第32、33条规定，对于物业服务合同除了要求物业服务企业具有法人资格外，还必须有相应的物业服务资质这一缔约权利能力（详见第二章）。只要已经取得主管部门颁发的物业管理资质证书，且依法成立并办理了工商登记，领取了企业法人营业执照的，就具有签订物业服务合同的主体资格。前期物业服务合同中，建设单位也必须符合有开发建设资质的要求。

缔约行为能力要求合同当事人能对发生的合同后果独立承担法律责任。物业服务合同的签订主体是业主委员会和物业服务企业，合同的履行主体是全体业主和物业服务企业。基于业主自治方式的特殊性，业主大会、业主委员会目前不具有法人资格，不能独立承担法律责任和后果，只能由全体业主承担。这就要求作为业主大会执行机构的业主委员会，必须是合法选举产生的；同时，业主委员会对外代理签订合同时必须获得授权。只有获得授权的业主委员会与物业服务企业订立物业服务合同才具有法律效力，由此产生的法律后果对全体业主产生约束力。这就要求至少满足两个要件：①业主委员会合法成立；②遵循合法的业主大会的决议签约。前一条件要求业主委员会必须是按照《业主大会和业主委员会指导规则》的要求在业主大会上选举成立，选举条件和选举程序合法（详见第三章）。后一条件要求业主委员会必须按照业主大会的决议签订物业服务合同，也即签订的物业服务合同必须经专有部分占建筑物总面积过半数的业主且占总人数过半数的业主同意。

2. 物业服务合同的双方当事人的意思表示真实

意思表示真实，是指表意人的外在表示行为必须真实地反映内心的效果意思。表意人通过一定方式表现于外部的意思必须与表意人存在于内心的真实效果意思一致。

业主委员会只是业主大会的执行机构，业主委员会与物业服务企业签订物业服务合同需要根据业主大会的会议决议内容来执行。如此，才能实现被代表的全体业主的真实意愿。否则，业主委员会所签订的物业服务合同的程序不合法，也意味着该物业服务合同违背了全体业主的意志，损害了全体业主的利益。

3. 物业服务合同的内容合法

这就要求物业服务合同的内容不违反法律、行政法规的强制性规定，不得损害国家、集体、第三人利益。要注意此处的强制性规定也必须是效力性强制规定。此处的生效要件的违反与否，除了参考《合同法》的规定，还要依据《物业管理条例》等其他物业服务相关规定。《物业管理条例》作为行政法规，里面也有许多强制性规定，但少有效力性强制规定。

（二）欠缺生效条件的物业服务合同

1. 效力待定的物业服务合同

【案例 4-2】

2008 年 11 月，被告向惠州麦地某建设单位购买了一套房屋。2009 年 1 月，原告与该建设单位签订物业管理全权委托合同，由原告对该小区的物业进行全面管理。2009 年 3 月，被告与原告签订了业主公约，约定业主不交纳管理费的违约责任等。后被告一直未交纳物管费，原告起诉至法院。被告则以原告未取得资质，被告与建设单位的物业管理全权委托合同为无效合同为由作抗辩。但原告主张自己在 2009 年底已获得物业服务的资质。①

点评：这一案例涉及在签物业服务合同时，原告物业公司因没有取得相应资质，主体资格存在瑕疵的情况下所签订的物业服务合同的效力认定问题。

如果物业服务合同的主体不合格，也即业主委员会的成立不合法或者物业服务企业不具有相应资质，所签订的物业服务合同效力如何，主要有三种意见。我们以欠缺管理资质的物业服务企业为例来分析。

① 案例改编自《物业管理纠纷：没有资质的物管企业与开发商签订的前期物业管理服务合同是否具有法律约束力?》，载胡丽琴律师博客：http：//blog. sina. com. cn/s/blog_661248660100iukh. html，2014 年 1 月 10 日。

第一种意见认为，物业服务企业没有物业管理资质，直接违反了行政法规《物业管理条例》第60条中“违反本条例的规定，未取得资质证书从事物业管理的，由县级以上地方人民政府房地产行政主管部门没收违法所得，并处5万元以上20万元以下的罚款；给业主造成损失的，依法承担赔偿责任”的强制性规定，物业服务合同应属无效，物业服务企业应返还物业费。

第二种意见认为，如果签订物业合同后在履行过程中，物业服务企业补办物业管理资质，从保护合同稳定性的角度，不宜认定合同无效，且《物业管理条例》并没有直接强制性规定没有物业管理资质不得从事物业管理业务，物业服务企业的行为宜由行政部门处罚为妥。

第三种意见认为，业主宜以签订合同时重大误解为由申请法院撤销或变更物业合同，以达到减免物业费的目的。

我们认为，签订物业服务合同时物业服务企业如没有取得相应服务资质，则是不具备签订物业服务合同的资格的，当时所签订的物业服务合同应该属于效力待定的合同。

《物业管理条例》第32、33条规定从事物业管理活动的企业应当具有独立的法人资格。国家对从事物业管理活动的企业实行资质管理制度。且从事物业管理的人员应当按照国家有关规定，取得职业资格证书；未取得资质证书从事物业管理的，应受到房地产行政主管部门的行政处罚，并对业主进行损害赔偿。但《物业管理条例》的规定并非属于效力性强制规定，所以欠缺该条件的物业服务合同并非无效，而属于效力待定。

因为，在该物业服务合同签订后，物业服务企业若获得了资质则获得了签订物业服务合同的资格，可以认为是对合同的效力要件的补正，自此，物业服务合同有效。司法实践中，对于起诉时业主委员会已经取得业主大会的表决追认授权的，都对物业服务合同的有效性予以肯定。主张物业服务合同有效的一方需要举证业主大会的召开情况、业主在业主大会的投票表决情况、业主大会作出决议的内容等，法院对业主的表决票是否真实、非业主的表决票是否获得业主的合法授权，是否达到人数和面积双重过半数等情况都进行审查，从而最终确认业主委员会签约的真实有效。反之，如果法院审理无法确认上述事实，则业主委员会得不到全体业主的追认，物业服务合同被认定为无效。

作为物业服务合同的另一方，业主委员会若在签订物业服务合同时不是合法有效选举出的，所签订的物业服务合同同样属于效力待定。

2. 可变更可撤销的物业服务合同

如果物业服务企业或业主委员会任何一方有欺诈、胁迫、重大误解、乘人之危等违反当事人真实意思的情形，都会使物业服务合同在签订后因欠缺意思表示真实，而成为可变更可撤销合同。意思表示不真实的一方都可行使变更权或撤销权。

比如，在前期物业服务合同签订中，建设单位（开发商）常常会提出不签物业服务合同就不办理入住、就不给房钥匙。这种情况下业主签订的物业服务合同就存在威胁嫌疑，受威胁的业主可以意思表示不真实为由主张撤销合同。

【案例 4-3】

广州市白云区某花园小区数名业主作为原告，将该小区的业主委员会和华某物业管理公司告上法庭，要求法院判令两被告签订的《物业管理委托合同》无效。该花园小区业主委员会成立于 2005 年 9 月。2005 年 9 月，业主委员会未召开业主大会，擅自聘请华某物业管理公司为小区提供物业管理服务，双方签订了物业管理委托合同，期限为 2005 年 9 月至 2007 年 9 月。原告认为，业主委员会未依照《物业管理条例》规定召开业主大会就选聘物业管理企业，严重侵犯了业主的合法权益，且华某物业管理公司提供的物业管理服务质量存在严重瑕疵，要求法院判令合同无效。①

点评：实践中常常出现业主委员会为了物业服务企业所给的好处，在选定物业服务企业或者议定物业服务合同具体条款时，与业主大会的决议不符的情况；甚至出现案例中未经召开业主大会进行表决就签订物业服务合同的情形。案例中，业主委员会没有得到全体业主的授权，所签订的物业服务合同不能代表全体业主的真实意愿，当然应属于无效。

未经业主大会表决、或业主大会表决程序不合法、或业主委员会没有遵循业主大会决议内容要求而签订的物业服务合同，不仅违背了全体业主的真实意愿，更损害了全体业主的利益，因而此时的物业服务合同不再是可变更可撤销合同，而是无效合同了。并且，对物业服务合同的效力存有异议的单个业主不能直接向法院起诉。因为单个业主没有取得其他全体业主的授权，诉讼主体不适格。此时应通过组织全体业主召开业主大会，表决通过新的决议，选出代表人代表全体业主进行诉讼或者由业主委员会执行决议，向法院申请确认合同无效；或者通过召开业主大会，选出新的业主委员会，由新业主委员会向法院申请原物业服务合同没有效力。

此外，要注意的是，业主大会决议如违反了部分业主意愿，部分业主不得以物业服务合同意思表示不真实要求撤销物业服务合同。因为即便合同的签订与部分业主意愿相悖，但只要是取得了业主大会上专有部分占建筑物总面积过半数的业主且占总人数过半数的业主同意，就体现了全体业主的意愿，该决议就对全体业主都有效。

3. 无效的物业服务合同

根据《物业服务纠纷司法解释》第 2 条的规定，物业服务合同中免除物业服务企业责任、加重业主委员会或者业主责任、排除业主委员会或者业主主要权利的条款也应属于无效条款。

实践中，业主委员会若为了部分委员的利益（如减免业主委员会委员的物业服务费），与物业服务企业进行恶意串通，签订的物业服务合同违背了其他业主的意愿，损害了其他业主的利益。此时，业主委员会与物业服务企业的合同应属于《合同法》中恶意串通损害第三人利益（全体业主利益）的合同，应归于无效。此时，其他利益受损的业主也不得直接起诉要求法院确认合同无效，而只能通过召开业主大会讨论决议，选举新的

① 案例改编自程磊：《未经召开业主大会，物业管理合同无效?》，载《现代物业》2007 年第 11 期。

业主委员会，申请法院确认合同无效。

开发建设单位未依照《物业管理条例》第 24 条第 2 款规定选聘前期物业服务企业的；开发建设单位在住宅小区业主委员会依法成立后，仍以自己名义与物业服务企业签订物业服务合同的；商品房预售合同中有关物业服务的约定，有排除业主以后选择物业服务企业和商定物业服务费权利条款的；物业服务企业擅自将整体服务转托、转让给第三人或将其肢解后以分包的名义发包给第三人的，物业服务合同或物业服务条款都无效。①

物业服务合同无效，则发生恢复原状、返还原物的后果。但物业合同已经履行的部分就是物业服务企业已经提供给业主的物业服务，业主已经对此种服务消费享受完毕，是无法恢复到提供物业服务之前的状态的。此时，只能要求业主根据物业服务企业实际提供的物业服务，根据当时的物价局定价和市场情况支付相应的物业服务费。

二、物业服务合同的履行

（一）履行原则

1. 实际履行原则

实际履行原则是指物业服务合同的双方当事人应当按照合同约定的标的来履行自己的义务，不得用其他标的替代约定的标的。《合同法》第 110 条规定："当事人一方不履行非金钱债务或者履行非金钱债务不符合约定的，对方可以要求履行，但有下列情形之一的除外：（1）法律上或者事实上不能履行；（2）债务的标的不适于强制履行或者履行费用过高；（3）债权人在合理期限内未要求履行。"实践中，物业服务合同中的债务大多是非金钱债务，比如物业管理区域的保安服务、清洁保洁服务等，其标的不能用其他标的替代，应当遵循实际履行原则，按照合同规定认真履行自己的义务。

2. 全面履行原则

全面履行原则是对实际履行原则的补充和扩展，其实际意义是在指导和督促当事人保质保量地按时全面地履行物业服务合同规定的各项义务，以保护当事人双方的合法权益。所谓全面履行，又称为完全正确的履行和适当履行。《合同法》第 60 条规定："当事人应当按照约定全面履行自己的义务。当事人应当遵循诚实信用原则，根据合同的性质、目的和交易习惯履行通知、协助、保密等义务。"所谓完全正确的履行，是指依照合同的约定，义务人应当履行合同的全部义务，债务人的履行符合合同的约定或者法律的规定。适当履行须是当事人按照合同的约定或者法律的规定由适当的主体，在适当的时间、适当的地点，以适当的方式履行全部债务，也就是履行主体、标的、数量、质量、履行期限、履行方式、履行地点等都符合合同的约定或法律的规定。

3. 诚实信用原则

诚实信用原则既是物业服务合同订立的基本原则，也是物业服务合同履行的基本原则。物业服务合同的主体在履行各自义务时，应该讲究诚实、恪守信用、信守合同，严格依照约定履行合同。

① 参见《北京市高级人民法院关于物业管理纠纷案件的处理意见》第 2 条。

诚如前述，在合同履行原则的指导下，物业服务合同的履行主要分为两个方面：以权利义务为主要内容的正面履行和以违约责任为主要内容的反面履行。

（二）履行方式

物业服务合同是以物业服务企业提供服务为履行内容的，对物业服务企业的资质条件、管理人员配备、管理技能都有很强的依赖，是以合同双方的信任为基础订立的合同。所以，在物业服务合同履行过程中，尤其是物业服务企业提供物业服务时，必须由物业服务企业亲自提供。所以，在《物业管理条例》第 40 条里允许物业服务企业可以将物业管理区域内的专项服务业务委托给专业性服务企业，但不得将该区域内的全部物业管理一并委托给他人。如果业主委员会或者业主请求确认上述转委托合同或者合同相关条款无效的，人民法院应予支持。

（三）履行抗辩

物业服务合同是双务合同，业主和物业服务企业作为合同当事人，双方互负对待给付义务。物业服务企业有权收取物业服务费用，并有义务提供相应的物业服务；业主有权享受物业服务企业提供的服务，并有义务缴纳相应的费用。任何一方当事人都有合同履行抗辩权，对抗拒绝对方的履行请求。

《合同法》第 66、67、68 条规定了三种履行抗辩权，分别为同时履行抗辩权、先履行抗辩权和不安抗辩权。而物业服务合同作为继续性履行合同，就履行顺序遵循有约定按约定，没有约定按当地习惯和行业习惯确定的规则。因此，三种履行抗辩权在物业服务合同中都存在。

而根据抗辩权主体的不同，也涉及物业服务企业的抗辩权和业主的抗辩权。

1. 物业服务企业的抗辩权

物业服务企业在物业服务合同中的主要义务是提供物业服务，而这种服务具有公益性，针对的对象不限于某一个或几个业主，而是整个物业管理区域的全体业主，会影响到整个物业管理区域内业主的利益。假设因为某一个业主拖欠物业费，就允许物业服务企业行使抗辩权，拒绝履行自己的物业服务义务的话，则对其他已经履行物业费交付义务的业主就构成了违约，损害其他业主的利益，这对其他业主是不公平的。而且，物业服务企业如果行使抗辩权，究竟是拒绝提供全部服务，还是中止其中部分服务，中止提供哪几项服务也都是无法确定的。

所以，当部分业主拖欠物业服务费时，物业服务企业是很难行使一般民事合同中的抗辩权来停止向所有或者部分业主提供服务，而必须继续履行物业服务合同，以保证全体业主的利益得以实现。

2. 业主的抗辩权

业主在物业服务合同中的主要义务是支付物业费，其行使抗辩权也主要是对抗拒绝向物业服务企业交付物业费。

生活中，业主的抗辩事由各种各样、名目繁多，往往包括物业服务企业服务质量瑕疵、开发商物业费减免承诺未兑现、物业服务转委托、财产被盗、诉讼时效已过，等等。但并非所有的抗辩事由都是合法正当的。要根据立法规定，以诚信原则为基础合理行使抗辩权。

【案例 4-4】

艾某经营的智能人网吧位于辽宁省政府公务员小区内。2003 年 7 月 1 日，该小区业主委员会与政兴物业公司签订《省政府公务员小区物业管理委托合同》，规定物业管理提供服务的受益人为本物业的全体业主和物业使用人。此后，政兴公司按约定进行物业服务，但艾某却未交纳物业管理费。2003 年 11 月 7 日，政兴物业公司诉至法院，要求艾某给付拖欠的2003 年下半年物业管理费 3611.6 元，并承担诉讼费。艾某以其与物业公司之间没有签订物业合同，物业公司给其经营的商业网点提供的服务不多为由，拒绝交纳物业费。①

点评：实践中，业主拒交物业服务费的理由有很多，主要有两个方面的原因，一是业主认为物业服务企业的服务质量不好，没有达到物业服务合同的要求；二是业主认为自己并没有与物业公司签订物业服务合同，自己不需要物业服务，或是自己长期不居住，不应支付物业服务费等。本案中，业主委员会是业主大会的执行机构，具有代表业主与物业管理企业签订物业服务合同的职责。艾某作为业主之一，该物业服务合同对其具有约束力，其负有交纳物业管理费的义务。其实，业主动不动就拒交物业费是不明智的，根据我国《物业管理条例》、《物业服务纠纷司法解释》的有关规定，只要物业服务公司提供了相应的物业服务，业主就应当按时足额支付物业服务费，除非业主有足够的证据证明物业服务公司没有履行物业服务合同中约定的义务、职责或者履行物业管理职责、义务有瑕疵，业主才可以行使抗辩权。

三、物业服务费

物业服务费，是指物业服务企业按照物业服务合同的约定，对房屋及配套的共用设施设备和相关场地进行维修、养护、运营、管理，维护相关区域内的环境卫生和秩序，向业主所收取的费用。

关于物业服务费，有必要从以下方面进行了解：

（一）物业服务费的定价方式

所谓物业服务费的定价方式，是指物业服务费由哪些主体、通过什么样的程序确定价格。具体而言，我国有政府定价、政府指导价和市场调节价三种方式。

1. 政府定价

政府定价是指由政府价格主管部门会同房地产行政主管部门决定物业服务企业可以向业主收取的各项费用的价格形式。这种物业服务费定价方式最早体现在《城市新建住宅小区管理办法》、《城市住宅小区物业管理服务收费暂行办法》中。《物业服务收费管理办法》(2003) 第 6 条规定："物业服务收费应当区分不同物业的性质和特点分别实行政府指导价和市场调节价。" 自此，政府定价方式被废止。

---

① 案例改编自《未签订物业管理合同可拒交物管费吗》，载房地产 E 网：http：//www.fdcew.com/hypx/eal/10876.html，2014 年5月8日。

2. 政府指导价

政府指导价是指依照《中华人民共和国价格法》的规定，由政府价格主管部门会同房地产行政主管部门，按照定价权限和物业管理服务等级标准制定基准价及其浮动幅度，指导经营者制定的价格。具体的收费标准由业主与物业服务企业根据政府规定的基准价和浮动幅度在物业服务合同中约定。制定针对物业服务的政府指导价应当遵循公平、公开和效率的原则。同时应当考虑到物业服务的社会平均成本和市场的供求状况、国民经济与社会发展要求以及社会承受能力。事实上，这是一种中准价，针对的是一般商品房物业服务而确定的价格形式，有利于防止某些物业公司乱收费。同时，政府指导价必须遵循相应的程序：相关主体的定价申请；初步审议；价格听证；集体审议；申请批准；公布；定期检测与跟踪调查。

3. 市场调节价

市场调节价，是指由业主与物业服务企业在物业服务合同中约定的价格形式。这是一种市场的价格，一般会受物业服务的内容、物业服务标准、物业服务供求状况、市场竞争状况等因素的影响。物业服务项目越多、成本越高、物业服务费越高；服务标准高收费就高，服务标准低则收费低；物业服务需求大于供求则物业服务费高，反之价格下跌。市场竞争良好则有助于形成合理的物业服务费价格，反之会损害市场主体利益，形成不合理的价格，影响市场活力。

《物业服务收费管理办法》中规定物业服务收费的具体定价形式由省、自治区、直辖市人民政府价格主管部门会同房地产行政主管部门确定。在各个地方也大多同时采取了政府指导价和市场调节价的定价形式。深圳、武汉区分不同住宅类型实行不同收费定价，住宅物业实行政府指导价，由价格部门会同房地产行政主管部门定期制定公布基准价及浮动幅度；非住宅物业实行市场调节价，由业主与物业服务企业在合同中约定。北京未强制区分物业类型，但也同时允许实行市场调节价和政府指导价。上海的住宅物业服务实行分等收费，也是实行政府指导价，物业服务等级标准由房地产行政主管部门制定，收费标准由价格主管部门负责制定，并向社会公布。广州对于实行包干制、酬金制的普通住宅物业服务收费实行政府指导价；实行组合制的普通住宅物业和高档住宅、别墅物业和非住宅物业的服务收费实行市场调节价。

此外，物业服务企业对同一物业管理区域内同一时间交付且同一使用性质和同一类型的物业服务收费，应按统一标准收取，不得以任何形式采取价格歧视。因此，在同一小区内的住宅，只要是同一时间交付且是同一类型的，收费标准应当是一样的。

4. 超标收费的性质及业主应对

物业服务企业的物业服务费要申请价格许可，报当地物价部门审核许可。符合条件的会颁发价格许可证。超过政府指导价的物业服务收费并不会导致物业服务合同效力内容无效。根据《价格法》的规定，如果经营者超出规定的基准价及其浮动幅度制定政府指导价，不严格执行政府定价，就属于价格违法行为。政府价格主管部门对经营者的这类价格违法行为，应责令改正，没收违法所得，可以并处违法所得五倍以下的罚款；没有违法所得的，可以处以罚款；情节严重的，责令停业整顿。但是，政府指导价仅有行政强制效力，无民事合同效力约束，违反政府指导价范围限制的物业服务收费并不会丧失民事合同效力约束。所以，作为业主这一方，对于超出物业服务费政府指导价的收费，可以向价格主管部门提出物业服务收费价格许可的异议，请求价格主管部门对物业服务收费进行审核撤销；但不能以超过政府指导价为由主张服务费无效。

（二）物业服务费的计费形式

《物业服务收费管理办法》第 9 条规定，业主与物业服务企业可以采取包干制或者酬金制等形式约定物业服务费用。包干制和酬金制是两种不同的物业服务收费计费方式，不针对物业类型，具体采用哪种方式由物业服务合同当事人进行约定。

1. 包干制

包干制是指由业主向物业服务企业支付固定物业服务费用，盈余或者亏损均由物业服务企业享有或者承担的物业服务计费方式。在包干制中，业主支付的物业服务费都属于物业服务企业享有，由物业服务企业自行进行支配利用。

包干制的优点在于执行简单，有利于小型物业服务企业开展工作；避免了业委会专业水平有限而不善于对物业服务企业进行监督和审计工作；所节省的开支作为物业服务企业的利润，一定程度可以激励物业服务企业进行服务创新。但是，物业费交给物业服务企业后，就属于物业服务企业所有和支配，盈余或亏损都由企业自行承担，虽然物业不得以亏损为由要求增加费用、降低服务标准或减少服务项目，但同时也会导致物业服务费用不透明，业主难以对物业服务企业进行监督。同时，也容易导致物业服务企业认为少干活反而成本低，还能多赚钱的错误认识，往往为了降低管理成本而对工作草率了事；难以让物业服务企业提高物业服务质量，甚至可能致其怠于履行物业服务义务，激化业主和物业服务企业之间的矛盾。

2. 酬金制

酬金制是指在预收的物业服务资金中，按约定比例或者约定数额提取酬金支付给物业服务企业，其余全部用于物业服务合同约定的支出，结余或者不足均由业主享有或者承担的物业服务计费方式。

根据《物业服务收费管理办法》规定，实行物业服务费用酬金制的，预收的物业服务支出属于代管性质，为所交纳的业主所有，物业服务企业不得将其用于物业服务合同约定以外的支出。所以，物业服务企业在根据约定比例提取酬金作为企业利润外，剩下的物业费虽然可能掌握在物业服务企业手中，但实际属于全体业主所有，物业服务企业只能按照业主大会决议使用物业服务费用。

酬金制较之包干制有一定优势。首先，物业服务费用属于业主所有，便于业主进行物业管理自治，充分实现自身的意愿和利益，对物业服务费用进行合理充分利用。其次，物业服务企业预收的物业服务支出属于代管性质，所以物业服务企业应当向业主大会或全体业主公布物业服务资金年度预决算，并每年不少于一次公布物业服务资金的收支情况。业主或者业主大会对公布的物业服务资金年度预决算和物业服务资金的收支情况提出质询时，物业服务企业应当及时答复。业主大会还可以按照物业服务合同的约定，聘请专业机构对物业服务资金年度预决算和物业服务资金的收支情况进行审计。这样，一定程度实现了物业服务费利用的公开化、透明化，有利于业主、业主委员会加强对物业服务企业的监督，以维护业主的利益。再者，物业服务企业得到固定的利润收入，经营风险减小，有利于确保物业服务企业的服务质量保证。

但酬金制也有自身的弊端。酬金制对业主的要求更高，一定要对物业服务有相应专业能力，能预设和制定物业服务计划和安排，能明确物业服务质量标准等，这对目前的业主难度是较大的；而且业主常常在对物业服务企业监督过程中，容易过度干涉，导致物业服务企业不能合理正常开展工作；而且，业主委员会这一业主大会的执行机构的法律地位和诉讼地位的立法不明也会带来一定困难。

综上，物业服务费究竟是包干制还是酬金制，是由物业服务合同的双方当事人自由约定的。酬金制乃是当前国际通行做法，我国的物业管理正在朝着市场化、国际化发展，酬金制必将成为未来我国物业服务合同计费方式的发展趋势。而在当下，无论是《物业服务收费管理办法》还是各个地方的物业服务收费办法，都同时肯定了包干制和酬金制。因此，在一定时期内，包干制和酬金制还是会成为物业服务的两大计费方式，继续并存。

（三）物业服务费的计费单位

业主缴纳物业服务费是按照业主拥有的物业的建筑面积计算，按月缴纳；业主或物业使用人与物业服务企业另有约定的，从其约定。

此处的物业面积应为房屋的建筑面积，其中包括套内建筑面积和公摊面积。对于已经办理房屋所有权证的房屋，物业服务费将参照房屋所有权证上登记的建筑面积收取。至于未办理房屋所有权证，或者暂未取得房屋所有权证的房屋，将以经过审核的房屋测绘成果报告中确定的建筑面积收取；如果房屋测绘成果报告未经审核或审核不通过，将以商品房买卖合同中标明的建筑面积收取。

【案例 4-5】

城区某新开发的楼盘，开发商打出买新房赠超大阳台的广告，约 90 平方米可获赠近 20 平方米的阳台。某单位的王小姐表示，因为这个超大阳台，她非常倾向于购买此套房屋。但同时她又比较担心，这接近 20 平方米的阳台是否会收取物业管理费？

点评：目前许多开发商在销售住宅时，为了吸引消费者，常常在阳台、露台等赠送面积上做文章，以此增加业主的使用面积，间接降低认购成本。开发商随房附赠的阳台、露台等不算建筑面积或只算一半建筑面积的区域，只要属于房屋产权证上登记的部分、或实测确定的范围、或者购房合同中载明的建筑物面积范围，都应该按要求交纳物业服务费。建议此赠送部分要在房屋买卖合同和物业服务合同中注明。

（四）物业服务费的构成

1. 物业服务费的常规构成

《物业服务收费管理办法》中规定，物业服务费计费方式不同，费用的构成不同。

实行包干制的，物业服务费用的构成包括物业服务成本、法定税费和物业服务企业的利润。实行物业服务费用酬金制的，预收的物业服务资金包括物业服务支出和物业服务企业的酬金。物业服务支出与包干制中的物业服务成本的范围相当。

物业服务成本或者物业服务支出构成一般包括以下部分：物业服务人员的工资、社会保险和按规定提取的福利费等；物业共用部位、共用设施设备的日常运行、维护费用；物业管理区域清洁卫生费用；物业管理区域绿化养护费用；物业管理区域秩序维护费用；办公费用；物业服务企业固定资产折旧；物业共用部位、共用设施设备及公众责任保险费用；经业主同意的其他费用。

物业共用部位、共用设施设备的大修、中修和更新、改造费用，应当通过专项维修资金予以列支，不得计入物业服务支出或者物业服务成本。并且，《物业管理条例》第44条还允许物业服务企业对业主提供物业服务合同约定以外的服务项目，服务报酬由双方另行约定。

物业服务企业的收费项目是要经过审核许可备案的，在许可范围内的，即便物业服务合同没有约定，也是合法的。但如果不在许可备案项目内，比如加收“楼道维修费”“楼道灯具费”“施工保证金”等，那还要看是否在合同里有约定；如果没有特别约定这些收费项目，就属于超项目乱收费。业主可以拒绝缴纳物业费，并可向当地物价部门和物业管理相关部门进行举报，由价格主管部门对违法行为进行处罚。

2. 物业服务费与水电费

物业服务费和业主住户水电费。《物业管理条例》第45条规定：“物业管理区域内，供水、供电、供气、供热、通信、有线电视等单位应当向最终用户收取有关费用。物业服务企业接受委托代收前款费用的，不得向业主收取手续费等额外费用。”所以，物业服务企业是不能擅自向业主收取供水、电、热、气等费用；即便是受供水公司、供电公司等收费主体的委托代收上述费用，也不得向业主收取手续费。当然可以根据与代收单位的委托收取报酬。但此条限制的是物业服务企业代收费单位向业主收费的情形，不排除根据《物业管理条例》第44条的规定，接受业主的委托代为缴费的，可以根据与业主的约定收取相应服务报酬。

【案例4-6】

郑州市某阳光小区多名业主向媒体反映，自入住小区以来，每个月需向物业交纳7元的公摊水费。居民们很是疑惑，“小区的物业费中已经包含了公摊水费，为何我们小区要单独收取这笔钱?”住在3号楼的张女士说附近其他小区都没交过公摊水费！张女士的水费收据单显示了月度用水总费用，但交纳的7元公摊费用并未单独标出。张女士找了物业，“物业解释二楼以上的住户用水需二次加压，水泵运转需要耗费电量，也就是说，这7块钱算是公摊水费。”“每月收7元的公摊水费也是（出于）无奈，这个小区物业费每平方米才七毛三，不够公共设施维护成本，现在郑州市高层物业费每平方米都在1.15元以上。多收这7元钱公摊水费，也远不够我们物业的维护费。”一物业工作人员解释。究竟物业公司可不可以向业主收取这笔公摊水费呢?①

点评：这里涉及物业服务费是否包含公摊水电费的问题。

公摊水电费是指物业小区内公共区域部分的设施设备运行耗费的水电费用。比如物业

① 案例改编自高鹏、张丽：《交完物业费 还要交公摊水费?》，载《河南商报》2015年3月21日。

小区大楼内的走廊、楼梯、电梯、路灯等的电费，公共消防系统用水、公共卫生间、景观水池、绿化养护用水等消耗的水费。按照物业服务费用的构成来看，是包含了物业共用部位、共用设施设备的日常运行、维护费用的。所以，一般物业服务费是不包括公摊水电费的。但是全国并无统一规定，各地有异。比如，北京市规定执行物业服务收费政府指导价的住宅区，电梯、水泵运行维护费可依据其实际支出，按建筑面积或户合理分摊。① 福建对公共使用的水电费用由业主按实分摊，具体分摊办法由物业服务企业与开发建设单位、业主或者业主委员会在物业服务合同中约定。② 所以，除非物业服务公司与业主在物业服务合同中另有约定，物业公司不得在物业服务费外再另外收取水电公摊费用。如果物业公司依约定收取公摊水电费，也应该采取一定方式在小区内定期公布公共水电费用的计算方法、收支明细及分摊详细情况，接受业主们的监督。业主如有异议的，可以到物价部门进行投诉举报。

3. 物业服务费和装修押金、装修管理服务费

【案例 4-7】

2010 年，李女士在南苑花城小区买了一套毛坯房，2011 年 1 月份开始装修。物业在得知李女士家装修之后，就来收取了 1000 块钱的押金，说三个月之后来验收装修的房子，如果房子验收合格，会把 1000 块钱的装修押金退给李女士。可是，李女士家装修完已经半年了，经过验收并没有违反相关规定。但是物业却表示不能全额返还装修押金，需要在装修押金里扣除装修工人出入证费、装修许可证费和装修管理服务费 700 多元钱。李女士表示，目前要扣除的这些费用，有些项目并未提前告知，而是在该退还装修押金时才告诉她的。装修完了都还没见过装修许可证。李女士表示，“自己家装修为什么要给物业交这么多费用？再说平时垃圾费、物业费、电梯费我都交了，本身买房子家里经济就挺紧张的，又要被扣这些莫名其妙的费用，真是不理解”。③

点评：任何一个业主入住前都需要对房子（毛坯）进行装修，几乎所有的物业公司都要收取一定费用。这就涉及了物业服务费和装修押金、装修管理服务费的关系处理问题。

这些费用总体分为两种类型，一是可以退还的，主要是装修押金；二是不退还的，往往被称为装修服务费。上述两种费用往往都没有一个数额标准，不同的小区、不同的物业公司标准差别不小，就是同一个小区、同样的物业管理机构，情况也有很大不同。

（1）装修押金。装修押金是为了对业主变动建筑物主体和承重结构、拆除连接阳台的砖、混凝土墙体、损坏房屋原有节能设施、降低节能效果，未经燃气管理单位批准拆改

① 参见《北京市物业服务收费管理办法》第 13 条。

② 参见《福建省物业服务收费管理办法》第 13 条。

③ 案例改编自李森：《物业收取装修管理费该不该 装修押金被扣为哪般》，载德州新闻网：http：//www. dezhoudaily. com/news/dezhou/folder135/2011/09/2011-09-16281596. html，2014 年 10 月 13 日。

燃气管道和设施，以及其他影响建筑结构和使用安全等行为进行限制。如果业主有上述行为，给其他人造成生命、健康、财产方面的损失，则从装修押金中支付。装修押金虽然有其合理性，但却是没有法律依据的。《物业服务收费管理办法》中对物业服务费的项目构成中不包括装修押金，而且物业公司也并不具备向施工方罚款的主体资格。物业公司应告知业主装修中的禁止行为和注意事项，但无权收取装修押金。但值得注意的是，不排除在物业服务合同中另行约定特别委托事项中包括装修押金，经过双方同意的装修押金事项是具有合同效力的。

收取装修押金是行规，现实中如果业主觉得金额过高，也可以不交装修押金，但物业公司会要求与其签下承诺保证书，要求业主保证装修过程中不违反规定，今后装修出现问题，物业概不负责。

所以，案例中李女士的装修押金 1000 元是应该全额退还的。

（2）装修管理服务费。从本质上讲，装修管理服务费和一般的物业服务费是有很大区别的。

首先，服务范围不同。物业服务费是针对公共性物业服务收取的费用，不涉及业主的专有部分。业主室内装修完全是业主对自己专有部分行使专有权的一种行为，装修管理服务费是对业主的专有部分进行管理服务收取的费用。

其次，服务对象不同。物业服务的对象是物业小区全体业主组成的群体，装修管理的服务对象是正在进行装修的某个业主或装修企业。

再次，合同主体不同。物业服务费是由业主委员会和物业公司签订的物业合同中约定的；装修管理服务费是物业公司和装修业主或装修企业直接单独约定的。

最后，存续时间上不同。物业服务费具有长期性、稳定性、持续性；而装修服务费具有短期性、时段性和不稳定性。随着业主室内装修的完工，装修服务合同也就此结束。如果出售的是精装修房屋，也不会存在这一费用。

所以，不能将装修管理服务等同于物业服务项目，装修管理服务费也不属于物业服务费。《物业服务收费管理办法》中规定的物业费构成中也没有明确列举装修管理服务费。2007 年 7 月，国家发改委、建设部颁发的《物业服务定价成本监审办法》，也没有将业主室内装修列入物业服务费构成的成本。装修服务管理收费和物业服务收费是重复收费。案例中，物业公司不得从 1000 元中扣除装修管理服务费。

但是，不排除物业服务企业根据《物业管理条例》第 44 条，根据业主的委托提供物业服务合同约定以外的服务项目，服务报酬由双方约定。此时物业服务企业提供的是特约服务，收取的装修管理服务费属于物业服务企业的报酬，这一收费具有约定性，不同于物业服务费的法定性。

（五）物业服务费的等级

物业服务收费等级是地方政府有关部门根据不同的物业服务内容与标准所作的分类，并以此作为适用不同等级的政府指导价的依据。物业服务等级高，意味着物业服务企业提供的服务多，收费的标准因此亦提高。

物业服务收费等级和物业服务企业的资质等级没有绝对对应关系。物业服务企业的资质高，意味着其从业人员、管理面积、其承接的物业管理项目的层次比低资质的物业服务企业要高。但资质低的物业服务企业也能提供质量等级高的物业管理服务。有些业主对资质为三级的物业服务企业按政府指导价的一级标准收费（或超过政府指导价最高限度收费）的行为提出质疑并诉至法院，认为三级资质的物业管理企业就应该按照政府指导价的三级标准收费，是错误的。

（六）物业服务费的支付

1. 缴费主体

根据《物业管理条例》第42条规定，物业服务费的缴费主体包括业主、物业使用人和建设单位。这是因为房屋出售并交付给业主后，业主就成为物业服务的对象，且业主也是物业服务合同的委托方，作为物业服务合同的当事人，业主应当根据物业服务合同的约定交纳物业服务费用。

但往往业主购买房屋不是自己居住，而是通过出租、借用等方式交由物业使用人占有和使用。此时，作为实际物业服务享受者的物业使用人可以依据与业主的约定向物业服务企业缴纳物业服务费。业主与使用人之间的约定实质上属于债务的转移。但此时，业主仍为物业服务合同的主体，只不过现在的合同属于第三人履行的合同（物业使用人履行），业主仍旧对物业服务费承担连带缴纳责任。当业主或物业使用人欠缴物业费时，物业服务企业有权请求业主承担连带责任。

此外，在前期物业服务中，已竣工但尚未出售或者尚未交给物业买受人的物业，物业服务费用由建设单位交纳。

2. 缴费时间

（1）缴费起始时间。物业服务费在约期物业服务合同生效后即应履行，其缴费期限与物业服务合同效力起止时间一致。

但问题是现有立法未对前期物业的开始时间作明确规定，因而对前期物业费的缴费起止时间存在模糊，只能借助地方规定予以补充。如《上海住宅物业管理规定》第45条规定的是“前期物业服务合同生效之日至出售房屋交付之日的当月发生的物业服务费用，由建设单位承担。出售房屋交付之日的次月至前期物业服务合同终止之日的当月发生的物业服务费用，由物业买受人按照房屋销售合同约定的前期物业服务收费标准承担；房屋销售合同未约定的，由建设单位承担”。《武汉市物业管理条例》第12条要求的是“房屋交付使用前（含当月）所发生的物业服务费用，由开发建设单位承担。房屋交付使用后所发生的物业服务费用，由业主承担”。可见，物业服务费一般按月计算，建设单位承担前期物业服务费一般自前期物业服务合同生效之日的当月开始，截至将物业交付给物业买受人的当月。所以，业主缴付物业服务费也应自房屋交付之日开始。

（2）“交付”的判断标准。究竟何为“交付”，何时“交付”？《中华人民共和国城市房地产管理法》（2007年修正）第27条、《建筑法》第61条、《城市房地产开发经营管理条例》（1998年）第17条、《建设工程质量管理条例》（2000年）第16条、《商品房销售管理办法》第40条都规定了，房地产开发项目要经竣工验收合格才能交付给业主使用。一般，建设单位在竣工验收完成后需向相应备案机构办理竣工验收备案和消防验收。此时，建设单位只要具备竣工验收备案书（竣工验收合格表）、消防验收合格材料、房屋使用说明书和房屋质量保证书，就可以和业主办理房地产交付手续。

实践中，房屋交付手续通常如下：建设单位向业主发出房屋竣工交付通知书，业主持通知书、身份证明或购房合同（购房收据）到建设单位或物业服务企业项目处进行登记，在进行房屋验收合格后在房屋验收交验表上签字、领取房屋钥匙、交付相关费用。即便有建设单位（或物业服务公司）单方的“交房”通知，也不能足以证明完成房屋交付，也不能要求业主缴纳物业费。所以，必须在办理完上述手续后，房屋即为交付。在房屋交付给业主后，业主即应承担物业服务费的缴纳义务。

上述交付的满足条件都是与房屋质量、整体安全密切关联的要素。而业主在房屋验收时发现厕所漏水、墙体不平、管道堵塞等非普遍性、非严重性问题时，业主是否有权拒绝收楼，就得看房屋买卖合同中交房的额外标准约定。同时，《合同法》第 148 条规定，因标的物质量不符合质量要求，致使不能实现合同目的的，买受人可以拒绝接受标的物或者解除合同。结合房屋买卖，就是达到了影响房屋的使用居住安全的时候，才构成“致使不能实现合同目的”。往往，是否构成“不能实现合同目的”得依据法官在案件审判时的自由裁量。所以，一般性的房屋质量问题，业主不能向开发商主张房屋交付的违约责任。可以申请房屋质量整改，协商整改后再收房。

（3）“交付”与“入住”的关系。交付与入住是存在着本质的区别的。有可能在房屋还不符合竣工验收条件，或者建设单位还未通知交房，购房者就都已经擅自进入房屋装修或居住，此也为“入住”。此时还未完成房屋交付使用，物业服务费用应由建设单位承担。所以，决定业主何时开始缴纳物业服务费的标准不是“入住”，而是完成“房屋交付”手续，即日常生活中所说的“收房”。

（4）业主故意延迟收房的物业费支付。

【案例 4-8】

刘先生前年在滨江某楼盘买了房子，2007 年 7 月初刘先生收到了收房通知书，通知业主们 15 天内到现场收房。刘先生因为要出一趟长达 2 个多月的长差，因此一直没去收房。期间物业公司打来电话催了好几次，刘先生答复回杭州后就去办。但是出差回来后，一方面杂七杂八的事情很多，一方面刘先生觉得近一年内不太会住到滨江去，如果去收房就要交各种费用，因此把收房的事放在一边，打算慢慢来。等到 12 月份的时候，刘先生才去办理收房事宜，却被告知要缴纳从 7 月份开始的物业费。刘先生认为自己现在才收房，又没有使用公用设施，不愿意交收房前 5 个月的物业费。①

点评：在收到交房的通知后，业主应当去办理收房手续。一般，只有开发建设单位在交付房产时未提供《住宅质量保证书》《住宅使用说明书》，或者未通过工程质量、消防、电梯、规划等验收备案的，才属于房屋不符合交付标准，业主才有权利拒绝收房。否则，案例中刘先生这种情况，因为业主的原因导致交房迟延的，在延期内的房屋风险和物业费都应该由刘先生负担。

① 案例改编自徐叔竞：《业主迟迟不收房 不收房期间物管费要不要付?》，载《钱江晚报》2007 年 9 月 13 日。

现在很多业主购买房屋是为了投资，通常都不着急自住也不会去马上转手卖掉，再加上工作繁忙、离楼盘距离较远等因素，所以常常是“等有空了再收房”，时间一拖再拖。也有些个别业主在验房时对房屋质量不满意，向建设单位提出整改，整改导致延迟验收房屋。在这些情况下，如果房子主体质量没有什么问题，符合国家的交付标准，那么应当视为已达到交付要求，不收房的责任在业主；否则应该由开发商承担。对于现实中常常发生的业主以验房不满意、不合格为由拒绝或拖延收房的情况，在某些地方如武汉，就直接规定业主收到书面交付通知后一个月内无正当理由不办理相应手续的，视为交付①。

（七）物业服务费的收取

1. 收费主体

《物业服务收费管理办法》第 2 条规定：“本办法所称物业服务收费，是指物业管理企业按照物业服务合同的约定，对房屋及配套的设施设备和相关场地进行维修、养护、管理，维护相关区域内的环境卫生和秩序，向业主所收取的费用。”第 15 条更加明确地规定：“业主应当按照物业服务合同的约定按时足额交纳物业服务费用或者物业服务资金。业主违反物业服务合同约定逾期不交纳服务费用或者物业服务资金的，业主委员会应当督促其限期交纳；逾期仍不交纳的，物业服务企业可以依法追缴。”《物业管理条例》第 67 条也做了同样的规定，即“违反物业服务合同规定，业主逾期不交纳服务费用的，业主委员会应当督促其限期交纳；逾期仍不交纳的，物业服务企业可以向人民法院起诉”。

由此看来，物业服务费的收取主体是物业服务企业。即便是《收费办法》第 12 条规定采取酬金制的物业服务费，也交由物业服务企业收取进行代管。

但值得思考的是，业主委员会可否直接收取物业服务费？这要分情况来看。

如果物业管理区域内的全体业主不聘请物业服务企业，而是自行自主管理，则作为全体业主的执行机构的业主委员会有权向业主收取物业服务费用，用于业主自治管理过程中的各项开支。当然，此时业主委员会的收费就不属于《物业管理收费办法》和《物业管理条例》中界定的物业服务费。

如果业主通过业主委员会选聘物业服务企业，签订物业服务合同。根据现有立法规定，业委会只有对欠费的业主督促限期缴纳的权利，没有直接收取物业费的权限。但笔者以为，应允许物业服务合同双方当事人在合同中进行约定，是否由业主委员会代物业服务企业收取物业服务费。此时，业委会和物业服务企业之间存在委托关系。因为，现实中物业纠纷中最多的就是物业费纠纷，物业费纠纷中最多的即为物业费的欠缴。由业主委员会出面收取物业服务费，一定程度上有利于缓解物业服务企业和业主之间的关系，有助于物业纠纷的减少。

此外，对于酬金制下的物业服务费扣除物业服务企业的酬金后剩余的物业服务支出，

① 《武汉市物业管理条例》第 12 条规定：“房屋通过竣工验收达到交付条件，业主收到书面交付通知并办理完相应手续的，即为交付；业主收到书面交付通知后一个月内无正当理由不办理相应手续的，视为交付。”

在性质上既然属于全体业主所有，物业服务企业也只是代管。那作为全体业主的执行机构的业主委员会去向全体业主收取并进行管理也是合法合理的。

2. 收费方式

《物业管理条例》第42条只规定了业主应当根据物业服务合同的约定交纳物业服务费用，没有具体要求支付方式。因而具体的物业服务费收费方式取决于业主（建设单位）与物业服务企业在合同中的约定。究竟是按月、季或年交费，是预交还是服务提供完后交费，都由合同当事人双方约定。如果没有约定或约定不明，按《合同法》第61、62条的规定事后协议补充；不能协议补充的按合同相关条款或交易习惯确定；或按照有利于实现合同目的的方式进行履行。

但也要注意各个地方对于预收的限制规定。广州规定除非与业主约定，物业费不得预收。也有许多地方允许物业服务费预收，但都有预收期限限制。如，北京不超过1年，山东不超过半年，上海、江西不超过3个月。

3. 空置房的物业费

空置房一般有三种：开发商未售出的房屋；业主未办理收房手续的房屋；业主办理收房手续但未装修入住的房屋。

第一种，开发商建成未售出的空置房屋属于开发商所有，开发商作为业主应承担交付前的物业服务费。如《天津市物业管理条例》第65条规定，物业管理区域内未售出空置房屋的物业服务费，由开发建设单位交纳。

第二种，业主收到交房通知后未及时办理收房手续的空置房，只要房屋符合交付使用条件，业主未收房也应视为交付，也由业主承担物业服务费。如《武汉市物业管理条例》第12条第2款："房屋通过竣工验收达到交付条件，业主收到书面交付通知并办理完相应手续的，即为交付；业主收到书面交付通知后一个月内无正当理由不办理相应手续的，视为交付。"

第三种，业主办理收房手续后未及时入住的空置房。《物权法》第72条规定，"业主对建筑物专有部分以外的共有部分，享有权利，承担义务；不得以放弃权利不履行义务"。《物业服务纠纷若干问题的解释》第6条规定"物业服务企业已经按照合同约定以及相关规定提供服务，业主仅以未享受或者无需接受相关物业服务为抗辩理由的，人民法院不予支持"。据此，因为物业服务具有公共性，不会因为入住率的高低影响物业服务的项目和质量。业主即便没有入住，也实际已经享受了物业服务，尤其是共有部分如电梯、清洁卫生、环境保护、小区秩序安保等服务，就应该支付物业服务费。

【案例4-9】

2010年某小区建成。但由于该小区较为偏僻，交通也不方便，很多业主购房后都没有选择马上入住，而是希望等到该地区配套设施完善后再搬进来。于是小区就有了相当一部分房屋被空置。虽然小区的入住率不高，但小区内的物业公司还是比较尽职尽责的，服务工作也得到了业主的认可。然而每到收取物业费的时候，却收不到那些空置房屋的物业费，令物业公司很苦恼。业主李先生在一年后搬入小区，物业公司要求其将购房后至今的物业费补齐，但遭到了李先生的强烈反对。李先生认为，自己收房后房子空置无人住，并没有享受到物业公司的任何服务，只有入住后才应该交物业费。此观点也得到了其他业主的赞同。而物业公司则坚持认为，只要物业公司在小区服务了，就应该向所有购房的业主收取物业费，而不论是否交房或是否入住。双方僵持不下。①

点评：案例中的李先生在房屋交付后，是要交纳物业费的。在空置的一年内按照70%的比例承担物业费。超过一年的时间则无论是否空置，都要全额交纳物业费。

但在空置房的支付额度上，各地有别。如《武汉市物业管理条例》第12条规定，房屋交付后一年内无人入住的，空置期间由业主按70%的比例承担物业服务费用。《江苏省物业服务收费管理办法》第16条规定：因业主原因未及时办理入住手续、业主办理入住手续后未入住或未使用的物业，期间的物业服务费应不低于合同约定标准的70%。具体可由当地价格部门会同物业管理行政主管部门确定。

（八）物业服务费的变更

物业服务费属于物业服务合同约定的内容，但同时在政府指导价范畴内的项目又受政府指导价的限制，所以，物业服务费的变更可分为两种情况。

一种是对于实行政府指导价的物业服务费，在指导价的限价范围内进行变更，取决于合同双方当事人意思表示一致。此时，要通过组织召开业主大会进行讨论，经过专有部分面积占半数以上以及人数占半数以上的业主表决通过决议，就变更后的物业服务费由业主委员会与物业服务企业重新签订物业服务合同或变更物业服务费条款，再报房地产相关主管部门备案和物价局备案。

另一种是，变更后的物业服务费超过政府指导价的范围，需要物业服务企业先向物价局申请价格调整许可，由物价局核定后出具物业服务费许可证明。再据价格许可证与业主、业主委员会进行协商调整。同样也需要经过业主大会讨论决定是否就变更后的物业服务费达成决议，若通过决议，物业服务费发生变更；若不能通过决议，则物业服务费无法变更，最终导致物业服务合同的解除终止。

而且，根据《物业服务纠纷司法解释》第5条，物业服务企业违反物业服务合同约定或者法律、法规、部门规章规定，擅自扩大收费范围、提高收费标准或者重复收费，业主以违规收费为由提出抗辩的，人民法院应予支持。此时，业主可以不交物业费也不存在违约责任。

【案例4-10】

某小区吴先生投诉说，与物业服务公司原签订合同约定物业服务费按1.2元/平方米计收。现物业公司称，接到上级主管部门通知，对物业服务费用进行调整，需按1.8元/平方米计收。吴先生对这一说法表示怀疑，政府部门对物业服务收费是否可以干预呢？物业服务公司这一说法有无依据？

点评：本案中，吴先生可以要求物业服务公司出示有关政府指导价调整的依据。

① 案例改编自曹艺：《房屋空置也要交物业费》，载《武汉晨报》2012年5月1日，第10版。

合同是当事人之间的法律，物业服务公司不能以政府指令作为擅自变更合同条款的依据，况且政府只会规定一个收费限度，不会强行规定收费标准。如果物业服务公司考虑人力成本等各方面的因素需要对收费进行调整，也只有在与业主协商一致的基础上，才能变更合同，按新的收费标准收取管理费。

（九）物业服务费的监管

我国目前是由物业服务企业收取物业服务费并管理服务费的，而物业服务企业的利益不可能始终与业主的利益保持一致，因而，要加强监督物业服务企业对物业费的利用。

根据《物业服务收费管理办法》第4条的规定，国务院价格主管部门会同国务院建设行政主管部门负责全国物业服务收费的监督管理工作。县级以上地方人民政府价格主管部门会同同级房地产行政主管部门负责本行政区域内物业服务收费的监督管理工作。比如确定物业服务费的定价形式、对物业服务企业的物业服务费申报予以审核许可、接受并处理业主的举报投诉、对物业服务企业违反法律法规的服务行为进行行政处罚等。

此外，《物业管理条例》第6、15条也规定了业主、业主大会和业主委员会对物业服务费的利用具有监督权利。如，物业服务企业应当按照政府价格主管部门的规定实行明码标价，在物业管理区域内的显著位置，将服务内容、服务标准以及收费项目、收费标准等有关情况向业主、业主委员会公示。物业服务企业制定的物业服务资金年度预决算应当向业主大会或者全体业主公布，并每年不少于一次公布物业服务资金的收支情况。业主或者业主大会对公布的物业服务资金年度预决算和物业服务资金的收支情况提出质询时，物业服务企业应当及时答复。物业服务收费采取酬金制方式，物业服务企业或者业主大会可以按照物业服务合同约定聘请专业机构对物业服务资金年度预决算和物业服务资金的收支情况进行审计。

综上可见，我国目前对物业服务费实行的主要是事后监督，欠缺事前和事中监督。这也有待于今后业主团体内独立监督机构的成立、业主自身专业素质的提升等多方面的努力。

（十）物业服务费的拖欠

1. 拖欠的类型

（1）不交物业费。这是指物业服务合同中履行合同义务的期限到来时，应该履行交付物业费义务的业主没有正当理由拒绝缴纳物业服务费。此时，业主客观上是能够缴纳物业费的，即业主的对待给付是可能的，但主观上却不愿意缴纳。

如已将房屋出租给租户的业主以应由租户交物业费为由拒交物业费；业主以自己未签物业服务合同不是合同主体拒交物业费；以对业主委员会选聘的物业不满为由拒交物业费；以物业服务合同已到期为由拒交物业费；以对物业服务质量不满为由拒交物业费，等等。

（2）少交物业费。这是指业主虽然交了物业服务费，但不是按照合同约定的服务费的标准金额交纳，缴费数量不足。这违反了合同法中要求的全面履行原则。如有的低楼层业主以自己不用电梯，不爬楼梯，就不交电梯使用维护费和楼道清理费；有的业主以自己房屋空置不住从而不交或少交物业费；有的业主以物业服务质量不达标或存在瑕疵为由少交物业费。

（3）迟交物业费。这是指业主不按照合同约定的时间缴纳物业费，在合同履行期限届至时能缴纳而不缴纳。物业服务费的缴纳期限不仅直接关系到业主履行义务的完成时间，也是确定业主违约与否的重要因素，有可能导致产生滞纳金的后果。

2. 拖欠的性质

无论是拒交、少交还是迟交物业服务费，都是没有按照合同约定履行义务，都属于违反合同的约定而构成违约行为，应被追究违约责任，除非存在免责事由和正当的抗辩理由。

（1）业主的违约。根据《合同法》的规定，违约责任的免责事由包括不可抗力和约定的免责事由。所以，除非存在不可预见、不可避免、不可克服的客观情况（如地震、洪灾等）导致业主不能按时按标准支付物业费，也不存在其他约定的不交物业费的事由，业主拖欠物业费都构成违约。业主对应的要承担继续履行（即补交物业费）、对造成物业服务企业的损失进行赔偿（即支付迟延利息）或支付违约金（即缴纳滞纳金）的违约责任。

【案例 4-11】

郑州一家物业公司受宜阳县某小区开发商委托，对其开发的小区进行物业管理。2007 年 4 月 10 日，该物业公司依法在宜阳某小区设立宜阳物业，进行物业管理服务。2008 年 3 月 26 日，宜阳物业与小区业主乔某签订合约和《住户手册》，对双方的责任和义务进行了明确约定。此后，双方各自履行自己的权利和义务。2009 年 3 月，乔某没有拿到房屋产权证，加上所购房屋存在墙壁裂缝、起皮，屋顶、阳台漏水等问题，在多次向宜阳物业反映一直未果后，乔某开始拒交物业费。在多次催交无果后，宜阳物业将乔某诉至宜阳县人民法院。①

点评：本案中，房屋漏水、窗户透气、透风等都属于房屋质量问题，应属于开发商违反了房屋买卖合同中交付房屋质量瑕疵担保义务。此时，业主乔某只能按房屋买卖合同去追究开发商的违约责任，而不能以此为由拒交物业费。物业费的支付是业主在物业服务合同中的义务，与房屋买卖合同是两个各自独立的合同。宜阳物业可以追究乔某的物业费欠缴的违约责任。

【案例 4-12】

吴女士家住宜宾市南岸磷化厂的居民区。去年开始，有几户一楼住户自围护栏、搭建窝棚喂养鸡鸭，其中一户养的鸡鸭多达 50 余只，气味难闻，整个小区到处都是鸡鸭粪便，而且鸡鸭凌晨 4 点多就开始叫，严重影响了居民的生活。包括吴女士在内的很多业主对此都难以忍受，也抱怨物业的工作人员不管不问。今年，物业公司来收缴物业费时，吴女士因此拒交物业费，必须要物业公司把楼下住户的鸡鸭问题解决后

① 案例改编自申利超：《房屋质量有问题 业主拒交物业费》，载《洛阳晚报》2012 年 6 月 26 日。

才交物业费。①

点评：一楼住户圈养鸡鸭，属于对物业管理区域内管理规约的违反，业主吴女士只能通过业主大会、业主委员会要求一楼业主改正、停止相关行为，追究其违反管理规约的违约责任。除物业服务合同中另有约定或物业服务企业参与管理规约签订外，物业服务企业对管理规约的履行和实现并无相应的责任。业主不得以此为由拒绝物业服务合同中的物业费支付义务，否则属于违约。

除上述案例的情形外，若供水、供电、供气、供热、通信、有线电视等服务出现故障问题，业主也不得拒交物业费，否则属于违约。因其都是物业服务企业以外的特定主体提供的，属于物业服务合同外的供水供电等合同的义务没有正常履行，属于供水、供电、供气等服务提供主体的违约责任。上述单位也应当依法承担物业管理区域内相关管线和设施设备维修、养护的责任。物业服务企业至多是接受上述单位的委托代收前述服务的费用，不成为供水供电等合同的主体，也不存在物业服务合同的违约行为，此时业主不得拒绝支付物业费。

（2）业主的抗辩权。如果业主有合理的正当的履行抗辩事由，即便拖欠物业费也不构成违约，无需承担违约责任。

结合物业服务合同，我们可以发现在相关的特别法里，尤其是《物业服务纠纷司法解释》已经对业主的物业费支付的抗辩权有一些特别规定。现列举如下：

《物业服务纠纷司法解释》第2条规定，物业服务企业将物业服务区域内的全部物业服务业务一并委托他人而签订的委托合同，业主委员会或者业主请求确认合同或者合同相关条款无效的，法院应予支持。所以此时，业主以转委托合同无效为由主张物业服务企业存在履行过错和违约，其行使抗辩权是合理合法的。

《物业服务纠纷司法解释》第3条规定，物业服务企业不履行或者不完全履行物业服务合同约定的或者法律、法规规定以及相关行业规范确定的维修、养护、管理和维护义务时，业主可以追究物业服务企业的违约责任。所以，在物业服务企业有上述违约行为时，业主也可以主张履行抗辩权暂时停止自己物业服务费的支付义务。

《物业服务纠纷司法解释》第5条更是直接规定了业主的抗辩权，当物业服务企业违反物业服务合同约定或者法律、法规、部门规章规定，擅自扩大收费范围、提高收费标准或者重复收费，业主以违规收费为由提出抗辩的，人民法院应予支持。

此外，《物业服务纠纷司法解释》的第6、7条里也规定了业主不得以行使抗辩权为由拒绝履行支付物业费义务的情形。如果物业服务企业已经按照合同约定以及相关规定提供服务，业主仅以未享受（如房屋空置未住）或者无需接受相关物业服务（如低楼层不乘电梯）为抗辩理由的，人民法院不予支持。业主不得以已将房屋出租、出借给其他物业使用人为由拒绝物业服务企业的物业费支付请求。

因此，除了参考以上《物业服务纠纷司法解释》里规定的业主的抗辩权行使情形外，业主的抗辩权的行使都应以《合同法》为依据和基础，参考合同法的规定。但在现实中，

---

① 案例改编自曾江：《小区院内养鸡鸭　臭味噪声扰邻居》，载《华西都市报》2013年6月25日。

究竟在哪些情况下，业主拖欠物业费属于在正当行使履行抗辩权，而不构成违约行为，要结合不同具体情形来进行分析。

【案例 4-13】

2009 年初，已经在北京工作五年的方先生打算购房，当时楼市很冷清，开发商纷纷推出各种不同的促销手段，在经过多方比较后，方先生选择了一处九三折优惠，并赠送五年物业费的项目。方先生回忆说，该项目设定的物业费为 2.4 元/平方米/月，他买的房子是一套 87 平方米的两居，算下来，五年的物业费也有 12528 元，也是个不小的优惠。而且方先生还特别留意了，开发商在合同的补充条款中注明了赠送五年物业管理费这一项。2011 年，方先生购买的房子正式交付入住，而物业管理公司这时提出要收取物业管理费。方先生表示，这部分物业费是当初开发商承诺免除的，而物业公司则解释，他们没有收到过开发商提供的物业费，他们和开发商的合同中，也没有提出要免除业主五年的物业费。按照方先生与物业公司的合同，方先生理应向物业公司缴纳物业费。如果方先生一直拒绝缴纳物业费，他们将向法院提起诉讼。①

点评：现在很多房地产项目都以送阁楼、地下室，减免物业费等方式促销。案例中，方先生与开发商之间是房屋买卖合同，不涉及物业费的交付义务；与物业服务企业之间才是物业服务合同。物业费收取是物业服务企业的权利。开发商未经物业公司的授权，是不可能代替物业公司作出减免物业费的承诺的，这属于无权代理。有物业公司的授权，或者事后得到物业公司的追认，这种承诺才对业主是有效的。物业公司要求方先生交物业费是正当的。

所以，业主在与开发商签房屋买卖合同时，针对对方的承诺，应要求开发商出具书面的承诺书和物业公司的授权委托书；或者要求在购房合同中附加条款注明由开发商承担减免物业费。若有开发商的授权书和承诺书，就可以此对抗物业服务企业的物业费的请求。若没有物业公司的授权书，则必须自己向物业服务企业交付物业费，再凭房产合同或开发商的承诺书去向开发商追偿。案中的方先生可以自己与开发商的合同去追究开发商的违约责任。

3. 拖欠的后果——滞纳金/违约金

滞纳金原本指对不按纳税期限缴纳税款的纳税人，按滞纳天数加收滞纳税款一定比例的款项，它是税务机关对逾期缴纳税款的纳税人给予经济制裁的一种措施。滞纳金一般是在行政管理活动中的责任承担形式，通常只适用于有关政府行政管理的缴费事项，如缴纳税款、资格审查费、市场管理费、摊位费、养路费、社保费、污染排放罚款、交通罚款等。其具有法定性、强制性和惩罚性的特征。

但是我们往往也在一些经济活动和消费领域中见到“滞纳金”的使用，比如水、电、燃气等市政公用服务中的“水电费滞纳金”、“暖气费滞纳金”，“银行信用卡滞纳金”，

---

① 案例改编自门庭婷：《赠送物业费 多是“空头支票”》，载《北京青年报》2013 年 4 月 11 日，第 F6 版。

还比如物业服务费滞纳金。其实诸如物业服务合同、信用卡消费合同等在消费领域中发生的这些合同都是双方当事人在平等自愿基础上达成的服务协议，在性质上应属于民事合同。民事合同中的责任性质应是补偿性，允许自由约定。当合同中当事人没有按期履行支付费用的合同义务时，要求其在补缴之外另外支付的费用不应属于滞纳金责任，而应是违约金责任，以此弥补违约行为给守约方造成的损失。

在物业服务领域，长期以来存在着“物业费滞纳金”的使用，与长期以来“物业管理”的影响有关。但是，新的《物业管理条例》、《物业服务收费管理办法》和最近几年的相关司法解释中都没有提到“滞纳金”一词。除非地方立法中对物业费滞纳金有规定外，拖欠物业服务费是否加收滞纳金完全取决于业主和物业服务企业之间的约定。此时的滞纳金在性质上属于合同违约金，应该适用合同法关于违约金的规定。

根据《合同法》第114条、《最高人民法院关于适用〈中华人民共和国合同法〉若干问题的解释（二）》的相关规定，物业服务合同的双方当事人可以约定合同的违约金。约定的违约金低于造成的损失，合同双方可以请求法院或者仲裁机构予以增加，但增加后的违约金数额不得超过实际损失；约定的违约金过分高于造成的损失的（超过造成损失的30%），当事人可以请求人民法院或者仲裁机构予以适当减少。所以，如果业主拖欠物业费，业主不光要补交已欠的物业费，还要根据事先的约定支付违约金给物业服务企业。法院应以实际损失为基础，兼顾合同的履行情况、当事人的过错程度以及预期利益等综合因素，根据公平原则和诚实信用原则予以衡量，决定欠费业主支付的违约金数额。2012年7月1日开始施行的《最高人民法院关于审理买卖合同纠纷案件适用法律问题的解释》第24条第4款还规定，买卖合同没有约定逾期付款违约金或者该违约金的计算方法，出卖人以买受人违约为由主张赔偿逾期付款损失的，人民法院可以中国人民银行同期同类人民币贷款基准利率为基础，参照逾期罚息利率标准计算。这似乎也可能成为今后法院判断违约金支付数额高低的一个参考标准。

除了上述对欠费业主追究违约责任外，《业主大会和业主委员会指导规则》第20条还允许业主大会可以在管理规约和业主大会议事规则中对其共同管理权的行使予以限制。

四、物业服务合同的违约责任

业主没有按照约定履行支付物业费的义务，或者物业服务企业未履行提供物业服务的义务，如果没有正当的理由和抗辩事由，则都属于物业服务合同的违约，都应该追究各自的违约责任。

根据《合同法》第107、114条规定，物业服务合同的违约责任承担方式包括继续履行、采取补救措施、支付违约金或者赔偿损失等。

（一）继续履行

这是在业主或物业服务企业违约后，一方得请求违约方继续履行未履行的物业服务合同的合同义务，以实现物业服务合同的预期目标。如继续提供物业服务，继续缴纳物业服务费。继续履行合同是合同当事人不履行或不完全履行下的一种补救方法。因为合同的主要目的在于保护交易、促进交易，合同交易出现问题后，若能继续履行即让其继续履行，则有助于避免交易资源的浪费。

（二）补救措施

这是指合同当事人一方违约，另一方有权要求违约方采取补救措施予以补正。例如，物业服务企业没有按期对公用设施设备进行维修养护，属于违反合同约定，业主委员会、业主可以要求物业服务企业采取补救措施进行维修养护或修理更换。物业服务企业如在约定期限内予以补救的，则不再承担其他违约责任；否则，物业服务企业还应承担迟延履行造成的损失的赔偿责任。

（三）支付违约金

如上所述，业主拖延缴纳物业费，对应应承担物业费滞纳金的违约金责任。除此之外，在业主有其他违约行为时，物业服务企业也可追究其违约金责任。如业主委员会或业主大会在招标投标程序结束后，不及时与物业服务企业签订物业服务合同或者合同内容有违中标协议，物业服务企业也可根据约定追究业主的违约金责任。

同样，物业服务企业如果不履行或迟延履行提供物业服务，或者提供的物业服务达不到合同约定的标准或者对外承诺服务项目无法兑现，其也应该按照约定承担违约金责任。

物业服务合同的违约金属于补偿性违约金，实际支付的违约金额度不得超过实际造成的损失。

（四）赔偿损失

这是指物业服务合同一方违约给对方造成损失时依法应承担的赔偿对方损失的违约责任。赔偿损失是最常用的重要救济措施。它既可以与其他责任形式并用，也可以单独适用。违约方应赔偿因违约所造成的全部损失，包括合同履行后可以获得的可得利益损失，但不能超过违反合同一方订立合同时能够预见到的损失。违约方应赔偿因违约所造成的全部损失，包括合同履行后可以获得的可得利益损失，但不能超过违反合同一方订立合同时能够预见到的损失。

【案例 4-14】

2010 年，格林晴天业主王先生在该小区购买了一套房，装修后于 2012 年 1 月入住。“刚开始大家每月的物业费都交了，后来由于小区物业管理太差，很多业主不再主动交物业费，物业公司也不怎么催缴。”王先生说，自他入住该小区后，目睹了很多意外事故，比如业主财物经常被盗、小区卫生脏乱差、电梯经常坏等。此后，物业和业主的关系陷入恶性循环，互不信任。由于前任物业公司管理不善，致使小区居民未交物业费，小区更换了“新物业”。“新物业”入驻后，给小区居民下达最后通牒，如果业主不把之前拖欠的物业费缴清，就停水停电，这引发众居民强烈不满。小区高层住户使用的是预付费电表，也就是到物业处刷卡买水买电。正因为如此，物业对高层拖欠物业费的住户“设卡”，不缴清水电费，就不让刷卡续水续电，最终结果就是家中停水停电。①

点评：物业服务合同与供水供电合同是两个完全独立的合同，所涉及的合同主体

① 案例改编自汪清林：《业主欠物业费 物业断水断电?》，载《南昌晚报》2013 年 6 月 5 日，第 11 版。

是不相同的，供水供电合同的当事人是业主与供电局或者自来水公司，所以水电费的收缴工作应当由供电局或者自来水公司进行。物业服务企业可能根据委托代替供电局或者自来水公司进行水电费的收缴，但供水供电合同的主体仍然没有发生改变，物业服务企业只是被委托人，不享有供水供电合同主体所拥有的断水断电的权利。案中王先生所在的小区的新物业公司是没有权对业主断水断电的，否则构成侵权。

根据《合同法》的规定："供用电、水、气、热力合同，只有在用电、水、气、热力人逾期不交付费用，经催告，在合理期限内仍不交付费用和违约金的，供用电、水、气、热力人才可按国家规定的程序中止对业主供电、水、气、热力。"所以，有权对业主采取断水断电的主体应当是供电局或者自来水公司，而非物业服务企业。

对于业主拖欠物业服务费的行为，物业服务企业应当根据业主行为的性质依据物业服务合同或者业主公约的规定，要求业主承担违约责任或者采取民事诉讼的方式进行处理，而不能以断水断电的方式来行使抗辩权。如果物业服务企业采取停止供电水气热等方式催交物业服务费用给业主造成损失的，业主可以要求物业服务企业赔偿损失。

第四节 物业服务合同的变更和终止

一、物业服务合同的变更

物业服务合同的变更是在物业服务合同成立生效后，对物业服务合同内的权利义务内容进行协商变更。合同主体的变更涉及的是合同的终止和生效问题，不属于变更范畴。所以，就物业服务合同中的物业服务的项目、物业服务费、物业服务的质量和标准、服务期限、违约责任等的变动才属于物业服务合同的变更。

同物业服务合同的订立一样，变更也要取得双方当事人的意思表示一致。业主这一方要召开业主大会，经专有部分占建筑物总面积过半数的业主且占总人数过半数的业主同意，由业主委员会代表与物业服务企业签订变更协议才有效。

如果对物业服务费进行变更还要取得价格主管部门的许可和备案。根据最高院《物业服务纠纷司法解释》的第5条，物业服务企业违反物业服务合同约定或者法律、法规、部门规章规定，擅自扩大收费范围、提高收费标准或者重复收费，业主以违规收费为由提出抗辩的，人民法院应予支持。物业服务企业应退还已收取的违规费用。

变更后的物业服务合同也要到房地产管理部门进行备案，以便对其进行监督和管理。

二、物业服务合同的终止

（一）终止事由

根据《合同法》第91条的规定，合同的终止事由包括：债务已经按照约定履行；合同解除；债务相互抵消；债务人依法将标的物提存；债权人免除债务；债权债务同归于一人；法律规定或者当事人约定终止的其他情形。物业服务合同作为民事合同中的一种，也存在上述终止事由。但因其特殊性，与一般民事合同的终止有所区别。结合物业服务合同的特点，其终止事由主要涉及以下几种：

1. 物业服务合同到期

这是指按照约定的物业服务合同期限履行到期后，双方没有续签物业服务合同。

一般，在物业服务合同中双方会约定在合同到期前一定时间（双方协商决定，武汉要求60日，天津要求3个月，）内决定是否续签合同。如果业主大会决定继续聘用物业服务企业，书面通知物业服务企业后，双方同意续签的，应在合同期满前约定的时间内签订新的物业服务合同。否则，没有续签的，物业服务合同到期后即终止。

2. 主体消灭

当物业服务企业破产、解散等原因导致主体资格消亡的时候，物业服务合同因无法继续履行，发生终止。但，如果业主委员会被解散或更换，并不会导致物业服务合同的终止，只是物业服务合同一方当事人的执行机构发生了变更。如果单个物业服务合同的一方当事人业主死亡，会导致原物业服务合同终止；但因继承而获得建筑物区分所有权的继承人也应受原业主大会决议的约束，而与业主大会中选举的原物业服务企业履行物业服务合同。

3. 合同的解除

物业服务合同的解除也包括约定解除和法定解除两种类型。

（1）约定解除，即物业服务企业和业主可以采取协议解除或约定解除方式解除物业服务合同。协议解除是指物业服务合同成立以后，未履行或未完全履行之前，合同双方通过协商解除物业服务合同，使之效力消灭。物业服务企业和业主也可以约定在特定条件出现时，可通过行使约定解除权使合同关系消灭。如约定在物业服务企业单方提高物业费时业主有权解除合同，此属于单方解除权。

（2）法定解除，是指出现法律规定的解除事由而由享有解除权的一方当事人解除合同。在《合同法》第94条规定了合同当事人的法定解除权的解除事由包括：因不可抗力致使不能实现合同目的；在履行期限届满之前，当事人一方明确表示或者以自己的行为表明不履行主要债务；当事人一方迟延履行主要债务，经催告后在合理期限内仍未履行；当事人一方迟延履行债务或者有其他违约行为致使不能实现合同目的；法律规定的其他情形。在物业服务合同中，如果出现上述情形之一，任何一方当事人都可以行使解除权。值得注意的是，对于单个业主出现上述情形之二、三情形的，物业服务企业并不能直接行使解除权，因为涉及其他业主的利益。

（3）任意解除，物业服务合同中是否存在任意解除，有不同意见。但在最高院《物业服务纠纷司法解释》第8条规定了业主一方有任意解除权。业主可以通过召开业主大会，在取得专有部分占建筑物总面积过半数的业主且占总人数过半数的业主同意后，业主委员会可以代表业主和业主大会单方解除物业服务合同。所以，此业主的单方解除权不是单个业主的解除权，而是全体业主的解除权，有其特殊性。

而很多人认为物业服务合同的性质具有委托合同的性质，因此物业服务企业也有合同的任意解除权；而不赞成物业服务合同为委托合同的，对于《合同法》第410条任意解除权在物业服务合同中的适用则持质疑态度。

实践中，有的地方已经对物业服务企业的任意解除权作出了规定。2008 年 12 月 1 日起施行的《天津市物业管理条例》第 59 条规定："提前解除物业服务合同的，解除合同的一方应当在三个月前将解除时间、原因书面告知合同另一方。物业服务企业应当书面告知街道办事处或者乡镇人民政府，并到物业所在地的区、县物业管理行政主管部门备案后，在物业管理区域内公告。"这实际上是承认了物业服务合同双方的任意解除权，同时明确了解除合同的有关程序问题，尽量避免给合同双方造成不必要的损失。《杭州市物业管理条例》第 35 条规定，物业服务合同的一方提前终止有约定期限的物业服务合同的，自书面通知到达对方之日起满 3 个月合同终止。

但要注意的是，允许物业服务合同双方都有权行使任意解除权，导致合同终止，但不影响当事人承担相应的违约责任。而且，立法中对这种任意解除权都有限制。比如业主一方任意解除权必须通过召开业主大会按照普通多数表决通过决议。物业服务企业一方的解除同样也有条件、程序限制。如《天津市物业管理条例》即规定：提前解除物业服务合同的，解除合同的一方应当在 3 个月前将解除时间、原因书面告知合同另一方；物业服务企业在合同终止之日起 10 日内，向业主委员会移交小区的相关资金、物品和资料；未成立业主委员会的，在区、县物业管理行政主管部门监督下，向街道办事处或者乡镇人民政府移交。不履行这些义务，给小区造成损失的应予赔偿，并可能受到行政处罚。

【案例 4-15】

原告某业委会于 2006 年 4 月通过招标程序与被告某物业公司订立了小区物业管理合同。合同约定：原告委托被告对小区进行管理，服务期限为 3 年。物业服务费标准为：住宅建筑面积每平方米 1.05 元，非住宅建筑面积每平方米 2.2 元。合同任何一方无正当理由提前终止合同的，应向对方支付 10 万元违约金。在合同履行中，被告由于业主拖欠物业服务费、垫付的水电费等问题，于 2006 年 6 月 27 日向原告发出告知函，以经营出现亏损为由，提出退出小区物业管理服务。在双方未就提前终止合同达成一致的情况下，被告于同年 9 月 27 日撤离该小区。原告请求法院判令：解除物业服务合同；被告向原告支付违约金 10 万元。被告辩称，同意原告解除合同的诉讼请求，但认为原告违约在先，不同意支付违约金。理由是：原告始终没有依约向被告提供物业用房；原告没有依据《物业管理条例》的规定，出面督促业主交纳物业费；原告招标时说明的小区物业建筑面积与实际建筑面积不符，造成被告 4.62 万元损失；原告招标过程中未将水电费缴纳方式告知被告，造成被告 6 万余元的损失。以上造成被告直接经济损失达 30 余万元，致使其无法继续履行合同，其经履行法定程序后撤离该小区。①

点评：本案中，物业公司正是行使了任意解除权，撤离了所服务的住宅小区。因其自身认为亏损严重，感到合同履行难以为继而解除合同无可厚非。但是，为了维护广大业主的利益，避免出现物业处于无人管理的情形，物业服务企业解除合同、撤离

① 案例改编自李超：《物业服务企业享有物业服务合同的任意解除权》，载《人民法院报》2010 年 9 月 29 日。

小区应当有严格的程序限制。比如《天津市物业管理条例》就规定：提前解除物业服务合同的，解除合同的一方应当在3个月前将解除时间、原因书面告知合同另一方；物业服务企业在合同终止之日起10日内，向业主委员会移交小区的相关资金、物品和资料；未成立业主委员会的，在区、县物业管理行政主管部门监督下，向街道办事处或者乡镇人民政府移交。不履行这些义务，给小区造成损失的应予赔偿，并可能受到行政处罚。本案被告提前3个月告知原告撤场，已经为业委会留出了较为充裕的时间选聘新的物业服务企业，并就撤离问题在有关部门进行了备案，在物品及材料交接上亦无争议，故应当认定其撤离行为是合法的，也没有给小区业主造成损失。因此，法院判决准许双方解除物业服务合同是正确的。

本案被告在合同履行期尚未届满前，告知原告将要撤场的行为，已经构成明示违约，必然要承担相应的违约责任。虽然物业公司享有解除权，但解除权不能免除其违约责任的承担。法院判决支持原告要求被告支付违约金的诉讼请求是合理的。

（二）终止程序

物业服务合同自动到期的，在物业服务合同到期前当事人各方应决定是否续签物业服务合同。通常在期满前1个月内应完成续签手续；未及时进行续签的，物业服务合同到期即终止。

物业服务合同终止，原物业服务企业退出物业管理区域，业主委员会按照规定的程序和要求重新选聘物业服务企业后，应当在本物业管理区域内公告，并报物业所在地物业主管部门和街道办事处（乡镇人民政府）备案。业主大会未及时履行选聘物业服务企业责任，也未决定实施自治管理的，原物业服务企应该在物业小区内进行公示。

（三）终止后的义务

1. 物业交接

根据《物业管理条例》第39条规定，物业服务合同终止时，物业服务企业应当将物业管理用房交还给业主委员会，同时将竣工总平面图，单体建筑、结构、设备竣工图，配套设施、地下管网工程竣工图等竣工验收资料也交还给业主委员会。在某些地方规定里，对于物业服务企业退还移交给业委会的项目有更为细致的要求。

此外，物业服务企业还应和新物业服务企业办理物业交接工作。一般包括水电费、停车费、物业服务费、维修资金项目费用、共用部分收益等财务类资料交接，小区固定资产、业主入住、业主装修、业主档案、物业设备维修记录等档案资料交接，自来水接入工程施工合同、永久性用电工程的施工合同及附属资料、变配电设备运行维护协议、安防工程施工合同及附属资料、消防联动报警工程施工合同等合同资料交接，还有用地批准文件、项目批准文件等产权资料以及其他一些技术资料交接。物业服务企业若不配合新物业服务企业办理交接手续，业主可以追究物业服务企业的违约责任，请求其对造成的损失承担赔偿责任。

2. 退还和收取物业服务费

物业服务合同终止时，业主原先预交的物业服务费，物业服务企业应该根据尚未提供物业服务期间对应的物业费予以退还。在具体操作中，可以退还给业主或业委会，也可以移交给新物业服务企业。同样，如果业主有拖欠物业费的，物业服务企业在经书面催交后无果的，有权以拖欠物业费的业主为被告申请仲裁或提起诉讼。物业服务企业已经按照合同约定以及相关规定提供服务，业主仅以未享受或者无需接受相关物业服务为抗辩理由的，人民法院不予支持。

3. 事实物业服务

【案例 4-16】

2008 年 8 月 7 日，业主刘女士向原告川三物业交纳了一年物管费 933.10 元后，一直未再交纳。同年 12 月 31 日前期物业合同期满，但川三物业继续为小区提供物业服务。2014 年 6 月，川三物业起诉要求被告刘女士交纳拖欠的物业费，刘女士以双方无物业合同关系为由予以抗辩。①

点评：本案中，前期物业服务合同期满后，物业公司继续提供物业服务，被告刘女士及小区业主并未明确反对原告继续提供物业服务，且对原告提供的物业服务持接受态度。双方在前期物业服务合同期满后已形成事实合同关系，根据权利义务对等原则，物业公司有权收取相应的物业费。

《最高人民法院关于审理物业服务纠纷案件具体应用法律若干问题的解释》第 10 条规定，物业服务合同的权利义务终止后，业主委员会请求物业服务企业退出物业服务区域、移交物业服务用房和相关设施，以及物业服务所必需的相关资料和由其代管的专项维修资金的，人民法院应予支持。物业服务企业拒绝退出、移交，并以存在事实上的物业服务关系为由，请求业主支付物业服务合同权利义务终止后的物业费的，人民法院不予支持。

因此，物业服务合同期满，业主大会或业主委员会没有明确表示是否与原物业公司继续签订合同，亦未明确要求原物业公司退出，而物业公司仍继续提供物业服务的，可以认为双方之间形成事实上的物业服务合同关系，业主应当缴纳物业费。同时，物业服务企业也有义务继续履行服务，有利于保证物业小区内的秩序和安全。

在物业服务合同终止后，物业服务企业明知合同终止却故意拒不退出管理区域的，业主有权拒绝缴纳物业费，物业服务企业是不能以存在事实物业服务合同主张向业主收取物业服务费的。对于拒不退出的物业服务企业，业主和业主委员会可以向物业管理相关部门举报、投诉还可以通过申请仲裁或提出诉讼请求物业服务企业承担违约损害赔偿责任。

在某些地方还会对拒不退出的物业服务企业追究相应行政处罚责任。如《福建省物业管理条例》第 63 条规定，违反本条例第 39 条规定，物业服务合同终止，原物业服务企业拒不退出该物业管理区域的，由县级以上地方人民政府房地产行政主管部门责令限期改正；拒不改正的，处以 1 万元以上 5 万元以下的罚款。《珠海市物业管理条例》第 97 条规定，物业服务企业违反本条例第 64 条第 1 款，未按照规定退出物业管理区域的，由区级

① 郝绍彬、李天全：《继续提供物业服务业主接受 双方成立事实物业合同关系》，载《人民法院报》2015 年 1 月 22 日。

以上物业管理行政主管部门予以警告，责令限期改正；逾期不改正的，处 5 万元以上 10 万元以下的罚款。

表 4-1　　物业服务合同的小结

物业服务合同	概念和特征	当事人特殊；内容特殊；国家干涉；诺成有偿服务
	类型	前期/约期；一般/特殊
	性持	争议：委托/承揽/服务/独立/混合/无名/自治协议
	订立	主体：业主委员会——物业服务企业； 方式：招标投标/协议选聘； 过程：要约邀请、要约、承诺； 形式：书面
	效力	生效条件：缔约能力；意思表示真实；内容合法 欠缺生效条件：效力待定：可撤销可变更；无效
	履行	履行原则：实际履行：全面履行；诚实信用 履行方式：亲自履行 履行抗辩：业主的抗辩；物业服务企业的抗辩
	物业服务费	定价方式；计费形式；计费单位；费用构成；费用支付；费用收取；费用变更；监管；拖欠
	违约责任	继续履行；补救措施；违约金；赔偿损失
	变更终止	变更程序；变更结果 终止事由；终止程序；终止后的义务

【典型案例】

因物业管理纠纷，北京建×物业管理有限公司将某知名歌唱家朱某告上法庭。因不服一审法院判决，朱某上诉到北京市第二中级人民法院。2006 年 3 月 15 日，北京二中院开庭审理了此案。一审法院审理查明，2001 年 10 月 8 日，北京市朝阳区××花园小区物业管理委员会（以下称物业管理委员会）委托北京××辰物业管理有限公司对小区进行三年物业管理，并为此签订了《物业管理委托合同》。后××辰公司与小区业主及物业管理委员会发生矛盾，于 2004 年 5 月 17 日撤离小区。2004 年 5 月 21 日，物业管理委员会又委托北京建×物业管理有限公司对小区进行临时托管。当日，北京建×物业管理有限公司进驻小区，并依据托管事项对该小区进行管理。2004 年 7 月 26 日，朱某在《北京市朝阳区清境明湖小区书面征求意见表》中签字，同意授权业委会聘请北京建×物业管理有限公司对××花园小区进行管理。朱某未交纳 2004 年 6 月至 2005 年 10 月期间物业管理费。北京建×物业管理有限公司诉至法院，要求朱某支付拖欠的物业管理费22774.56元及滞纳金1204.65元。朱某称，北京建×物业管理有限公司进驻××花园小区，没有经法定的业主大会讨论及经三分之二以上有投票权的业主同意，没有进行物业管理企业的招投标，在广大业主不知情的情况下接管了××花园小区。自己与非法成立的物业管理委员会签订的协议是完全违法的。自己已经将需要交纳的物业管理费交给了广大业主选定的、同为业主的北京朝园物业管理中心保管。

一审法院经审理，判决朱某给付北京建×物业管理有限公司2004年6月至2005年10月期间物业管理费22774.56元；赔偿北京建×物业管理有限公司1204.65元延期付款损失。判决后，朱某不服，以一审判决认定事实错误、适用法律不当为由上诉到二中院，请求撤销一审判决，进行改判；北京建×物业管理有限公司承担诉讼费用。最终，二审判决朱某要缴纳物业费，不缴纳滞纳金。①

评析：物业服务企业进入物业服务区域提供服务，必须由小区业主委员会进行招标投标或协议选聘签订物业服务合同，而业主委员会选聘物业服务企业必须取得业主大会上专有部分占建筑物总面积过半数的业主且占总人数过半数的业主同意。所以，本案中，物业管理委员会又委托北京建×物业管理有限公司对小区进行临时托管，没有经过合法的程序，其物业服务合同的效力存在瑕疵。业主通过召开业主大会通过决议是可以要求终止合同的履行，解除合同的。但是，建×物业公司入驻小区后毕竟提供了物业服务，包括朱某在内的业主也都切实享受到了物业服务，在物业服务合同被解除前，业主应该根据实际物业服务的质量支付相应的物业服务费。

◎思考题：

1. 物业服务合同与委托合同的联系和区别有哪些？
2. 如何认识物业服务合同的法律性质？
3. 试分析物业服务合同的订立和履行主体。
4. 简述物业服务合同的生效要件及该类合同的不同效力类型。
5. 物业服务合同履行中双方主体有无抗辩权，如何行使？
6. 物业服务费的计费形式和计费单位如何？
7. 物业服务公司向谁收取出租房屋的物业费？
8. 物业服务费的计费起止时间分别为何时？
9. 拖欠物业服务费行为的法律性质应该如何界定？
10. 物业服务合同的违约责任如何进行追究？
11. 物业服务合同终止后，双方还有什么样的后合同义务？

① 案例改编自高志海：《著名歌唱家朱某与物业纠纷上诉案开审》，载新华网：http://news.xinhuanet.com/legal/2006-03/16/content_4308264.htm，2010年1月12日。

第五章 物业的使用和维护

【本章导读】

建筑物区分所有权包括专有部分所有权、共有部分所有权和成员权。物业中专有部分和共有部分范围的划定是物业管理的前提。具有构造上独立性、利用上的独立性和登记可能性的都属于专有部分；专有部分之外的属于共有部分，包括法定共有部分、天然共有部分和其他共有部分。专有部分的利用会影响到其他专有部分和共有部分，因而要对其从装修管理、用途管理和"住改商"等方面加以限制。共有部分的利用和经营也要遵循业主大会讨论通过的决议要求，其收益和负担归全体业主享有和承受。露台、绿地、道路、车库等共有部分的认定和使用都具有一定特殊性。在使用过程中的物业共有部分要由开发商、全体业主、物业服务企业提供维护保障，特定情形可以追究第三人侵权后的维护责任。共有部分的维修、更新、改造的费用主要来自共有部分的收益和业主缴纳的专项维修资金。

【问题引入】

2002年11月，上海陆家嘴物业公司无锡分公司与春江花园小区开发商签订了前期物业服务合同，对小区进行物业管理。2007年12月下旬，春江花园小区召开业主大会，选举产生了由法律工作者、财务人员、企事业单位人员等15人组成的业主委员会。2008年6月，业委会根据业主大会作出的实施业主自治的决议，致函物业公司要求终止物业服务合同。当年7月中旬，双方协商达成移交协议，物业公司答应返还预收的物业费、各类押金等近230万元。但是，业委会在查看移交清单时发现，物业公司在2004年至2007年间收取的停车费等小区共有部分物业管理费596万元，都没有列入移交清单之中。此后双方交涉不成，业委会将物业公司告上了法庭。①

问题：

1. 这笔收益属于什么性质的收益？
2. 业委会有没有权利追讨这笔收益？
3. 这笔收益如何分配？
4. 物业公司能否获得该笔共有部分的收益？
5. 是否应将小区共有部分收益一并移交？

---

① 案例改编自崔丽：《小区停车费等共有收益该归谁》，载《中国青年报》2010年6月14日。

第一节　物业专有部分的使用

一、专有部分的范围确定

何为业主的专有部分，《物权法》第70条仅仅是采取了个别列举式的规定，“业主对建筑物内的住宅、经营性用房等”属于专有部分，并没有明确规定专有部分的界限划分标准。虽然使用了“专有部分”和“共有部分”的概念，却没有对二者进行定义和界定，实践中很容易引起混乱。其他国家和地区的立法也都不采用立法明确规定的方式，而是由学说来决定，这已经成为立法技术上的通例。目前，世界各国和各地区在理论上多数认为专有部分是指具有构造上的独立性和使用上的独立性两个标准。

《建筑物区分所有权司法解释》第2条对建筑物区分所有权中的“专有部分”的范围和认定标准作了较之前更为详细的解释。

专有部分的认定需要满足三个条件：

①具有构造上的独立性，能够明确区分。构造上的独立性，又称为物理上的独立性，指的是建筑物经过区分而形成的特定部分，是以墙体、楼板等建筑构造物与建筑物的其他部分间隔，达到适合物的支配程度，在客观上足以明确区划其范围。① 在客观上可以成为各个区分所有人独立加以支配的对象。②

判断是否具有构造上的独立性有两个标准：其一是区分的明确性，即建筑物经过区分而形成的特定部分必须有明确的外部范围；其二是该特定部分必须具备与建筑物的其他部分或外界隔离的构造物存在，通常称为“隔墙”，其材料为钢筋水泥或三合板等，从而具备可供人们利用的机能。③

②具有利用上的独立性，可以排他使用。也称为“机能上之独立性”。④ 建筑物经过区分而形成的特定部分，必须可作为一建筑物独立使用，具备独立的经济价值。具有利用上的独立性之标准主要为，有独立的出入口。因此，一套房屋的每个房间不能认定为专有部分。

这种独立性，一方面表现为这些部分可以独立地发挥某种效用，而无需借助其他部分来实现此种效用；另一方面也表现为在功能构造上的完整性，例如，作为住宅用途的建筑物，其专有部分必然要具有与一般住宅相同的效用和功能构造，必定具备一定的居住空间。

③能够登记成为特定业主所有权的客体。这就一方面要求建筑物为合法之物，非法物是不能登记的；另一方面，也不是说只有在登记机关记载的才是专有部分，只是要求具备登记的条件。因为登记制度目前还不完善，或者因为事实原因，许多建筑物还没有来得及

---

① 谢在全著：《民法物权论》(上册)，台湾三民书局2003年版，第373页。

② 王利明著：《物权法论》，中国政法大学出版社2008年版，第162页。

③ 崔健远著：《物权法》，中国人民大学出版社2009年版，第197页。

④ 温丰文著：《建筑物区分所有权之研究》，台湾三民书局1992年版，第19页。

进行登记，只要符合前两项要求的，也应认定为专有部分。

建筑区划内符合上述条件的房屋内部都属于专有部分，毫无争议。司法解释还规定了露台、车位、摊位等符合条件也属于专有部分。

二、专有部分的装修管理

（一）专有部分装修管理的意义

业主作为物业专有部分的所有人，对其购买的专有部分享有占有、使用、收益和处分的权利，也包括装修装饰物业的权利。在我国，房屋尤其是住宅多数属于群体式类型，业主专有物业部分与其他业主的专有部分及共用部分紧密结合或者相邻，业主进行装修装饰施工时都会影响到其他业主的利益。因为装修装饰施工时会发出噪音、会产生装修垃圾、会造成管道堵塞、渗漏水、停电、物品损坏等侵害其他业主或居民的合法利益。不当的房屋装修也可能导致共用部位、共用设施设备的损害，影响装修房屋结构安全和装修人自身的生命财产安全。因此法律必须对此进行调整。

（二）专有部分装修管理的规定

《物权法》第 71、83 条也规定业主装修不得危及建筑物安全，不得损害其他业主的合法权益。《物业管理条例》第 53 条规定了业主装修应事先告知物业服务企业。此外，《建筑物区分所有权司法解释》第 10 条也规定，业主改变住宅性质要经利害关系业主的同意。同时，还有 1995 年《建筑装饰装修管理规定》和 2002 年《住宅室内装饰装修管理办法》也对业主装修的权利、责任以及程序作了相关规定。

（三）专有部分装修中的告知义务

装饰装修房屋是业主的权利，但其行使不得损害他人利益和社会公共利益。物业服务企业有义务根据物业服务合同的约定对物业进行管理，而对物业及其共用部位、共用设施设备的结构、功能、使用等情况的了解是完成这一义务的前提。所以，《物业管理条例》第 53 条第 1 款规定，业主装修房屋前对物业服务企业必须尽告知义务，以让物业服务企业及时掌握业主装修装饰的具体情况。

同时，《物业管理条例》第 53 条第 2 款规定，物业服务企业应将房屋装饰装修中禁止的行为和事项告知业主。这是因为考虑到业主对相关法律法规并不一定很了解，对房屋装饰装修中的禁止行为和注意事项并不一定清楚，但物业服务企业对此则非常熟悉，而且对于物业装修的管理是其服务内容之一。

而且，装修会影响到邻居的生活起居和居住环境，因此装修人对住宅进行装饰装修前，应当告知邻里。

【案例 5-1】

张先生于 2009 年底购买某小区住房一套。入住时，张先生聘请了一家装修公司准备对新房进行装修。却被小区门卫拦住，以未告知物业公司为由。但张先生称，装修是业主自己的事情，物业公司无权干涉，要求保安赶紧放行，小区保安说这是物业公司要求，未经物业办公室同意，不能进行装修。为此，双方发生了纠纷。

点评：本案中，业主在装修前应告知物业公司，并签订住宅室内装饰装修管理服务协议。物业管理企业应当将房屋装饰装修中的禁止行为和注意事项告知业主。

(四) 专有部分装修中的法律关系

装修人在住宅室内装饰装修工程开工前，应当向物业服务企业或者房屋管理机构(以下简称物业管理单位) 申报登记。非业主的住宅使用人对住宅室内进行装饰装修，应当取得业主的书面同意。

装修人进行申报登记应当提交房屋所有权证（或者证明其合法权益的有效凭证，如房屋买卖合同)、申请人身份证件、装饰装修方案、设计方案（变动建筑主体或者承重结构的，需提交原设计单位或者具有相应资质等级的设计单位提出的设计方案)、受托装修企业的资质证书复印件等。非业主的住宅使用人申报装修登记，还需提供业主同意装饰装修的书面证明。

业主在通知物业后，还要和物业服务企业签订装修管理服务协议，就如下事项进行约定：装饰装修工程的实施内容；装饰装修工程的实施期限；允许施工的时间；废弃物的清运与处置；住宅外立面设施及防盗窗的安装要求；禁止行为和注意事项；管理服务费用；违约责任；其他需要约定的事项。① 此处装修管理服务费用属于物业服务合同之外业主和物业服务企业之间自由协商决定的内容。② 物业服务企业和房地产管理部门应当按照住宅室内装饰装修管理服务协议对装修实施管理，发现装修人或者装饰装修企业有损坏房屋承重结构等禁止行为的，应当立即制止；已造成事实后果或者拒不改正的，应当及时报告有关部门依法处理。装修人不得拒绝和阻碍物业服务企业和房地产管理单位依据住宅室内装饰装修管理服务协议的约定，对住宅室内装饰装修活动的监督检查。装修人或者装饰装修企业违反住宅室内装饰装修管理服务协议的，可追究违约责任。

装修人要与装饰装修企业签订住宅室内装饰装修书面合同，明确双方的权利和义务。一般应当包括下列主要内容：委托人和被委托人的姓名或者单位名称、住所地址、联系电话；住宅室内装饰装修的房屋间数、建筑面积，装饰装修的项目、方式、规格、质量要求以及质量验收方式；装饰装修工程的开工、竣工时间；装饰装修工程保修的内容、期限；装饰装修工程价格，计价和支付方式、时间；合同变更和解除的条件；违约责任及解决纠纷的途径；合同的生效时间；双方认为需要明确的其他条款。

三、房屋结构及用途不得擅自改变

《物权法》第71条规定，业主有权对专有部分进行占有、使用、收益和处分，但不得危及建筑物的安全，不得损害其他业主的合法权益。所以，业主不得擅自改变房屋的结构及用途。业主应当按照原房屋设计的结构和用途使用专有部分的房屋，不得影响他人对专有部分及公共部位和设施的正常使用。未经原设计单位或者具有相应资质等级的设计单位提出设计方案，不得变动建筑主体和承重结构；不得将没有防水要求的房间或者阳台改为卫生间、厨房间；不得扩大承重墙上原有的门窗尺寸，拆除连接阳台的砖、混凝土墙

① 《住宅室内装饰装修管理办法》第16条。

② 详见第四章中“物业服务费”部分。

体；不得损坏房屋原有节能设施，降低节能效果；不得进行其他影响建筑结构和使用安全的行为。

根据《物业管理条例》第46条规定："对物业管理区域内违反有关治安、环保、物业装饰装修和使用等方面法律、法规规定的行为，物业服务企业应当制止，并及时向有关行政管理部门报告。有关行政管理部门在接到物业服务企业的报告后，应当依法对违法行为予以制止或者依法处理。"物业服务企业根据物业服务合同，从业主那里获得了对建筑物、基地及附属设施为保存、改良、利用以及维护相关区域内的环境卫生和公共秩序等行为的授权。物业服务企业拥有物业管理权，当业主存在对房屋结构及用途的非法改变，物业服务企业有权予以制止。否则，损害了建筑物的整体安全，也即损害了全体业主的权益，全体业主可以根据物业服务合同追究物业公司的违约责任。

【案例5-2】

1997年1月，海南古斯利微电子技术有限公司（以下简称古斯利公司）购买了三和花园4号楼29E室复式房屋一套。同年10月，原告顾某以古斯利公司员工的身份办理了入住手续，并与三和花园的原物业管理人和馨物业签订了《公共契约》。1998年10月，顾某购买了一只长宽高为4.267米×2.286米×1.219米、上口面积9.754平方米、占地面积8.826平方米，自重362.8公斤，可容水4160.5公斤的浴缸，欲安装在29E室。和馨物业阻止顾某安装该浴缸，并针对其在装修中的违规行为数次向其送达了整改通知。2000年4月，三和花园业主委员会聘用被告巨星物业为三和花园的管理人。顾某又就浴缸安装问题多次与巨星物业交涉，巨星物业均以安装该浴缸需通过安全测定为由不予准许。同年9月，顾某再次吊装大浴缸，被巨星物业制止。10月，古斯利公司向法院提起诉讼，请求排除巨星物业对顾某安装浴缸的妨碍，并判令巨星物业赔偿损失。2001年4月，因古斯利公司撤诉，此案了结。嗣后，巨星物业四次致函顾某，告知其停止装修中的违规行为，在安装浴缸的安全问题没有确认以前不得吊装浴缸，并要求其将放置在小区道路旁的浴缸搬离。同年12月10日，顾某出资购买了三和花园4号楼29E室，遂以该房屋业主的身份提起本案诉讼。要求排除妨碍（即判令被告不得阻挠原告将浴缸搬入29E室的住房内安装），同时要求被告赔偿其损失人民币5000元，并要求被告承担该案诉讼费。①

点评：《住宅室内装饰装修管理办法》第5条规定，承重结构，是指直接将本身自重与各种外加作用力系统地传递给基础地基的主要结构构件和其连接接点，包括承重墙体、立杆、柱、框架柱、支墩、楼板、梁、屋架、悬索等。第7条规定，住宅室内装饰装修超过设计标准或者规范增加楼面荷载的，应当经原设计单位或者具有相应资质等级的设计单位提出设计方案。第9条规定，装修人经原设计单位或者具有相应资质等级的设计单位提出设计方案变动建筑主体和承重结构的，必须委托具有相应资质的装饰装修企业承担。

本案中，顾某的大浴缸占地面积为10平方米，可以容水9吨，如此大的负荷加

① 王振民、吴革编：《物业纠纷指导案例与审判依据》，法律出版社2011年版，第207页。

重了房屋承重结构的负担，影响房屋结构的负担，影响房屋结构的安全及其正常使用。如果要进行此类装修改造，一定要经原设计单位或具有相应资质等级的设计单位设计并由有相应资质的装饰企业承担，否则即属禁止行为，不得进行。因而，巨星物业对业主代表顾某的违法行为进行监督管理和终止是合法的。

四、房屋“住改商”的限制

（一）“住改商”的含义

根据房屋使用性质不同，可以将房屋划分为居住用房、商业用房和混合用房。“住改商”是“住宅改商用”的简称，指城市物业业主将属居住用途的房屋改作商业用途或办公用途房屋的行为。① 业主不得随意改变住宅的居住用途，是业主应当遵守的最基本的准则，也是业主必须承担的一项基本义务。

（二）“住改商”的产生原因

但是，随着社会经济的发展和城市化进程的加快，人口密集度越来越大，造成对商业服务网点扩大的需要。中小企业的迅速发展，为了节省成本和资金，转向住宅小区租用办公场所而避免高等写字楼的昂贵租金；政府为了鼓励和支持中小企业的发展，对其成立审核并不限制其是否租用住宅楼。② 而且业主将房屋用作商用可以收取更高的租金，何乐而不为。诸多因素致使越来越多的店铺和公司开进了居民楼，装饰公司、棋牌室、辅导班、美容店等，“住改商”现象愈演愈烈。

（三）“住改商”带来的影响

“住改商”在弥补社区商业配套不足、给附近居民带来巨大便利的同时，也带来了很多弊端。比如，办公用房的装修可能改变房屋设计结构和使用安全；商业经营活动可能会导致出入人员繁多复杂而影响小区治安，并造成垃圾、噪音、光线污染，干扰居民生活；还会造成小区车位被占、电梯延时等公共资源的占用，也容易导致共用设施损坏，等等。因而，住改商的业主、租户、物业服务企业和其他业主之间都容易产生矛盾和纠纷。

（四）“住改商”的立法规制

在以前立法尚未全面明确禁止“住改商”之前，我们一般只能在建筑物区分所有权制度及相邻关系制度的规范要求或者合同约定范围内对“住改商”纠纷进行裁判。针对“住改商”的治理难题，上海市、广州市、北京市等发达城市曾制定相应规定或者出台相应政策。如在北京市工商局出台了相关规定暂停利用居民住宅从事经营活动的登记注册。③

---

① 戚冬瑾、周剑云：《“住改商”与“住禁商”——对土地和建筑物用途转变管理的思考》，载《规划师》2006年第2期。

② 刘丹：《网友普遍遭遇“住改商”尴尬　近半数支持新规执行》，载搜房网：http：//news. wuhan. soufun. com/2009-05-31/2602242. htm，2013年8月21日。

③ 杨滨：《北京市工商局发布通知 暂停居民住宅内开公司》，载《北京晚报》2006年6月20日。

自《物权法》出台后，立法上第一次对“住改商”有了明确限制。《物权法》第77条规定业主不得违反法律、法规以及管理规约，将住宅改变为经营性用房。业主将住宅改变为经营性用房的，除遵守法律、法规以及管理规约外，应当经有利害关系的业主同意。这两个条件必须同时具备。但是，《物权法》当时并没有明确何谓“有利害关系的业主”等关键细节，这容易致使审判中法官自由裁量权的幅度过大。① 各个地方也采取不同立法或惯例。如，在北京“住改商”的实际做法是“须征得大部分近邻同意”。在广州，“住改商”一般需征得2/3的同栋业主同意。而在广东其他地区，有的采取了“2/3”原则，也有的却奉行“须征得整个小区业主同意”的严苛标准。

在2009年的《建筑物区分所有权司法解释》里才对“有利害关系的业主”的认定作了细化规定。该解释第11条规定，“有利害关系的业主”应该为本栋建筑物内的其他业主；本栋建筑物之外的业主也主张有利害关系的，应当证明其房屋价值、生活质量受到或者可能受到不利影响。房屋价值受到影响，比如住改商业主对房屋进行装修后做餐馆，导致下水不畅，从而导致楼上用户下水堵塞，对建筑物造成损害；生活质量受到影响，比如住改商后来往人员复杂、嘈杂声不断、光线粉尘等干扰，影响其他业主的生活起居。

可见，本楼内的相邻业主不要求任何条件。本栋建筑物以外的业主，由于空间距离比较远，法律推定“住改商”对其造成的妨害在其容忍限度之内，如果他们要主张“住改商”对其的妨害超出了容忍限度，存在利害关系的，应证明其房屋价值、生活质量受到或者可能受到不利影响。②

该司法解释同时对“经同意”的含义进行了进一步解释，也即必须要经过所有有利害关系的业主的一致同意，只要有一名利害关系人向法院主张不同意，就可以“一票否决”。即使是多数利害关系的业主同意，不同意的少数业主也可以请求排除妨害、消除危险、恢复原状或者赔偿损失。对于将住宅改变为经营性用房的业主以多数有利害关系的业主同意其行为进行抗辩的，人民法院不予支持。因为，“住改商”不属于共有和共同管理的重大事项，不属于共同事务，不适宜采用业主大会的表决规则；它实际属于相邻关系的制度范畴，涉及相邻不动产利用的利益冲突，会影响到其他所有相邻不动产所有人的利益，所以应严格遵循法定要求即“全体同意”。

此外，“有利害关系的业主”也不应以业主为限，在特定情况下非业主的物业使用人也应享有请求“住改商”业主承担民事责任的权利。因为在《建筑物区分所有权司法解释》第16条中明确了“建筑物区分所有权纠纷涉及专有部分的承租人、借用人等物业使用人的，参照本解释处理”。当然，此处的业主的认定仅限于《物权法》第77条和解释第10条的运用依据。

而对于未经有利害关系业主同意的“住改商”的业主，依然可以根据《物权法》第35、36、37条规定追究其责任。责任承担方式有多种，不以实际损害为限。对于已经造成现实损害的，有利害关系的业主可以请求“住改商”的业主恢复原状或赔偿损失。如

① 田冲：《建筑物区分所有权司法解释》、《物业服务司法解释》解读，法律快车网 http：//www.lawtime.cn/article/lll862716867810oo12952，2011年10月28日。

② 刘召成：《“住改商”应当经全体利害关系业主同意》，载《河北法学》2010年第5期。

果损害尚未实际发生，但对有关业主的人身、财产安全造成潜在威胁时，有利害关系业主可以请求排除妨害、消除危险。

虽然，新法中的一票否决似乎绝了“住改商”的后患，从源头治理了“住改商”，杜绝令法院头痛不已的“住改商”纠纷。但“一票否决”却有现实上操作的困难。因为现在有很多房子都是空置房，无法与业主取得联系；有的是出租房，是取得业主同意还是房屋使用人同意也不明确，所以不可能一一取得其他业主的同意。而且该制度有可能让行使否决权的主体不是关注“住改商”的损害事实，而是仅凭个人好恶随意投票，导致制度不均衡、不统一；同时也可能会影响公民低成本创业的途径，引发影响经济、妨碍就业等负面效应。因此，现有的“一票否决”制度还是值得商讨的。

【案例 5-3】

周女士是南坪东原锦悦小区的业主，收房后兴冲冲地打算马上装修入住。然而，装修进场当天，就发现她家所在的一楼，居然冒出了一家五金建材店。走进楼道，她彻底傻眼：楼道里杂七杂八堆满了各种易燃建材。怀着忧虑，她到小区物管询问，这家经营易燃易爆物的建材商为何会从住宅楼里冒出。物管的答复更令她倍觉诧异：“社区居委会都盖章同意了，我们有什么办法?”然而，令周女士更感愤怒的还在后面。因为有了这个“先例”，没过几天，小区又冒出了两家建材店。①

点评：根据《物权法》第 77 条规定，业主不得违反法律、法规以及管理规约，将住宅改变为经营性用房，业主将住宅改为经营性用房的，应经有利害关系的业主一致同意。本案中，周女士所在的小区属于住宅小区，一楼住户改为五金建材店，属于“住改商”；而且五金店的开设，摆放许多易燃建材，危害了周女士的居住安全保障，应该要经周女士等利害关系业主的同意。但显然五金店并没有取得利害关系业主的同意，只要周女士一个业主反对，就不得进行“住改商”。现在，周女士有权请求五金店恢复原状、排除妨害、消除危险。而且，若小区已成立业主大会或业主委员会，周女士也可以请求业主委员会出面干涉此事。同时，小区所在的物业服务企业也有义务加以制止五金店的商用行为。因为《物业管理条例》第 46 条也规定了：“对物业管理区域内违反有关治安、环保、物业装饰装修和使用等方面法律、法规规定的行为，物业服务企业应当制止，并及时向有关行政管理部门报告。有关行政管理部门在接到物业服务企业的报告后，应当依法对违法行为予以制止或者依法处理。”

（五）“住改商”的手续办理

2007 年 11 月，国家工商总局发出了《关于住所（经营场所）登记有关问题的通知》，加强对企业、个体工商户住所（经营场所）的登记管理。要求商户在注册审批营业执照或办理变更登记时，应当注明公司所在地点。经营单位在设立（开业）或住所（经营场所）变更登记时，如果将住宅改变为经营性用房的，除提交住所使用证明外，还应

① 案例改编自王艺军：《居委会一盖“章”小区房便可“住改商”?》，载《重庆日报》2011 年 1 月 14 日。

当提交《住所（经营场所）登记表》和住所（经营场所）所在地居民委员会或业主委员会出具的有利害关系的业主同意将住宅改变为经营性用房的证明文件。经营单位及其法定代表人应当在《住所（经营场所）登记表》上做出遵守法律、法规以及管理规约规定并已经有利害关系的业主同意的承诺，并签字或盖章。否则，就属于提交虚假材料，登记则违法无效可以被撤销。

也就是说，住宅用房要改成经营性用房，首先要征得有利害关系的业主的全体同意，并由业主委员会出具相应证明，然后还要通过建筑物改变规划用途的审批。如果住宅用房改成宾馆、幼儿园、餐馆等，除以上两个条件外，还需取得相应的如公安特种行业许可证、公共卫生许可证、消防等前置许可证。只有走完所有的“前置程序”，工商部门才会颁发营业执照。

【案例 5-4】

最近，马师傅到儿子家来小住。他发现了一个奇怪的现象：每天，总有陌生人进出自己所住的楼房，还有快递公司的业务人员定点上门。马师傅向左邻右舍一打听才知道，二楼的邻居开了一家土特产直营店，这是买卖双方在进行业务往来呢！马师傅觉得纳闷，儿子家是住宅区，不是不允许擅自“住改商”吗？一旁的邻居也直摇头，说这家店开了很多年了，“住改商”规定出台前就已经注册营业了，现在拿它也没办法。

点评：《物权法》和司法解释出台前已经有的“住改商”，虽然营业执照继续有效。但也应该遵循《物权法》和《物业服务纠纷司法解释》的规定，不得损害其他业主的利益。对“住改商”不满的业主可以向工商、消防、环保等部门举报，由相关部门来查处办理；也可以通过业主大会、业主委员会对“住改商”业主提出劝阻；物业服务企业根据物业服务合同的委托约定和物业管理条例规定也可对“住改商”住户提出劝阻和制止。不满的业主个人可向“住改商”业主提出起诉或仲裁；也可以通过召开业主大会通过决议，由业主委员会向没有经过利害关系业主同意的“住改商”业主提出诉讼或仲裁。

第二节 物业共有部分的使用管理

一、共有部分的含义

“共有部分”的称谓在各国和地区立法以及学者之间不一，有的称为“共用部分”，如法国、日本等；有的称为“共享部分”，如我国台湾地区。在大陆立法中，《物权法》和《建筑物区分所有权司法解释》里称之为“共有部分”，但在《物业管理条例》中使用“共用部位”“共用设施”的说法。笔者以为，使用“共有部分”最为合适。因为物业管理的基础是建筑物区分所有权，物业管理的对象也主要是业主专有部分之外的共有部分，共用部分不一定属于共有部分，“共有部分”一词更为准确。且《物业管理条例》属于行政法规，效力低于《物权法》，以《物权法》中“共有部分”的称谓更为合适。

物业管理中的“共有部分”和传统共有是不同的。传统意义的共有，是指两个或两个以上的单位或个人对同一不动产或者动产享有所有权①。共有的主体是多个，客体是特定的，内容区分为按份共有和共同共有。而物业中的共有是指基于建筑物区分所有权的共有，是根据专有部分面积来决定共有权的行使的，任何一个共有关系主体退出都不会影响共有关系的存在。②

究竟何为“共有部分”，《物权法》及相关解释并未明确规定，只是采取除外式方法规定“业主对专有部分以外的共有部分享有共有和共同管理的权利”，同时在《建筑物区分所有权司法解释》中采用列举、排除加兜底的方法对共有部分的范围进行了划定。因而，根据《物权法》和《建筑物区分所有权司法解释》的规定，我们可以将共有部分界定为专有部分以外的建筑物基本结构、附属设施设备以及其他不属于市政公用部分或者其他权利人所有的场所及设施。

二、共有部分的分类

（一）共用部位和共用设施设备

根据《住宅专项维修资金管理办法》(2008）第3条的规定可知，《物业管理条例》中的住宅共用部位和共用设施设备都属于业主共有部分，因此共有部分可分为共用部位和共用设施设备。

住宅共用部位，是指根据法律、法规和房屋买卖合同，由单幢住宅内业主或者单幢住宅内业主及与之结构相连的非住宅业主共有的部位，一般包括：住宅的基础、承重墙体、柱、梁、楼板、屋顶以及户外的墙面、门厅、楼梯间、走廊通道等。

共用设施设备，是指根据法律、法规和房屋买卖合同，由住宅业主或者非住宅业主共有的附属设施设备，一般包括电梯、天线、照明、消防设施、绿地、道路、路灯、沟渠、池、井、非经营性车场车库、公益性文体设施和共用设施设备使用的房屋等。

（二）法定共有、天然共有和约定共有

法定共有是根据法律规定和列举的共有部分，如下文所涉的《物权法》和《建筑物区分所有权司法解释》里的共有部分。

约定共有，约定共有是指构造上和利用上虽具有独立性、可设立专有所有权，但为全体业主共同利益，经购房人与售房方或业主们相互间通过订立合同，将其约定成为共用部分的物业。如物业管理用房、车库、空闲场地、会所等。

天然共有部分，即法律没有规定，合同也没有约定，而且一般也不具备独立登记条

① 《民法通则》第78条规定：“财产可以由两个以上的公民、法人共有。共有分为按份共有和共同共有。按份共有人按照各自的份额，对共有财产分享权利，分担义务。共同共有人对共有财产享有权利，承担义务。按份共有财产的每个共有人有权要求将自己的份额分出或者转让。但在出售时，其他共有人在同等条件下，有优先购买的权利。”

② 杨立新教授将它定义为互有性质的共有，即互有。与之类似的典型互有比如一个家族共有的一个祠堂，是祖产，这是家族人共有的，这个共有财产永远也不能分割，只能一代代传下去，不可分割，这就是互有。参见 http：//www.njpf.gov.cn/Web/Info/2008-12/072153322321.html，2013年6月10日。

件，但从其属性上天然属于共有的部分，包括建筑物的基本结构部分、公共通行部分、公共设施设备部分和公共空间等。如墙面、屋顶、走廊都属于天然共有部分。如《建筑物区分所有权司法解释》第 3 条中的规定。

（三）全部共有和部分共有

建筑物区分所有权的共有还会涉及“小公”和“大公”问题。“大公”是指归属于全部业主共有的区域和设施设备，即“全体共有”。“小公”即归属于小区部分业主共有的区域和设施设备，也即“部分共有”。此种区别会直接影响共有部分收益分配及费用负担，我国物权法中并没有加以明确规定。通常我们说的共有，应是全体业主共有。

三、共有部分的范围

《建筑物区分所有权司法解释》的第 3 条规定了建筑物共有部分包括 3 个方面：

（一）法定共有部分

这主要体现在《物权法》第 73 条、第 74 条和第 79 条规定中，包括：

1. 建筑区划内的道路

因为道路是业主实现其专有部分所有权所必需的。其理论基础是，小区的土地使用权归业主共有，那么小区内的道路也应当归业主共有。但城镇公共道路不属于业主共有，而归全民所有。

2. 建筑区划内的绿地

业主买房都是冲着绿地来的，如果开发商保留绿地的所有权，则开发商可能会因为利益改变绿地用途，导致业主订立合同的目的不能实现。但建筑区划内属于城镇公共绿地或者明示属于个人的除外。

要注意的是，上述道路、绿地归业主共有，不是说绿地、道路的土地所有权归业主所有，而是指建筑区划内的道路、绿地所占的土地使用权归业主共有，道路和绿地作为土地上附着物归业主共有。

3. 建筑区划内的其他公共场所、公用设施

公共场所一般包括小区的免费健身场所、公共休息场所、走廊等。公用设施，如免费的健身设施、露天喷泉设施、绿化设施、路灯、小区围墙、大门、避难层、设备层、设备间等。

4. 物业服务用房

《物业管理条例》第 38 条规定，物业管理用房的所有权依法属于业主。无论开发商是否将物业服务用房的建设成本分摊到业主的身上，物业服务用房都属于全体业主共有。因为，《物权法》第 73 条规定要求只要规划用途上属于物业服务用房的，就应该属于业主共有。

5. 占用业主共有的道路或者其他场地用于停放汽车的车位

详细内容参见后文“车位”部分。

6. 电梯、水箱

电梯是高层住宅的必备设备，也是业主必须使用的设备。电梯必须归业主共有，否则电梯的使用、维修都会成为问题，危及业主利益。水箱也属于业主共有，否则开发商会随

便断水。

之所以立法明确将上述几项规定为业主共有，是因为建筑区划内的上述配套设施是为住宅小区环境配套服务所必需的，也是物业居住质量标准所应当包含的。开发建设单位在销售房产时也往往在这些项目上大做宣传，以增加待售楼盘的吸引力，促进楼盘销售，顾客也往往受此宣传影响而对其购买专有部分即可获得上述配套设施产生了合理信赖。如果开发商在销售中做出如上共用设施设备的承诺，或者在买卖合同中有相关约定，则上述部分的建设成本已分摊到房屋销售款中，业主是有共有权利的。

在《物权法》第73、74条，《最高人民法院关于审理建筑物区分所有权纠纷案件具体应用法律若干问题的解释》(以下简称《建筑区分所有权司法解释》)第3、6条里都提到了“建筑区划”。从这些规定可以发现建筑区划是确定业主共有的边界，建筑区划的划分是以共有关系为基础的。但是《物权法》和司法解释都没有对上述的建筑区划进行定义。从规划管理的角度分析，建筑区划和用地红线图、建设用地规划许可证确定的范围是一致的。规划部门对建设工程的管理以具体建设项目用地即《建设用地规划许可证》确定的用地范围为单位。用地红线是指各类建筑工程项目用地的使用权属范围的边界线。而用地红线图（地形图）和规划设计要求对用地位置、面积、建筑密度、容积率、建筑高度、建筑间距、公建配套、绿地率等绿化规划要求、交通道路等作出了规定。由此，可以看出道路交通的安排与组织、绿地的大小和布局、车位和车库的数量以及配套设施的类型、大小和位置都是以建设用地规划许可证确定的区域范围内进行统筹安排的。基于此，建筑区划可以认为就是建设用地规划许可证确定的区域范围，对应的是用地红线图范围内的部分。

建筑区划与《物业管理条例》中的物业管理区域的概念有不同，前者是确定共有关系范围，后者是物业管理的范围的划分。但是物业管理区域的划分除了考虑物业共用设施设备外，还要考虑建筑物规模和社区建设，也就是说建筑区划是物业管理划分的重要因素。

所以，在现实操作中一般让建筑区划和物业管理区域相一致，一个区划区域内成立一个业主大会，聘请一个物业服务企业，以便于建筑物及配套设施的管理。但是否真正完全一致要看实际情况，如有的小区分期开发，设立的物业管理区域就比逐渐取得建设用地使用权的建筑区划要大；还有的建筑规模较小的相邻项目，可以整合为一个物业管理区域，则物业管理区域比建筑区划要大。如果一个建筑区划也可以划分为多个封闭小区，形成两个或以上的物业管理区域，以便于管理，此时，建筑区划比物业管理区域大。

（二）天然共有部分

天然共有部分是指法律没有规定，合同也没有约定，而且一般也不具备登记条件，但从其属性上天然属于共有部分。① 包括：

①基本结构部分。包括建筑物的基础、承重结构、外墙、屋顶等。

②公共通行部分。通道、楼梯、大堂等。

③消防、公共照明等附属设施、设备。

---

① 参见《建筑物区分所有权司法解释》第3条。

④避难层、设备层或者设备间等结构部分。

判断某一结构是否应属于业主共有部分，应考虑其价值是否服务于全体业主，或者关系到小区的安全。①

【案例 5-5】

5 位业主所买的房屋均位于高层塔楼的东北角，从房屋出来后都有将近 3.3 米的楼道。在装修时，几位业主都将防盗门向外挪了 2 米左右，占用了部分楼道。引起了其他部分业主的强烈不满，物业公司将占用楼道的 5 位业主告上了法庭，要求他们拆除所侵占共用部分的建筑，恢复共用楼道的原状。②

点评：在许多老式住宅楼中，居民们都习惯于把家中不用而又舍不得丢弃的杂物堆放在楼道里，或占用部分楼道做其他用途，而邻居也都彼此默许这种情况的存在。但随着住宅商品化，小区管理专业化，要求对小区管理进行规范，不仅楼道，小区的其他许多部位，共用设施设备，纳入了物业公司的管理范围。而楼道属于建筑物共有部分，任何单独业主不得私自占用。同时，物业管理区域内按照规划建设的公用建筑和共用设施不得改变用途。楼道作为共用部位，即使事实上只有部分业主在使用，也是不可以由该部分自己处置的。本案中，5 名业主圈占楼道的行为，不仅是对本层其他业主权益的侵害，也是对整栋业主权益的损害。物业公司对于共用部分，共用设施设备有维修、养护和管理的责任，所以对于 5 位业主的行为有权提出诉讼。5 位业主在其居住室外圈占共用走道的行为，违反了有关规定，应为无效。法院应判决这 5 位业主 7 日内拆除占用公共走道的建筑，并恢复原状。

（三）其他共有部分

共有部分很难通过列举方法予以穷尽，所以根据非特定权利人所有即共有的思路，司法解释规定了“其他不属于业主专有部分，也不属于市政公用部分或者其他权利人所有的场所及设施等”，都属于共有部分的兜底条款。

【案例 5-6】

小刘才工作 3 年，因为结婚成家的需要，不得不加入购房看房大军。但在去过几次售楼处和实地看房后，渐渐对房产、物业方面的认识逐渐增多。但一直以来还是对房产证面积、土地证面积、公摊面积这几个面积的大小确定和关系搞不清楚，想让专业人士来帮助解答一下。

点评：实践中房产证面积、土地使用权证面积、公摊面积等都是与物业管理中的共有部分的范围大小有关。

---

① 王利明主编：《最高人民法院建筑物区分所有权、物业服务司法解释原理精解 · 案例与适用》，中国法制出版社 2010 年版，第 51 页。

② 徐寒军：《公用走廊变私宅 法庭判决复原状》，载中国法院网：http：//www.chinacourt.org/article/detail/2003/12/id/94268.shtml，2013 年 6 月 1 日。

房产证上的面积是指房屋的建筑面积，由套内建筑面积（套内使用面积+墙体面积+阳台面积）和分摊的共有建筑面积（公摊面积）组成。套内建筑面积部分为独立产权，分摊的共有建筑面积部分为共有产权。（参见《商品房销售管理办法》）

土地使用权证面积是依据该套房屋的建筑面积所得到的土地分摊面积。假设，以单栋楼房为单位，按共用分摊土地的原则，核准该栋楼房中每套商品房的相应分摊用地。即商品房土地使用权面积为房产证上的建筑面积除以该幢房屋的层数。土地使用权证上的面积一般都是根据房产面积所占的分摊比例计算的。土地证上的面积往往要比单元的建筑面积少得多。少多少一般与容积率相关，容积率越高，则分摊土地使用面积就越少。

公摊面积，是每套房应分摊的公用建筑面积的简称，它与套内建筑面积之和构成了一套商品房的建筑面积。《商品房销售管理办法》规定：按套（单元）计价或者按套内建筑面积计价的，商品房买卖合同中应当注明建筑面积和分摊的共有建筑面积。对于公摊面积的构成和项目，目前我国尚无明确法律法规出台，因公摊面积的不明确，使其成为房地产交易过程中争论的焦点。现在能找到的主要政策依据是2000年8月1日开始实施的中华人民共和国国家标准《房产测量规范》。其中规定共有建筑面积的内容包括：①电梯井、管道井、楼梯间、垃圾道、变电室、设备间、公共门厅、过道、地下室、值班警卫室等，以及为整幢服务的公共用房和管理用房的建筑面积，以水平投影面积计算。②套与公共建筑之间的分隔墙，以及外墙（包括山墙）水平投影面积一半的建筑面积。因此，公摊面积部分是属于共有部分的。

反过来，共有部分是否就是公摊部分呢？这就不一定。法定共有部分基本可以和公摊部分对应。而且，公摊面积计算涉及公摊系数的确定（公摊面积=公摊系数＊套内建筑面积；公摊系数=总公共分摊面积/（套内建筑面积＊总套数）），所以与共有部分面积是不一样的。

四、共有部分的使用与管理

根据《物权法》第70条的规定，业主对建筑物内的住宅、经营性用房等专有部分享有所有权，对专有部分以外的共有部分享有共有和共同管理的权利。所以，建筑区划内属于业主的共有部分，业主都有共同管理的权利，包括对其用途管理、经营管理、收益管理及其他方面的无偿合理利用。

（一）共有部分的用途管理

为了确定城市的规模和发展方向，实现城市经济和社会发展目标，《城市规划法》规定，应当合理地进行城市规划和城市建设，首先要求所建的项目获得国家批准，然后申请选址意见书、建设用地规划许可证、建设工程规划许可证。所以，《物业管理条例》第50条规定，物业管理区域内按照规划建设的公共建筑和共用设施，不得改变用途。物业管理区域内的公共建筑和共用设施必须要符合国家批准的建筑规划设计功能，也就是要根据政府批准的要求，按照公共建筑和共用设施的种类、位置、构造、性质、功能等进行使用。比如，规划为绿地的部分就不得擅自改造为停车场；客用电梯不得作为专门运输货物的工具使用；小区内的学校不得改为娱乐场所。

这也是为了满足业主正常生产、生活需求所设计的，有利于维护全体业主的合法权益，维护物业管理区域的正常秩序。如果随意改变用途，不仅不能发挥该规划设计应用的功能，还会给业主带来不便甚至带来安全隐患。

如果确实为了全体业主生活的便利，又不损害公共利益的前提下，要改变物业管理区域内公共建筑和共用设施用途的，则属于对该部分进行事实上的处分。而进行处分必需由有处分权的人进行或者获得有处分权人的授权。物业区域内的公共建筑及共用设施是由全体业主根据建筑物区分所有权的规则所共有的，共有部分用途的改变涉及业主自身权益及共同权益，必须得由全体业主共同决定。

所以，《物业管理条例》第 50 条第 2 款又规定，业主依法确需改变公共建筑和共用设施用途的，应当在依法办理有关手续后告知物业服务企业；物业服务企业确需改变公共建筑和共用设施用途的，应当提请业主大会讨论决定同意后，由业主依法办理有关手续。这里规定了用途变更的程序，我们根据《物业管理条例》第 11 条和第 12 条，《物权法》第 76 条以及《建筑物区分所有权司法解释》第 7 条的规定可知，首先必须得通过召开业主大会，经专有部分占建筑物总面积过半数的业主且占总人数过半数的业主同意达成决议(普通表决)。无论是业主一方还是物业服务企业一方改变共有部分用途的，只要在业主大会上半数以上面积和半数以上人数的业主同意，该决议就是有效的，其他不同意的业主即便反对也不能导致决议无效。此处，并无“一票否决”的规定。

最后，都得由作为所有权人的业主去办理其他相关手续，即到规划建设部门、房地产管理部门、物业管理部门办理物业变更行政审批备案手续。在物业用途变更后，业主应告知物业服务企业，便于物业服务企业按照新的用途进行服务和管理。

【案例 5-7】

深圳市某高档住宅小区业主们发现，最近小区内的一处自行车棚被突然拆除改造修建成了高档汽车库。经过调查才知道，原来小区的物业公司为了私利，擅自将规划建设的自行车棚改建为车库。业主们认为物业公司未经法定程序擅自改变共用设施的行为违法；物业公司认为小区的自行车停放设施充足，自己作为管理者，有权决定改变自行车棚用途。双方产生争议，协商未果，业主便将此事诉诸法院。①

点评：本案中，自行车棚属于物业管理区域内的按照规划建设的公共建筑，应作为共有部分属于全体业主支配范围。一般不得擅自改变其规划用途。如果物业公司为了管理需要确需改变，则必须提请业主大会讨论，经过专有部分占建筑物总面积过半数的业主且占总人数过半数的业主同意，并由业主去办理相关手续。但物业公司并未经过此程序，所以，物业服务企业擅自改变物业共有部分用途的行为违法，要根据《物业管理条例》第 66 条追究其法律责任。

---

① 案例改编自朱寿全、王爱民主编：《物业纠纷律师在线答疑》，中国法制出版社 2009 年版，第 189 页。

【案例 5-8】

2000 年 8 月 13 日下午，70 多岁的老太孙某从家中外出，当她走到楼梯的第二个台阶时，邻居王某家堆放在公共通道内的木料突然倒塌，老人头部被砸伤，当即被送往医院救治，终因颅脑重度损伤于次日上午死亡，家人花去医疗费 6000 余元。事情发生后，孙某的子女非常悲痛，他们和管理该小区的物业服务企业以及王某交涉有关赔偿问题，但无法达成一致。4 兄妹无奈，向法院起诉，要求物业企业和王某支付其母亲的医疗费、丧葬费、死亡补偿费等 9 万余元，并要求赔偿误工费 2372 元、精神损失费 2 万元。①

点评：《物业管理条例》第 7 条规定，业主在物业管理活动中，应遵守物业管理区域内物业共用部位和共用设施设备的使用、公共秩序和环境卫生的维护等方面的规章制度。《物业管理条例》第 50 条物业管理区域内按照规划建设的公共建筑和共用设施，不得改变用途。《建筑物区分所有权司法解释》第 4 条规定，业主对于共有部分的利用不得损害他人合法权益。本案中，王某未遵守物业规定，占用共用通道堆放木料，其行为侵害了其他业主的合法权益。而且，因为其木料倒塌致孙某死亡，根据《侵权责任法》规定，王某应对孙某的死亡负主要责任。

根据《物业管理条例》第 2、36、46 条规定，物业服务企业应对包括通道在内的所有公共部分进行管理，对于王某在楼道内乱堆乱放行为，应及时进行纠正。而物业服务企业并没有及时制止，致使王某长期占用堆放杂物，导致悲剧发生，物业服务企业存在一定过错，也应承担相应责任。

所以，本案中，应由王某和物业企业对孙某的死亡共同承担责任。

（二）共有部分的经营管理

共有部分原则上是为了满足业主的生活所需，一般不得经营的，但在物业区域内的业主对于共有部分、公共建筑和共用设施利用有剩余且不影响物业的使用和管理的情况下，可以经营。比如，在楼顶设置发射塔、移动通讯的基站，利用外墙发布广告，将共用部位出租。

但是，毕竟共用部分进行经营可能会对相关业主的生活造成影响，比如妨碍住户的通风、采光，产生噪音和灰尘，占用堵塞消防通道等，所以要经相关业主的同意。这里的相关业主，主要是指直接受到经营行为影响的业主。比如，受广告牌将光线遮挡影响的业主。

商业利用的对象是属于全体业主共有的公共建筑和共用设施，也会影响到全体业主的利益，因此，《物业管理条例》第 15 条和《建筑物区分所有权司法解释》都要求经过业主大会讨论，取得专有部分占建筑物总面积过半数的业主且占总人数过半数的业主同意。

同时，因为物业服务企业是由全体业主选聘的，承担物业管理区域内的具体服务任

---

① 黄武双、朱平著：《物业管理法律原理与案例精点》，上海交通大学出版社 2006 年版，第 206 页。

务。物业管理区域内的公共建筑和共用设施也是其管理的主要对象，如何充分利用并保障物业共有部分是其核心任务，也是其资质、经验、技术发挥的领域。所以，对共有部分进行经营性利用也应取得物业服务企业的同意。

【案例 5-9】

2007 年 5 月，本市河西区一居民小区负责物业管理的某物业公司，与一家广告公司签订《楼宇社区宣传牌媒体合作协议书》，双方约定，由广告公司租用上述居民小区 178 个楼门的进口处用于悬挂社区宣传牌，从事广告招商、发布事宜；租期 1 年，租金为每年每块宣传牌 60 元，一年共计 10680 元；付款方式为广告公司安装完上述宣传牌后，付给物业公司当年 50%的租金，2008 年 7 月 15 日前付清余款；双方同时还约定以该协议总额的 10%作为违约责任的赔偿标准。协议签订后，物业公司如约履行了义务，但广告公司在支付了 50%的租金后，一直没有支付剩余款项，双方为此成讼。①

点评：小区进口处属于小区内共有建筑部分，属于全体业主共有。物业公司未经全体业主同意，无权擅自将小区进口处出租给广告公司，此租赁合同在事后也未得到业主委员会的追认，因此该合同无效。广告公司已经在小区内实施了广告宣传业务，已经履行的部分无法恢复原状，只得要求广告公司按照等价有偿原则，按照合同约定的租金数额及实际使用天数，缴纳使用费。这部分使用费应作为小区的共有部分收益，主要用于补充专项维修资金。

（三）共有部分收益及负担

1. 共有部分的收益

建筑区划内的公共建筑和共用设施等共有部分属于全体业主共有，全体业主都对其有占有、使用、收益和处分权，所以利用共有部分进行经营所获得的收益应当归全体业主所有。

共有部分物业的经营性收益虽归全体业主共有，但通常不会直接在业主之间分配。因为为了保障物业正常使用和维护，收益应首先主要用于补充专项维修资金的不足，用于物业管理区域内物业共用部位、共用设施设备的维修、养护。如果业主大会作了其他决定，也可以按照业主大会的决定使用，业主委员会对此没有决策权。

业主大会如果决定将收益在业主之间分配，这就会涉及分配标准的问题。业主大会可以就此进行讨论决定分配比例，这属于《物权法》中第 80 条的“有约定按约定”，也应该按照《物权法》第 76 条规定的适用普通表决机制；也可以按照专有部分占建筑物总面积的比例来确定收益分配比例。

就目前来看，物业共有部分收益的去向主要有：①补充物业服务费用的不足；②作为小区公共设施维修资金；③入物业服务企业的账，由业主委员会监管（这种情况的出现

① 周苏晋、徐德利：《物业出租小区共用部位　业委会未授权合同无效》，载《渤海早报》2010 年 1 月 29 日。

多半是由于业主委员会没有账户，或新建小区尚未成立业主委员会)；④物业公司直接占为己有。

物业服务企业通常只能根据物业服务合同对共有部分提供服务和管理，不能擅自利用小区共有部分进行经营活动并将所得收益收入囊中。但是在共有收益的分配上，根据《物权法》第80条规定，有约定的首先按约定，这就不排除业主、业主大会和物业服务企业之间达成协议，只要协议的程序和内容是合法的，将共有部分的收益的部分甚至全部交给物业服务企业，也是合法有效的。同时，基于管理亦产生效益的原则，物业服务企业理应对其付出的劳动享有一定比例的回报；物业服务企业对共有部分进行经营管理的活动，对这部分收益的产生也发挥了重要作用，因而也可以获得相应收益。这样也有利于物业服务企业改善服务及自身的发展。在本章篇首导入案例中，业委会作为业主大会执行机构，有权代为行使其成立前全体业主的权利，为全体业主主张共有部分收益的权利。物业公司基于管理对收益也可相应获得权利。所以，物业公司可以和业主进行协商，给自己留一部分收益后再返还给业主委员会。

2. 共有部分的负担

共有部分除了收益，也会产生相应的负担。比如，电梯的损耗费用、房顶的维修费用、裂墙的修补费用等。同样的，根据《物权法》第80条规定，建筑物及附属设施的费用分摊，业主之间有约定的按约定；没有约定或约定不明确的，按业主专有部分占建筑物总面积的比例确定。

【案例5-10】

北京的徐女士认为自己住在一楼，从来不坐电梯，自己不是电梯的收益人，因此拒绝给物业公司交电梯费，物业费则一分不欠。2012年，她所在小区物业公司北京鸿鹄物业管理有限公司将其起诉到北京市丰台区法院，要求她交纳2006年7月至2009年6月以及2010年7月至2012年6月的电梯费，共计7300余元，及逾期滞纳金500元，并承担诉讼费。物业公司要求交费的理由是，徐女士入住时，与公司签订了《前期物业管理委托合同》，合同约定物业费收费标准为1.78元/建筑平方米/月，其中电梯费的收费标准为0.8元/建筑平方米/月，未按期交纳物业费的按日加收滞纳金3‰。徐女士则反驳说虽然《前期物业管理委托合同》规定每年要交包含电梯费在内的物业费，但自己如果不签合同就拿不到钥匙，合同本身不具有合理性。①

点评：电梯属于建筑物共有部分，其费用分摊、收益分配应根据业主之间的约定来；没有约定或约定不明确，应根据每个业主专有部分面积来承担。电梯费一般都包含在物业费中。所以无论住户在几楼，是否使用电梯，如果没有明确约定，则应该按比例缴纳电梯使用费。除非在业主公约和物业服务合同中明确约定不交或少交。

案例中的徐女士这样的一楼住户表示不使用电梯就不交电梯费是无据可依的。因为，电梯对应的有损耗费用，也会产生收益，根据《物权法》规定，业主不得以放弃权利的理由不履行义务。而且，业主仅是承诺不使用电梯，也不可能时刻不使用电

① 案例改编自涂丹丹：《一楼住户均摊电梯费引争议》，载《江西新法制报》2013年3月15日。

梯，不可能强制执行。其次，如果大家购买的是同一幢带电梯的建筑物，电梯是共有部分，公共设施，一层业主不交纳电梯费，那么二层业主有可能会以用电梯比较少或承诺不用要求减免电梯费，三层、四层的业主也可以这么要求，这对高楼层、必须使用电梯的业主是不公平的。最后，徐女士也与物业公司已经就电梯费的负担在物业管理合同中进行了约定，该约定对双方均有约束力。徐女士应该负担电梯费用。

但是对于电梯这样的公共设施的费用如何负担，是值得去探索的。

目前，某些地方立法已经对此进行了初步尝试。如山东威海市2006年出台《威海市市区普通住宅小区物业服务等级标准》。该标准规定：一、二层住户确定不使用电梯的及闲置房业主可不缴纳电梯使用费，但应按交费起始层的30%缴纳电梯维护保养费，电梯电费由物业服务企业和业主商定缴纳办法，可按面积、按户、按常住人口等不同方法确定。再如江苏《苏州市住宅区物业管理条例》中规定，电梯费分为正常使用、物业管理及更新费用。苏州的小高层、高层小区的电梯费，不带负一层的高层一楼住户由于使用电梯的频率几乎为零，所以不需要支付电梯使用费，但因为电梯是公共部分设施，每位业主都要承担其维护责任，所以在电梯需要更新时，必须按照规定支付电梯更新费。自2009年10月1日起执行的《常州市市区住宅电梯运行维护收费管理办法》中确定的按层收取电梯费的办法是一个有新意的、很不错的方法。其中第5条规定，住宅电梯运行维护费按建筑面积每月每平方米0.40元乘电梯楼层系数预收（月度电梯运行维护费=建筑面积×0.40元×K，K为电梯楼层系数）。业主委员会成立前的住宅电梯运行维护费年终结算，其不足部分由开发建设单位补足，结余部分由业主委员会成立后的业主代表大会处置。业主委员会成立后的住宅电梯运行维护费年终结算，不足部分由电梯受益业主补足，结余部分滚存使用。第6条规定，电梯楼层系数确定原则：根据不同高低的住宅楼以单元为单位，以电梯受益业主的中间层系数为1，然后向上、下分别增、减差率来确定，但各楼层系数增减差率的代数和应等于零，且原则上最高楼层系数不高于1.50，最低楼层系数不低于0.50。总之，“一刀切”的电梯费收取方式是不可取的。

（四）共有部分的合理利用

当然，业主基于对专有部分享有的权利，难免有利用共有部分的现实需求。例如，空调外机要利用专有部分对应外墙；安装防盗门要利用壁心之外的共有墙壁；安装太阳能热水器要利用建筑物屋顶；为防止房顶过度暴晒，在屋顶安装遮阳棚以降温等。这种需求是业主专有权行使的合理延伸，是为了更好地利用专有部分。业主利用专有部分难免不涉及共有部分，离开相应的共有部分，专有部分的功效无法更好发挥，不利于“物尽其用”。

因而，在《建筑物区分所有权司法解释》第4条规定了业主对共有部分的合理利用制度。也就是说，共有部分属于全体业主共有，如何使用就应该由全体业主共同决定，这是基本原则。但即便如此，也存在着专有部分的业主合理使用与其专有部分紧密相连的外墙面的必要。只要业主是合理使用，也可以不经全体业主共同决定，其使用也是合法的。

关键是，要准确判断业主对共有部分是否属于合理利用。我们认为必须要符合以下几个条件：

（1）业主所利用的共有部分与其专有部分紧密相连。如果要利用的共有部分与专有部分没有利用上的紧密程度，也就不可能发生“基于对住宅、经营性用房等专有部分特定使用功能的合理需要”。比如，有住户非要把自家空调外机安装在邻居家墙面上，不仅不符合合理利用的这一要求，也有可能会损害到相邻住户的利益。这里的紧密相连，不一定要求在物理结构上相连。

（2）业主利用的目的是为了更好地利用专有部分，且必须要利用共有部分。这种利用有利于增加专有部分的舒适度，增加专有部分的安全，同时又不损害小区其他业主的共同利益，这也符合物权法物尽其用的原理。但是，利用的方式不能过分过度，应该具有合理性。如果这种需要的满足不必利用共有部分，而是可以有其他方案的选择的话，坚持无偿利用共有部分就不具有合理性。

（3）业主属于无偿利用。以营利为目的的利用，不属于合理使用的范围。例如，楼顶业主不能在顶楼安装广告牌，单个业主不得利用自家外墙面安装广告条幅。还有小区的一楼业主在自家阳台外再扩建一部分做窗台用于临售日用品。这些行为都是违法行为。如果要利用共有部分从事经营活动，必须由业主共同决定，单个业主不能擅自利用。

（4）不得违反法律、法规、管理规约，损害他人合法权益。例如，管理规约中规定，所有住户不得将阳台安装遮阳棚，以避免小偷利用遮阳棚为支撑点爬楼盗窃。而住户仍要在阳台安装的，就违反了管理规约，其他业主如果受到损害的则有权根据《物权法》第78条第2款规定起诉。再比如，有临街住户想在朝街面阳台外安装晾衣架，如果当地城市管理规定中有禁止，则对阳台外墙面利用则违反了法律、法规的规定，也不属于合理利用。此外，还应要求不违反一般社会公民要尽到的善良注意义务，即其行为不应对其他业主人身、财产等方面产生损害甚至是不良影响，不应对其他业主的生活造成不便，如滥占通道、公共绿地、随意丢弃垃圾、制造噪音、利用广场等公共部分进行影响他人正常生活的娱乐活动等。①

如果符合上述合理利用的要求，则业主便可以对共有部分长期、永久地使用，而且既无须支付对价，也不构成对其他业主的侵权。② 但也必须考虑到其行为是否会给相邻的权利人的通风、采光等方面造成妨碍，是否会给相邻的权利人的人身和财产安全造成隐患，如果使用不当，也应当拆除。

【案例5-11】

2009年3月，盛唐轩酒店公司租赁湖北省武汉市江汉区航天花园小区第301栋第1、2层进行酒店经营，租期5年。2010年12月，盛唐轩酒店在未告知航天花园业委会及物业公司的情况下，委托武汉天然气公司施工铺设天然气管道。后航天花园物业管理处向天然气公司及盛唐轩酒店发函，要求暂停施工，盛唐轩酒店仍继续施工。

① 初泽：《物业管理侵权纠纷中的责任辨析》，载黑龙江法院网：http://www.hljcourt.gov.cn/public/detail.php?id=453，2011年10月19日。

② 李晓斌、吴春岐主编：《物权法司法解释理解与运用：典型案例裁判理由》，中国法制出版社2010年版，第36页。

工程完工后盛唐轩酒店将道路、绿化带和地下管网恢复原状。2011 年 1 月，盛唐轩酒店停止经营，改由江城小院酒店承租经营。航天花园业委会向法院起诉，请求盛唐轩酒店等被告拆除违法加建的燃气装置、管道，恢复道路、墙面、绿化带、地下管网，并赔偿损失 10 万元。①

点评：本案中盛唐轩酒店铺设燃气管道的外墙应认定为业主的共有部分。盛唐轩酒店公司虽然是经营性主体，铺设管道的行为也有利于其经营，但铺设管道本身并不是经营性行为，所以盛唐轩酒店的行为不应认定为“利用共有部分从事经营性活动”。虽然是非营利使用共有部分，但盛唐轩酒店铺设燃气管道也不是对共有部分的合理利用。因为酒店本可以选择小区外其他线路搭设管道来促进经营，但其坚持选择占用小区共有部分，不属于对共有部分的必要利用。如要开设酒店，在租赁房屋前就应该考虑选择管道的安装申请问题，等到酒店成立后再来申请管道安装未获批准，就只能属于酒店的自身经营风险，应自行承担，而不应转而对共有部分合理利用。所以，盛唐轩酒店的行为不应认定“合理需要”，而应构成对业主共有部分的侵权行为，应承担相应侵权责任，拆除天然气管道并对业主造成的损失进行赔偿。

五、特殊共有部分的认定及使用

（一）露台

现行的法律法规中并没有规定露台的定义，建设部曾经公布的《住宅建筑规范》《住宅性能评定技术标准》中也没有界定露台的概念，只是地方法规中偶有规定。我们一般认为露台也叫晒台，一般是指住宅中的屋顶平台或底层地面伸出室外的有围护无顶盖的台面，也有因建筑结构需求而在其他楼层中做出的大阳台，由于它面积一般比较大，上面又没有屋顶，所以称作露台。

它与阳台不同。阳台一般指有永久性上盖、有围护结构、有底板、与房屋相连、可以活动和利用的房屋附属设施，供使用者进行室外活动和晾晒衣物的空间。所以，阳台是作为业主的专有部分计入建筑面积（全面积或半面积），登记产权的。

露台一般是属于建筑物的共有部分。根据《房产测量规范》的规定，计入产权的为业主的房屋建筑面积，“系指房屋外墙（柱）勒脚以上各层的外围水平投影面积，包括阳台、挑廊、地下室、室外楼梯等，且具备有上盖，结构牢固，层高 2.20m 以上（含 2.20m）的永久性建筑”。而露台一般没有顶盖，周边没有围栏，是不计算在建筑面积内的，也就不可能办理产权证，业主也就没有所有权，不属于业主专有部分。《商品房购销面积计算及公共建筑面积分摊规则》也规定屋顶是不计入整栋房屋的建筑面积的，更不可能计入分摊面积。而且有些露台在设计时是作为特定用途的，如消防通道云梯的，疏散平台、避免平台等，更不能划归专有。

但根据《建筑物区分所有权司法解释》第 2 条的规定，规划上专属于特定房屋，且

① 王薇：《无偿利用小区共有部分须具备“合理需要”》，载《人民法院报》2014 年 6 月 5 日，第 6 版。

建设单位销售时已经根据规划列入该特定房屋买卖合同中的露台等，应当认定为《物权法》第六章所称专有部分的组成部分。所以，露台要划归专有部分，必须具备几个条件：第一，符合规划。露台建设只有经规划行政主管批准，在如规划图、施工图等规划文件中标明，甚至销售商也需根据规划图纸列入售房合同的售房图纸红线范围内，才能成为业主的专有部分。① 第二，专属于特定房屋。即规划上专属，也指物理结构上的专属，即只有特定房屋才能进入该露台，特定房屋的所有人对露台享有排他性的使用权。② 第三，房屋买卖合同中予以约定。露台成为业主专有部分一定要有合同依据，即建设单位在出售特定房屋时，已将专属于该房屋的露台一同出售给买房人。其他与露台性质相同的附属物，如入户花园、入户草坪，只要具备上述要求，也都划归专有部分。第四，房产证登记时予以注明。因为露台不计面积的话，业主也只是对其有专有使用权而没有所有权，没有产权和土地权。要保障专有权行使，也需要在房产证上予以注明。

而且，业主在使用过程中不得擅自改变露台的外观、形状、结构和用途；不得随意搭建其他形式的建筑物或构筑物；不得增加承重；不得随意进行破坏性装修；不得悬挂广告牌等经营性使用。

【案例 5-12】

原告马某是佛山市禅城区某花园小区湖晖楼 26 楼 A 房的权属人，两被告洪某夫妇是该楼 27 楼 B 房权属人。A 单元为 26 层，与之相邻的 B 单元为 32 层。原告的住房系顶楼，上为露台。两被告的房屋开门就可以面向原告上方的露台，且购房时其与开发商约定，该露台为其专用平台。两被告收楼后，擅自封闭原设的房屋大门，在公用走道上安装防盗门，将部分走廊面积及讼争露台封闭独自占有使用，还擅自在露台上建小房一间，在旁边种植花草树木、搭建鱼池，并在鱼池中设假山，装有水泵、供氧机不停运作。原告认为被告鱼池内假山流水和水泵、供氧机的马达轰鸣产生噪音，影响自己的睡眠，露台上花草树木产生的枯枝败叶、飞虫、蚂蚁随风吹进自己家里，影响自己正常生活，于是把两人告上法庭。另查明，2009 年 2 月 23 日，佛山市禅城区城市管理行政执法局认定，洪某夫妇在未取得《建设工程规划许可证》的情况下，擅自在露台上实施建设行为违法，决定限两被告 25 日内无条件自行拆除上述违法搭建的棚屋。但两被告拒收决定书。③

点评：《建筑物区分所有权司法解释》第 3 条第 2 款明确规定，建筑区划内的土地，依法由业主共同享有建设用地使用权，但属于业主专有的整栋建筑物的规划占地等除外。也就是说，除非开发商在规划楼宇时，将露台的用途设计为供部分业主专有

---

① 目前，大部分露台都是做消防或避难，少有规划为房屋专有的，除非是别墅楼顶露台或楼顶平台。

② 通过公共通道就可以到达的露台，一般不具备构造上的独立性、功能利用上的排他性，不能视为专有部分，属于共有。

③ 案例改编自林劲标、凌蔚：《买房送露台引发业主纠纷》，载《人民法院报》2009 年 12 月 21 日，第 3 版。

使用外，我们一般都应当认为露台属于整栋楼宇全体所有权人或使用人共同所有和使用。商品房开发商若将其赠送给个别购房者，或者指定由个别购房者专门管理使用，均构成对其他购房者天台使用权的侵害，其赠送以及指定行为应属无效行为。如果开发商要将上述露台使用权归业主个人，必须根据《物权法》的规定，经专有部分占建筑物总面积过半数的业主且占总人数过半数的业主同意。

（二）建设用地使用权

《物权法》第 182 条规定，“以建筑物抵押的，该建筑物占用范围内的建设用地使用权一并抵押。以建设用地使用权抵押的，该土地上的建筑物一并抵押。抵押人未依照前款规定一并抵押的，未抵押的财产视为一并抵押”。所以，在我国土地与房屋同时抵押。业主如果拥有专有部分所有权，对该专有部分所占的土地也应享有相应的建设用地使用权。

而且，现在的建筑物都是采取区分所有制，虽然在一个建筑区划内有多个建筑，每个业主的专有部分所在的建筑物占用的土地范围也是不同的，但是其中的某一个具体专有部分对应的建设用地使用权实际是无法具体确定的。因此，对于整个建筑物所占的建设用地使用权，只能由该建筑物内的所有业主共有。所以，《建筑物区分所有权司法解释》第 3 条也规定建筑区划内的土地，依法由业主共同享有建设用地使用权。

但是，并非所有建筑区划内的土地建设用地使用权都属业主共有。以下情况存在例外：

（1）属于业主专有的整栋建筑物所占地的建设用地使用权，属于该特定业主。在很多地方，这样的整栋建筑物，可以办理独立的建设用地使用权证。

（2）小区内的公共道路。

（3）小区内的公共绿地占地。

（三）绿地

根据《物权法》第 73 条的规定，建筑区划内的绿地，属于业主共有，但属于城镇公共绿地或者明示属于个人的除外。这一条规定，将建筑区划内的绿地的归属分成了三类。不在建设用地使用权范围内，属于国家所有的城镇公共绿地；归全体业主共有的绿地；经“明示”属个人所有的绿地。

城镇公共绿地，是指满足规定的日照要求、适合于安排游憩活动设施的、供居民共享的游憩绿地，应包括居住公园、小区小游园、组团绿地及其他块状、带状绿地①。它是有国家城市规划设计和审判备案的，受规划部门验收和确认，一般不容易混淆。

而建筑区划范围内剩下的规划绿地（不包括屋顶、晒台上的人工绿地），除去明示个人所有的绿地外，均为业主共有。因此，关键是何为“明示属于个人”的绿地②。有人

---

① 中国建筑工业出版社编：《城市居住区规划设计规范》，中国建筑工业出版社 2002 年版，第 4、6 页。

② 《建筑物区分所有权司法解释（征求意见稿）》第 3 条第 1 款明确规定：“建筑区划内根据规划文件规定专属于个人的绿地部分，应当认定为物权法第 73 条所称‘明示属于个人的’绿地。”

认为必须是经其他业主明知的，进行登记公示的①；也有人建议取消“明示”要求②。目前在实践中，一般认为，只要开发商和业主在购房合同中对绿地的转让有明确约定，即属于“明示”属业主个人所有。同时，还应参照《建筑物区分所有权司法解释》第2条的规定，必须具备规划要件和登记要件。即在出售前该绿地已经被规划作为专有部分专属于特定房屋（以此向其他业主公示），并且在房屋转让登记时予以标注。

其实，承认绿地个人所有，是对购买绿地的业主和其他业主不公平的。因为绿地占用了土地，要办理建设用地使用权。开发商在支付建设用地使用权出让金后，已经将包括房屋和土地成本都分摊到商品房的房价中。所以，每个业主在购房支付房价时，也支付了对应的绿地的对价。绿地的使用权作为建筑区划内土地使用权的一部分通过买卖合同转移给了所有业主。所有的业主都为绿地支付过购买价格的。但是，开发商后来却只将绿地转移给部分业主，这对其他未购买业主是不公平的。同时，如果开发商不是赠送绿地而是出售绿地给部分业主，则购买业主得针对绿地面积付款，这属于二次支付，该绿地实际被出售了两次，开发商获得了两次对价，这对于购买绿地的业主也不公平。所以，《物权法》第73条的“明示”应该还要求开发商在土地使用权的划分上，将属于业主单独所有或专有使用的土地使用权的费用及绿地的维护费用单独计算，从其他业主的共有土地使用权部分中予以扣除。

再者，房屋在出售前的规划设计中有一个绿地率指标。也就是居住区用地范围内各类绿地面积的总和占居住区用地的比率，新区建设不应低于30%，旧区改建不宜低于25%③。可这个指标里没有区分是共有还是专有的绿地。因此，也有可能在开发商在出售绿地给业主的过程中，导致绿地率的降低，影响整个建筑区域的生活环境和质量。

另外，值得注意的是，绿地作为土地一部分，即便属于个人所有的绿地，只是绿地作为土地上附着物归业主所有，业主也只是获得了对绿地的专有使用权，而没有所有权。并且不得擅自改变绿地的用途，绿地的维护和养护由业主个人负担，支付对应的物业服务费。

【案例5-13】

某房地产开发公司在出售其所开发的小区时，在《商品房销售合同》中写明在该小区西南角建有一定面积的绿地。胡小平等四人各自购买了一套商品房。随后，房产公司未经有关部门批准，擅自将该小区西南角原设计为绿地的地方改建为五间车库。为此，胡小平等四人将房产公司告上法庭，要求拆除上述车库。④

点评：依《物权法》第70条以及第73条第1款等规定，改变建筑区划内共有部分用途的权利，属于该建筑区划内的全体业主而非开发商。本案中，胡小平等四业主

① 唐冰冰、张衔：《〈物权法〉绿地条款问题研究》，载《西南民族大学学报（人文社科版）》2008年第4期。

② 黄伟洲：《〈物权法〉第七十三条及现实问题探析》，载《法制与社会》2009年第31期。

③ 唐冰冰、张衔：《〈物权法〉绿地条款问题研究》，载《西南民族大学学报（人文社科版）》2008年第4期。

④ 案例改编自孙宝贵、田伟：《小区绿地变车库　业主告赢开发商》，载《今晚报》2010年10月9日，第4版。

与公司签订的《商品房销售合同》，实际上包括两个内容，即业主个体向开发商购买作为专有部分的住宅，以及全体业主基于此前各自购买的专有部分的同时，还向开发商购买了专有部分以外的共有部分。因此，开发商不仅应当按照与业主个体订立的《商品房销售合同》中专有部分的约定交付标的物并办理相关登记，而且还应当按照双方关于共有部分的约定交付共有部分。

本案中，胡小平等四业主与房产公司签订了《商品房销售合同》，公司应当践行承诺，将原设计中的绿地作为共有部分依照合同约定向全体业主交付。但在事实上，该公司未经有关部门批准，擅自改变原设计，将小区西南角原设计为绿地的地方改为建造车库，属违约行为。故此，胡小平等四业主有权依据有关法律规定，要求房产公司排除妨害、恢复原状、确认擅自处分共有部分的行为无效或者赔偿损失。

（四）道路和场地

城镇公共道路是市政设施，应当属于国家所有，业主只享有使用权。物业管理区域内除去城镇公共道路和城镇公共绿地占地后的道路和场地都属于全体业主共有。

建筑区域内道路是物业小区的重要组成部分，事关业主切身利益和物业服务企业的服务管理的开展，所以应该由全体业主根据规划设计用途共同使用。无论是业主还是物业服务企业原则上都不得擅自占用、挖掘物业管理区域内的道路、场地，否则属于侵害其他业主对道路场地的共有权益。

但是，根据《物业管理条例》第 51 条的规定，为了实际需要，业主或物业服务企业可以临时占用、挖掘道路和场地。比如，物业服务企业为了维修地下管线临时挖掘公共道路。但此时必须符合法定条件：①为了维修物业或其他公共利益的需要。②是必须占用挖掘道路、场地的，也即是为了实现前所述目的所必需的。③业主委员会和物业服务企业的同意。业主临时占用、挖掘道路、场地的，应当征得业主委员会和物业服务企业的同意；物业服务企业临时占用、挖掘道路、场地的，应当征得业主委员会的同意。因为业主占用、挖掘道路、场地，会影响物业服务企业履行物业服务合同中诸如对物业的维护和保养的义务，所以要征得物业服务企业的同意。业主和物业服务企业通过协商，应及时就占用与挖掘的具体范围、方式、时间等作出安排。④及时恢复原状。通过上述条件的限定，有助于确保对道路和场地的损害减少到最小，也有助于采取措施减少给其他业主带来的不便。

【案例 5-14】

耿先生打算对其别墅进行装修改造，在没有经过物业公司同意的情况下，将与别墅相邻的公共道路进行了圈占，并搭建了库棚，占用了周边大量的公共绿地。周围邻居的正常生活和小区的交通秩序受到了严重影响。物业公司与耿先生进行多次协商，但耿先生拒不拆除。物业公司依法向人民法院提起了诉讼。①

---

① 案例改编自朱寿全、王爱民主编：《物业纠纷律师在线答疑》，中国法制出版社 2009 年版，第 170 页。

本案中，耿先生占用物业管理区域内的道路及绿地行为不是为了维修物业或公共利益需要，而完全是为了自己的个人利益，且没有征得业委会和物业服务企业同意，违反了《物业管理条例》第51条的规定，侵害了业主共同利益，应当予以恢复状，并按照《物业管理条例》第66条的规定，承担相应行政责任。造成业主权益损害的，还应当承担民事赔偿责任。

（五）小区车库、车位

1. 车位和车库的含义

车位，是指设置在地上或地下的以停放机动车辆为目的的属于开放式空间的场所；车库，是指以停放机动车辆为目的设置的具有封闭空间的场所。①

2. 车库、车位的类型和归属

车库车位的具体归属要结合车库车位的类型来确定。

（1）立体车位，是指具有独立的建筑结构的停车位。

因其有独立的建筑结构，符合《建筑物区分所有权司法解释》第2条对建筑物专有部分界定的三个特性，即构造上的独立性、利用上的排他性和能进行产权登记。因此，该种有明确权属登记的停车位即车库，是可以作为专有部分进行转让的。现实中，一般由业主购买使用，或开发商对外出租，纠纷较少。

（2）地面车位，是指直接设置在小区地表，利用道路、绿地划定的以划线分割方式标明的停车设施。

这里的地面车位一般是占用了道路、场地、绿化地的车位，根据《物权法》73、74条，建筑区划内的土地属于业主共有，因此，设置在业主共有的道路、场地、绿地的停放汽车的车位，应属于业主共有。业主共有的公共部分应由全体业主召开业主大会决定如何利用，由业主委员会代表全体业主或委托物业服务企业对共有道路、场地停车位予以管理。

如果设置停车位的道路是城镇道路，其产权当然属于国家所有，由政府代表国家行使。开发商设立停车位必须取得政府的授权与批准。

（3）架空层车位，根据《民用建筑设计通则》(GB50352-2005）的术语解释，架空层（OPEN FLOOR）是指“仅有结构支撑而无外围护结构的开敞空间层”。而根据《建筑工程建筑面积计算规范》(GB /T 50353-2005）中的术语解释，架空层（empty space）是指“建筑物深基础或坡地建筑吊脚架空部位不回填土石方形成的建筑空间”。

所谓架空层，系建筑工程专业术语，是指建筑物深基础或坡地建筑吊脚架空部位不回填土石方形成的建筑空间②。也就是把建筑物用柱子架起来后，该楼层中至少有两面不设护围而空出来的那一层。通常住宅的首层做架空层，用作停车位或其他活动空间。

目前在相关法律、法规中并没有明确规定架空层的权利归属，司法实践中也出现了不同的判决。在理论界，关于架空层的权利归属，主要有4种不同看法。

① 高圣平：《住宅小区车位、车库的性质及其权利归属研究》，载《法学家》2008年第6期。

② 参见《建筑工程建筑面积计算规范》中2.0.10架空层 stilt floor 的解释。

看法一，认为架空层的权利性质是空间权，其所有权应依附于土地所有权而属于国家，对司法实践中架空层使用权争议纠纷应通过确立空间权的模式加以解决。①

看法二，主张根据架空层的功能与用途区分对待。如开发商履行了合法的规划报建手续，规划为小区公共活动场所的，推定小区架空层的产权属于买方置业者共有；将架空层作为车库建设，应本着“谁投资谁收益”的原则，由开发商拥有架空层车库的所有权；对未履行合法报建手续，将架空层私自改为车库或商铺出租、出售的，因违反国家强制性规定，根据建筑物区分所有权制度的相关理论，以及《物权法》第73条的规定，该架空层应作为建筑物的公共设施或附属设施，归全体业主所有。②

看法三，在法律未明确规定架空层产权归属的前提下，如开发商与购房者的合同亦未特别约定，则推定架空层为开发商与业主共有，开发商出售、出租或者改造架空层必须经业主一致同意，所得收益应双方共享。

看法四，由于架空层不计算容积率，没有纳入到公摊范围，因此架空层并未获得相应的土地使用权面积份额，其法律权利应依附于计算容积率的建筑物，应作为从物由已经取得房屋产权的全体业主所有。

架空层不属于现有《物权法》和《建筑物区分所有权司法解释》中列举的共有部分的公共建筑和共用设施项目。所以，其属于专有还是共有部分，还要看其是否具有专有部分的特性。很显然，架空层不具有独立性和排他性，也不能独立办理产权登记，是不宜作为专有部分界定权利归属的。架空层没有独立产权，只有土地使用权份额。而土地使用权只能依附于所在的建筑物一并存在。房地产开发商在转移房地产时，架空层不可能从计算建筑容积率的房屋中分离或分割，也不能将架空层的产权约定为房地产开发商所有。架空层的产权，实际上是依附于整个建筑物的占有、使用、收益的不完全物权。③ 虽然架空层依法不能取得独立的房地产权，但其权利却是依附在房屋建筑物上，随建筑物的移转登记发生权利移转。

而且，我们也不能单单以架空层未纳入到业主的公摊面积中就否认业主的共有权。在建筑区划内，也有如物业服务用房等公共建筑和共用设施并未纳入到业主的公摊面积中。且从架空层的建筑特性和本质功能来讲，即便没有像道路、绿地、墙面、楼梯等共有部分那样，是住宅小区环境配套服务所必需的，但是其功能的发挥、变更都与其他业主的各个专有部分的利用都是密切相关的。所以，笔者个人以为架空层适宜认做共有部分。也期待今后的立法就此进行完善。

因此，利用架空层规划设计为车库的，该架空层车库、车位应为全体业主共有。开发建设单位不得擅自占有架空层车位再次出售、出租给业主或其他用户；也不得擅自更改架空层车库的规划，变更为储藏间、棋牌室等谋取利益。

---

① 卢鹏：《论架空层的使用与归属》，载《当代经理人》2006年第1期。

② 朱程：《房屋架空层产权归属研究》，载《房地产行政管理》2005年第9期。

③ 陈东文：《试论住宅小区楼房架空层的产权归属》，http：//blog. msn. soufun. com/23669409/3516631/articledetail. htm，2009年5月4日。

（4）屋顶平台车位，是指在小区商品房楼顶平台上设置的停车位。

根据《物权法》第73、74条的规定和《建筑物区分所有权司法解释》的相关规定，屋顶平台属于建筑物区分所有权中的共有部分，在此设置的停车位应属全体业主共有。

（5）地下车位，是指开发商利用地下空间而建造的停车位。如果空间封闭则为地下车库。

2000年的《房产测量规范》里只规定了“层高小于2.20m以下的夹层、插层、技术层和层高小于2.20m的地下室和半地下室”不计入建筑面积。并没有强制规定地下车位是否属于分摊的建筑面积。所以，地下车位、车库是有独立性、排他性和产权登记可能的，地下车位是可以办理产权证的。因而，对于地下车位的归属，我们也要分情况来看：

第一，如果开发商根据规划在产权初始登记时获得了地下车库的产权，则地下车库归开发商所有。此时，要求开发商自己独立开发，而未将费用分摊到商品房销售中，才能审批获得独立产权证。否则，会形成地下车位的二次售卖。开发商可以对车位、车库进行处分，如出售移转给业主或其他主体，但要遵循《物权法》第74条的规定。

第二，如果开发商未取得地下车库的产权证，则看全体业主有无就地下车库面积进行公摊，如果分摊到了业主的购房面积内，则全体业主对地下车位有共有权。

第三，如果开发商未取得地下车库的产权证，也未将建设地下车位成本分摊到房屋销售中，则根据“谁开发谁受益”原则，地下车位归开发商所有。也可以根据房屋销售合同的约定，归开发商或业主所有。

（6）人防工程车位，指的是利用人防工程设置的地下停车位。

《人民防空法》第18条规定，人民防空工程包括为保障战时人员与物资掩蔽、人民防空指挥、医疗救护等而单独修建的地下防护建筑，以及结合地面建筑修建的战时可用于防空的地下室。第22条规定：“城市新建民用建筑，按照国家有关规定修建战时可用于防空的地下室。”所以，房地产开发中必须要由开发商投资建设人防工程，且建筑面积不计算到公摊中。同时该法第20、26条也规定，人防工程要有利于平时的经济建设、群众的生产生活和工程的开发利用，鼓励平时利用人民防空工程为经济建设和人民生活服务。平时闲置大量防空地下室不用也造成资源的浪费，因此开发商也乐于把人防工程作为地下车库使用。

目前立法对于新建民用建筑人防工程的所有权也没有明确的规定。《物权法》及其司法解释没有规定，《人民防空法》第5条也只规定，“国家对人民防空设施建设按照有关规定给予优惠。国家鼓励、支持企业事业组织、社会团体和个人，通过多种途径，投资进行人民防空工程建设；人民防空工程平时由投资者使用管理，收益归投资者所有。”国家虽然在开发商建人防工程中给予了一定税费优惠，但没有完全承担工程的经费。所以，开发商因为投入资金建设人防工程，且没有将工程面积公摊到房屋销售中，人防工程车位应属于开发商所有。开发商也应受国家立法对人防工程利用的限制，即承担保证战时能随时供作人员安置、物质掩蔽存储、防空指挥、医疗救护功能的法定义务，以及日常维修保养的法定义务。

3. 车库、车位的规划和利用

从上述不同类型的车位的所有权归属类型来看，就车位、车库的初始权利来看，当然均为开发商所有，在建筑物竣工验收合格后，交付房屋后就会形成开发商所有和业主共有两种类型。因此，对于车库、车位的利用，我们也分两种情况：

（1）业主共有的车库、车位。这里指的是在房屋交付后，作为业主共有部分的车库车位，包括占用道路、场地、绿地的地上车位，架空层车位、屋顶平台车位、业主分摊了建筑成本的地下车位。这时根据《物业管理条例》第50条规定，物业管理区域内按照规划建设的公共建筑和共用设施，不得改变用途。也就是，房屋建设规划时设计为车库、车位的，不得擅自改变其用途。如果确须改变的，应经召开业主大会按普通表决机制讨论决定，并告知物业服务企业。建设单位在交付房屋之前也不得擅自改变原有规划的车库车位功能，另作他用，或改建房屋进行出售。物业服务企业在履行物业服务过程中，也不得擅自改变车库车位用途。

业主共有的车库车位，全体业主均有对其占有、使用、收益、处分权能。且根据《物权法》第74条，建筑区划内，规划用于停放汽车的车位、车库应当首先满足业主的需要。所以，只能在共有车位有多余的情况下才能对外提供。

（2）开发商专有的车库、车位。开发商拥有所有权的车位，如立体车库车位、地下车库车位，开发建设单位虽也有占有、使用、收益、处分权能，可以将车位出售、附赠或出租给业主或非业主，但必须遵循《物权法》第74条和《建筑物区分所有权司法解释》第5条的要求。①

因为，车位、车库是小区业主共同生活的重要辅助设施，性质上属于小区的配套设施。② 所以《物权法》第74条规定，“建筑区划内，规划用于停放汽车的车位、车库应当首先满足业主的需要”。只有在满足本小区业主停车需要的情况下，才能考虑为小区外的其他人提供服务。这也有利于防止开发商将停车位单独出售给非小区业主的其他人，使得作为生活配套设施的车位变成开发商和投资者牟利的工具，而影响到小区业主的基本生活需求。

“满足业主需要”的含义。有人认为是赋予业主的优先购买权或者优先承租权。这是不对的。优先购买权是指在同等条件下优先于其他非业主购买的权利。如果，业主之外的其他人愿意支付更高价格购买车库车位，则开发商必须出售给价高者，则对业主非常不利。所以，优先满足业主的需要，并不要求业主一定通过购买方式获得车库车位。

所以，按照《物权法》第74条第2款规定，可以通过出售、附赠、出租三种方式满足业主需要。车库车位在房屋建成后属于开发商所有，开发商有权决定车位车库的处分，但需要履行一个义务，即保证业主需要，但不是说一定要将车库车位出售给业主。到底采用出售、出租或附赠哪种方式处分车位、车库，其决定权在开发商，而不是业主。

满足需要是为了保护业主利益，但也要考虑到开发建设单位的利益，所以，对于业主需要也设置一定限制，比如数量和时间上的限制。

首先，从配置比例上进行数量限制。《建筑物区分所有权司法解释》第5条规定，开

① 注意，此处不包括人防工程改造车库车位。

② 王利明著：《物权法论》，中国政法大学出版社2008年版，第172页。

发商必须按照配置比例来出售、附赠或出租给业主，也就是从数量上限制业主利益的满足。① 这一配置比例，是指规划确定的建筑区划内规划用于停放汽车的车位、车库与房屋套数的比例。这个比例通常是由政府规划行政主管部门在综合考虑该小区居民的停车利益等各种因素的基础上确定的，一旦确定则有法律效力。

对于该配置比例，目前尚无统一的计算方法，有的表述为“户均××车位”，有的表述为“××车位××户”。② 而不论哪种表述方法，最终都可以计算出车位、车库与房屋套数的配置比例。例如，某小区共有房屋套数500户，规划要求的车位、车库配置比例为“户均0.8个车位”，那么开发商应建的小区车位、车库数量为500×0.8=400（位）。因此，开发商必须为该小区至少建设400个车位、车库。如果小区高档一些，则配置比例会更高一些，如1∶1，则每个业主均能保证有一个车位。别墅类住宅车库自带，每户拥有车库率达到100%及以上。

一个业主最多一个车位。但如果业主购买一个车位后还要购买，小区如没有多余车位可以提供，开发商可以拒绝出售；但是开发商也可以协商出租给业主，必须得约定解除条件，即在有其他无车位的业主提出购买或租赁时合同即终止。业主在入住时不提出购买，入住以后过若干年提出购买，如果车库还有剩余，应优先出售或出租给业主；如果没有剩余，也没有违反配置和优先满足要求。

购房合同中应对该配置比例进行明确约定，业主在购房前应仔细了解。配置比例属于强制性条款，如若违反，应将相关条款予以确认无效。

其次，对于业主需求的满足也要加以合理时间的限制。有人认为应在业主入住后一段时间如1~2年内，开发建设单位不得将车库车位出售或出租给非业主使用者。这样的时间内，有可能过于限制开发建设单位，损害其利益。所以，在解释中没有明确。

注意，《武汉市物业管理条例》第63条规定，“在满足业主需要后，开发建设单位将车位、车库出租给物业管理区域外的单位和个人的，其每次租赁合同期限最长不得超过六个月”。也可以视为从一定时间上限制业主利益满足。这也是为了防止开发建设单位通过连续租赁合同变相达到出售车库。

4. 车库、车位使用中的收费

（1）车位租赁使用费。这是针对车位进行出租过程中，由出租人向承租人收取的车位所在的土地使用费。无论是业主共有的车位还是开发建设单位所有的车位，都可以采取出租方式向业主提供车位。业主共有的车位出租给业主，属于对业主共有部分的经营性使用，需要经过业主大会讨论通过，且收费要归入物业维修基金；否则车位是作为共有部分由业主共有，业主使用车位无需缴纳使用费。而开发商专有的车位，根据《物权法》第74条规定，可以出租给业主，根据租赁合同向承租的业主收取相应土地租赁使用费。

（2）车位物业服务费。业主共有部分的车位，因为属于物业共有部分中的共用配套

---

① 从《物权法》第74条的规定来看，要求整个建筑区划内的车位，包括共有车位也应当首先满足业主的需要。

② 杜万华、辛正郁、杨永清：《〈建筑物区分所有权司法解释〉的理解与适用》，中外民商裁判网 http://www.zwmscp.com/a/qingshidafu/xinwentijieda/2011/0408/10310.html，2011年4月8日。

设施，属于物业服务范畴，业主已经根据物业服务合同缴纳了物业服务费。因此，业主在使用车位时无需再向物业服务企业缴纳物业服务费。

开发商专有的车位，业主在购买或租赁后，可以另行与物业服务企业约定提供车位物业服务管理，缴纳物业服务费。也可以是，开发商委托物业服务企业提供物业服务，由业主作为第三人缴纳物业服务费。

所以，总体看来，无论是通过受赠、出租或购买获得车位的，还是使用共有部分的车位的，在车位使用过程中，都会涉及车位租赁使用费和物业服务费。

（六）物业服务用房

1. 物业服务用房的含义

物业服务用房，也即物业管理用房，是由房地产开发商、建设单位开发的，在物业交付时一同移交给全体业主的，具有用于物业服务企业办公、业主委员会议事活动、存放档案材料等功能的配置用房。

必要的物业服务用房具体包括必要的物业服务办公用房、物业清洁用房、物业储藏用房、物业维修用房以及保安人员的部分集体宿舍等。其中必要的物业办公用房包括物业服务企业以管理处的形式进行具体物业服务活动所必需的办公室，以及业主大会、业主委员会所必需的办公室。

2. 物业服务用房的配置义务

根据《物业管理条例》的规定，物业服务用房的配置是建设单位的法定义务。若不按照规定配置必要的物业服务用房的，由县级以上地方人民政府房地产行政主管部门责令限期改正，给予警告，没收违法所得，并处 10 万元以上 50 万元以下的罚款。

《物权法》第 73 条和《物业管理条例》第 38 条对其具体配备标准、使用、管理没做详细规定，均取决于地方规定。

对其是否单独占地为独立建筑物，各地基本未作要求，仅上海要求“在物业管理区域地面上配置独用成套的物业服务用房”。但各地都要求物业服务用房有固定的坐落位置、楼栋房号，并在规划设计图纸上予以标注；且具备水、电等基本使用功能。

对于物业服务用房的配置面积，各地要求不同。北京要求建筑面积不得低于 150 平方米，其中地上房屋不得低于 100 平方米，业主大会及业主委员会办公用房建筑面积 30～60 平方米。天津要求按照开发建设项目规划出售部分总建筑面积的 3‰～4‰确定物业服务用房。上海要求按照物业管理区域房屋总建筑面积的 2‰配置，但不得低于 100 平方米；业主委员会用房按照不低于 30 平方米配置。武汉要求不低于建设工程规划许可证载明的房屋总建筑面积的 2‰，并不少于 80 平方米，其中业主委员会议事活动用房建筑面积不少于 15 平方米。

物业服务用房是否算在业主的公摊范围内？《建设部关于印发〈商品房销售面积计算及公用建筑面积分摊规则〉（试行）的通知》规定，商品房的销售面积即为购房者所购买的套内或单元内建筑面积与应分摊的公用建筑面积之和。为整栋建筑服务的公共用房和管理用房建筑面积属于公用建筑面积。则物业服务用房作为公用建筑为分摊部分。2000 年 8 月 1 日开始实施的中华人民共和国国家标准《房产测量规范》也将物业服务用房纳入公摊部分。但是 2008 年北京《关于商品房开发项目房屋登记面积测量有关问题的通知》里减少了公摊部分，但也并未明确排除物业服务用房。所以，物业服务用房是否属于业主公摊部分，取决于各地规定。我们认为，根据《物业管理条例》第 30 条的规定来看，配置物业服务用房实属建设单位的法定义务，应属无偿为物业服务区域内的全体业主配置。且某些地方已经陆续明文规定，物业服务用房不得计入公摊面积。如郑州、天津、深圳。①

3. 物业服务用房的产权归属

物业服务用房属于业主共同所有。

建设部《房屋登记办法》第 31 条规定："房地产开发企业申请房屋所有权初始登记时，应当对建筑区划内依法属于全体业主共有的公共场所、公用设施和物业服务用房等房屋一并申请登记，由房屋登记机构在房屋登记簿上予以记载，不颁发房屋权属证书。"所以，物业服务用房作为全体业主的共有部分，应予以登记，但没有产权证。开发建设单位办理房屋所有权初始登记时提交物业服务用房房号、面积等资料，一并办理权属登记，在土地、房屋权属登记簿上予以标注。相关的权属资料通常应由建设单位移交给业主委员会保管。

其他地方也作了类似规定。《天津市物业管理用房管理办法》第 13 条规定，开发建设单位在申请办理房屋所有权初始登记时，应当对物业管理用房一并申请登记。房屋权属登记机关应当在房屋权属登记簿上予以记载并同时打印登记簿，开发建设单位在取得物业管理用房登记簿后应当及时移交给物业服务企业。开发建设单位和业主可以到房屋权属登记机关按照有关规定查询物业管理用房权属登记信息。郑州规定开发商在申请办理房屋所有权初始登记时也要对物业管理用房申请登记，房管部门将对物业管理用房予以记载，但是不颁发房屋权属证书。

4. 物业服务用房的交付

建设单位在物业竣工验收合格后一定时间内（地方规定，通常 30 天），应将物业服务用房交付给业主委员会；业主委员会尚未成立的，则移交给前期物业服务企业代管。物业服务企业根据物业服务合同对物业服务用房的性质用途的约定进行使用，并负责物业服务用房的维修、养护。物业服务合同终止时，物业服务企业应当将物业服务用房交还给业主委员会。

物业服务用房属于全体业主所有，任何单位、个人不得擅自变更其位置，不得擅自占用、改作他用，不得进行分割、买卖、抵押。如果要改变其用途，必须经业主大会按照普通表决机制讨论通过决议。（物业服务企业如要改变物业服务用房的用途，也必须经业主大会同意。）否则，根据《物业管理条例》第 65 条规定，物业服务企业擅自改变物业管理用房的用途的，由县级以上地方人民政府房地产行政主管部门责令限期改正，给予警告，并处 1 万元以上 10 万元以下的罚款；有收益的，所得收益用于物业管理区域内物业共用部位、共用设施设备的维修、养护，剩余部分按照业主大会的决定使用。

① 《天津市物业管理用房管理办法》第 10 条规定，房地产行政主管部门应当对物业管理用房独立测量、计算面积，其面积不计入分摊的共用建筑面积，并在《房产测绘成果报告书》中标注"物业管理用房"字样。《深圳经济特区物业管理条例》第 52 条规定，建设单位应当在物业管理区域内无偿提供物业服务用房，包括物业服务设备用房、物业服务办公用房和业主委员会办公用房。

【案例 5-15】

房先生在市郊的南国家园购买了一套复式公寓，2010 年 5 月 8 日交房后，业主们很快就成立了业主大会，选出了业主委员会。可就在业主委员会大张旗鼓进行各项活动时，却犯了愁，业委会没有办公地点。作为业委会主任的房先生到物业公司去询问，被告知开发商在最初与物业公司签订前期物业合同时，并没有涉及其他物业用房的交付，物业公司的办公室也还是在小区大门旁临时搭建的一处板房。此时，包括方先生的业主们和业主委员会该怎么办呢？

点评：根据《物业管理条例》第 64 条的规定，业主收房后发现建设单位违法，未按规定配置符合标准要求的物业服务用房，侵害了全体业主的利益的，业主均可以申请行政部门追究建设单位的行政处罚责任，要求建设单位限期改正。此处的限期改正，是要求建设单位补足不够的物业服务用房。而基于物业服务用房的特殊性，建设单位不可能在其他位置补建，只能通过从购房者手中回购房屋方式补足不够的物业服务用房；或者要求建设单位支付购买必要物业服务用房的资金。其次，业主还可以建设单位侵害业主共有权为由要求建设单位对侵害造成的损失进行赔偿，如另行租房做物业服务用房的额外支出。再者，业主也可以建设单位的商品房销售合同的违约为由追究其违约责任，要求赔偿损失，或者退房。《商品房销售管理办法》第 20 条规定，按套内建筑面积或者建筑面积计价的，当事人应当在合同中载明合同约定面积与产权登记面积发生误差的处理方式。面积误差比绝对值超出 3%时，买受人有权退房。买受人退房的，房地产开发企业应当在买受人提出退房之日起 30 日内将买受人已付房价款退还给买受人，同时支付已付房价款利息。买受人不退房的，产权登记面积大于合同约定面积时，面积误差比在 3%以内（含 3%）部分的房价款由买受人补足；超出 3%部分的房价款由房地产开发企业承担，产权归买受人。

5. 物业服务用房的性质用途

物业服务用房属于全体业主共有，应专用于物业服务工作。

基于物业服务用房所有权和使用权分离的特征，要求物业服务企业享有物业服务用房使用权的前提下，要本着一切为了顺利实施物业服务、一切为了更好地服务业主的宗旨，妥善、合理使用物业服务用房，在未经业主大会允许的情况下，不得擅自改变物业服务用房的用途，更不得买卖和抵押。

业委会及其他任何单位、单个业主均无权主动调整变更物业服务用房的用途。业主委员会确有改变物业服务用房的用途需要的，应征得业主大会同意，而不能擅自作主。

【案例 5-16】

某小区新建成，并于一年后完成全部交付使用。小区内有一栋三层楼的物业服务用房，其中一二楼为物业公司办公用房，三楼是业主委员会议事活动用房。业主委员会成立后，开始使用三楼的业主委员会议事活动用房。由于看到业主委员会的活动并不是很多，物业公司觉得该房一年中大部分的时间都闲置是浪费资源。于是为了获取更多利润，物业公司偷偷将三楼出租出去，做了健身房和棋牌室，仅留了一个建筑面积不足9平方米的小房给业主委员会活动使用。业主委员会得知此事后和物业公司闹得不可开交，最终对簿公堂。①

点评： 业主委员会活动用房是属于物业服务用房的一部分的，当然归属于全体业主所有，只能用于与物业服务有关的活动，包括业主委员会的议事活动。案中的物业公司无权擅自对物业服务用房的用途进行改变，否则构成对全体业主的权利的侵害。

六、供电、供水、供热、供气、有线电视、网络设施等公共设施设备

供电、供水、供热、供气、有线电视、网络设施等设施设备可以分为两种，一种是装修户内的水、电、气、热等管线管道设施，这属于业主专有部分，由业主自己负责进行维修管理。另一种是，在小区范围内业主户外的上述管线管道设施设备。这又可以分为两类，一类是小区业主共有的管线管道设施，属于小区业主共有部分，由业主大会共同决定该共有部分的共同使用、管理、维护；另一类是《物业管理条例》第52条规定的，属于管线管道各单位所属的供电、供水、供热、供气、有线电视、网络设施等设施设备，由各单位所有和负责管理维护。同时，《物业管理条例》也明确规定供水、供电、供气、供热、通信、有线电视等单位，因维修、养护等需要，临时占用、挖掘道路、场地的，应当及时恢复原状。

第三节 物业的维护

一、开发建设单位对物业整体的保修责任

（一）开发建设单位保修责任的依据

根据《建筑法》第62条、《建设工程质量管理条例》第39条、《房屋建筑工程质量保修办法》第3条、《商品房销售管理办法》第33条的规定，建筑工程实行质量保修制度。建设单位除了应保证竣工验收合格的房屋交付给业主，不存在质量问题；且在向用户交付销售的新建商品住宅时，必须提供《住宅质量保证书》和《住宅使用说明书》；在向业主交付房屋建筑工程后，应对房屋建筑工程承担质量保修责任。

《物业管理条例》第31条也规定，物业在交付使用后的一定期限内发现有工程质量缺陷，建设单位应当依法承担修复责任。所以，业主在购买房屋时，应和建设单位在商品房销售合同中就房屋建筑工程的保修范围、保修期限、保修责任等内容作出约定。在房屋交付后，对房屋的使用过程中，出现房屋质量问题，如果在质量保修期内，业主有权要求开发建设单位根据房屋销售合同及上述法律规定承担法定的质量保修责任。

---

① 案例改编自曹艺：《物业服务用房是开发商无偿提供 物业公司无权出租》，载武汉房地产网：http：//wh.fzg360.com/news/201202/21007_1.html，2012年2月15日。

（二）开发建设单位保修责任的范围和期限

建设单位承担的物业保修范围一般包括：地基基础工程、主体结构工程、屋面防水工程和其他土建工程（如地面与楼面工程、门窗工程等），以及电气管线、上下水管线的安装工程，供热、供冷系统工程等项目。业主还可以在房屋销售合同中约定另行增加项目范围。

住宅的保修期限不得低于建设工程承包单位向建设单位出具的质量保修书约定保修期的存续期；并不得低于《商品住宅实行住宅质量保证书和住宅使用说明书制度的规定》中确定的最低保修期限。非住宅商品房的保修期限不得低于建设工程承包单位向建设单位出具的质量保修书约定保修期的存续期。业主要求建设单位承担保修责任的保修期从将竣工验收的房屋交付给业主之日起计算。如：主体结构50~70年①；屋面防水3年；有防水要求的房屋墙面和地面防渗漏5年；供热、供冷系统和设备为2个采暖期、供冷期等。保修的期限应当按照保证建筑物合理寿命年限内正常使用，维护使用者合法权益的原则确定。此保修期也还要具体参考地方立法的规定。

保修责任的具体承担。在保修期限内发生的属于保修范围的质量问题，房地产开发企业应当履行保修义务。如，地基基础工程或主体结构工程存在质量问题的，如果能够通过加固等确保建筑物安全的技术措施予以修复的，应当负责修复。对于不能修复造成建筑物无法继续使用的，有关责任者应当依法承担赔偿责任。但是，属于不可抗力或者业主使用不当造成的损坏，房地产开发企业不承担责任。

（三）开发建设单位和其他各类单位之间的质量维护关系

《建设工程质量管理条例》第3条规定，建设单位、勘察单位、设计单位、施工单位、工程监理单位依法对建设工程质量负责。鉴于业主是与建设单位订立物业买卖合同，因此建设单位应当承担物业质量保修的首要责任，如果是因为勘察单位、设计单位、施工单位、工程监理单位的原因造成的物业质量问题，业主可以依法要求勘察单位、设计单位、施工单位、工程监理单位承担连带责任。

建设单位、勘察单位、设计单位、施工单位、工程监理单位之间，应根据造成质量问题的不同原因分别承担责任：

（1）施工单位未按国家有关规范、标准和设计要求施工造成的质量缺陷，由施工单位负责返修并承担责任。质量缺陷是指工程不符合国家或行业现行的有关技术标准、设计文件以及合同对质量的要求。

施工单位接到保修通知书之日起，必须及时到达现场与建设单位共同明确责任方，商议返修内容。属施工单位责任的，如施工单位未能按期到达现场，建设单位应再次通知施工单位；施工单位接到再次通知书后仍然不能按时到达的，建设单位有权自行返修，所发生的费用由原施工单位承担。

（2）由于设计方面的原因造成的质量缺陷，由设计单位承担责任。

---

①《建设工程质量管理条例》第40条规定：在正常使用条件下，基础设施工程、房屋建筑的地基基础工程和主体结构工程，最低保修期限为设计文件规定的该工程的合理使用年限。根据国际惯例，通常设计文件规定的合理年限为50~70年。

(3) 因建筑材料、构配件和设备质量不合格引起的质量缺陷，属于施工单位采购的或经其验收同意的，由施工单位承担责任；属于建设单位采购的，由建设单位承担责任。

(4) 因使用单位使用不当造成的质量缺陷，由使用单位自行负责。

(5) 因地震、洪水、台风等不可抗力造成的质量问题，施工单位、设计单位不承担责任。

二、业主对物业专有部分和共有部分的维护责任

(一) 业主对专有部分的维护责任

业主作为物业的所有权人，应对其所有的物业承担维修养护责任。因此，业主拥有的建筑物区分所有权的专有部分，也就是房屋的室内部分，即户门以内的部位和设备，包括水、电、气、户表以内的管线和自用阳台等，均由业主负责维修养护。如前文第一部分所述，业主使用中应该维持房屋的原状，业主对专有部分的维护、修缮等行为不得妨碍相邻业主的安全或者危及整体建筑物的安全，更不得故意毁损自有部分以免影响其他业主的利益。业主不得擅自改变房屋的结构及用途，业主应当按照原房屋设计的结构和用途使用专有部分的房屋，不得影响他人对专有部分及公共部位和设施的正常使用。同时，业主还应遵守管理规约、业主大会决议中对物业使用的要求。

(二) 业主对共有部分的维护责任

对于物业中共有部分，则根据物业服务合同或业主大会决议，业主参与承担物业的维修和养护责任的承担。此部分所涉及的业主应承担物业维修责任的，也适用于物业使用人。

尤其伴随着高楼建筑的增多，电梯的使用数量逐年递增，无论是工作、生活还是置业，电梯都与人们的生活紧密联系。而电梯作为各类建筑物中最重要设施，其质量维护和保养也与广大业主的利益密切相关。

首先，电梯的维修责任主体要区分是否在保修期内。

(1) 保修期内的维修责任。电梯作为建筑物的必要附属设施设备，属于房屋建筑工程的一部分，开发商在工程竣工验收后交付使用时应保证符合质量要求。在交付后的保修期内，可以要求开发商承担电梯的保修责任。该保修期与电梯采购合同中的保修期相当。开发商采购电梯时与电梯销售商签订的采购合同中有保修年限的条款，一般是 2 年。开发商在电梯销售合同中的保修期内可以要求电梯销售商承担保修责任；或者业主或物业服务企业也可以直接根据物业质量保修文件或保修合同要求电梯销售商承担保修责任。

(2) 保修期后的维修责任。电梯经过保修期后，根据《物权法》第 73、74、79 条和《建筑物区分所有权司法解释》第 3 条的规定，电梯属于物业服务区域中业主的共有部分。《物权法》第 70 条规定，业主对其共有部分享有共有和共同管理的权利。所以，电梯的维护责任由全体业主承担。《特种设备安全法》(2014) 第 38 条规定，特种设备属于共有的，共有人可以委托物业服务单位或者其他管理人管理特种设备，受托人履行本法规定的特种设备使用单位的义务，承担相应责任。共有人未委托的，由共有人或者实际管理人履行管理义务，承担相应责任。所以，若物业服务区域内实行业主自治，则电梯由业主委员会代表全体业主履行管理和维护职责；若业主委员会委托物业服务企业提供物业服

务，则由物业服务企业根据物业服务合同的约定，承担对电梯的管理和维护职责。

其次，电梯的维护要遵循特定的要求。

（1）电梯的使用单位应当在特种设备投入使用前或者投入使用后30日内，向负责特种设备安全监督管理的部门（国务院和县级以上地方各级人民政府负责特种设备安全监督管理的部门）办理使用登记，取得使用登记证书。登记标志应当置于该特种设备的显著位置。

（2）特种设备使用单位应当建立特种设备安全技术档案，包括：电梯设计文件、产品质量合格证明、安装及使用维护保养说明、监督检验证明等相关技术资料和文件；电梯定期检验和定期自行检查记录；电梯的日常使用状况记录；电梯及其附属仪器仪表的维护保养记录；电梯的运行故障和事故记录。

（3）电梯使用单位应当对电梯进行经常性维护保养和定期自行检查，并作出记录。对电梯的安全附件、安全保护装置进行定期校验、检修，并作出记录。电梯使用单位应当按照安全技术规范的要求，在检验合格有效期届满前一个月向特种设备检验机构提出定期检验要求。特种设备检验机构接到定期检验要求后，应当按照安全技术规范的要求及时进行安全性能检验。电梯使用单位应当将定期检验标志置于该特种设备的显著位置。未经定期检验或者检验不合格的电梯，不得继续使用。

最后，电梯的维修费用也容易引起纠纷。

【案例5-17】

李女士家住建设路星光城一号楼3层，小区电梯在一个多月前出现故障，之后物业通知该楼每户业主交30元的维修费。业主们对此意见不一，有的业主交了钱，有的则提出了质疑。李女士也有些不解，认为自己平时一直交着物业费，维修费用为什么不能从物业费里面扣除？另外，李女士记得自己曾经按20元每平方米的标准交过655元的专项维修资金，即使物业费里不包含电梯维修费，也可以考虑用专项维修资金来支付，而不应该向业主另外收取。①

点评：根据《物业服务收费管理办法》第11条的规定，实行物业服务费用包干制的，物业服务费用的构成包括了物业共用部位、共用设施设备的日常运行、维护费用。所以，电梯作为物业共用设施，其日常运行维修费用是可被包含在业主缴纳给物业服务企业的物业费中。案中的李女士的理解没有错，但也还要看其与物业服务合同的具体约定，是否有关于电梯维修费用的具体载明。

但是，物业共用部位、共用设施设备的大修、中修和更新、改造费用，应当通过专项维修资金予以列支，不得计入物业服务支出或者物业服务成本。电梯也要定期进行大修、检查，或者电梯发生大型故障进行修理，其中发生的修理费，人工费和材料费等，物业服务费中的电梯维修费不足以支付，应当申请从专项维修资金支出。李女士所在的小区电梯故障若是大修更新，则可以动用专项维修资金。

---

① 案例改编自张承斌：《电梯坏了　维修费该谁出?》，载《聊城晚报》2014年8月30日，第6版。

虽然每个物业小区都有自己的专项维修资金，但事实上，因为该资金申请过程繁琐、耗时较长，一旦公共设施出现紧急故障（如电梯坏掉、房屋外墙损坏等），往往等不及按照正常程序申请。而且，其间万一出现意外事故，易造成更为严重的后果，责任也很难理清。物业也迫不得已临时向用户收取维修费用，物业和业主之间产生矛盾也就在所难免。

三、物业服务企业对物业共有部分的维护责任

《物业管理条例》中所规定的物业服务管理，就是指物业服务企业根据物业服务合同中与业主的约定，对房屋及配套的设施设备和相关场地进行维修、养护、管理，维护物业管理区域内的环境卫生和相关秩序的活动。所以，物业服务企业承担着主要的物业维护责任。

物业服务企业主要是依据与业主委员会签订的物业服务合同，在约定的物业服务期限内，在约定的物业服务范围内，对物业服务区域内的共有部分包括公共建筑、共用设施设备、场地等提供维修、养护、管理服务。包括房屋的外墙面、楼梯间、通道、屋面、上下水管道、公用水箱、加压水泵、电梯、机电设备、公用天线和消防设施等房屋主体共用设施，在保修期外均由物业服务企业组织定期养护和维修。物业服务企业公开作出的服务承诺及制定的服务细则也可以成为物业服务企业的维修责任依据。如果在物业的保修期内，物业服务企业还可以根据业主的委托，向开发建设单位主张物业的保修责任。

同时，《物业服务纠纷司法解释》第 3 条明确规定，物业服务企业不履行或者不完全履行物业服务合同约定的或者法律、法规规定以及相关行业规范确定的维修、养护、管理和维护义务，业主请求物业服务企业承担继续履行、采取补救措施或者赔偿损失等违约责任的，人民法院应予支持。

四、第三人（侵权人）的维护责任

《物业管理条例》第 56 条规定，物业存在安全隐患，危及公共利益及他人合法权益时，责任人应当及时维修养护，有关业主应当给予配合。责任人不履行维修养护义务的，经业主大会同意，可以由物业服务企业维修养护，费用由责任人承担。

物业安全隐患主要是指物业在使用过程中由于人为、自然或突发事件等因素出现的潜在的结构、使用等方面的危险。而导致安全隐患发生的责任人可能是业主，也可能是因侵权行为造成安全隐患的业主、物业服务企业之外的第三人。

如果是业主的专有部分存在安全隐患，危及公共利益和他人合法权益，业主作为物业专有部分所有权人当然应承担维修维护责任。当然导致专业部分隐患发生的可能是业主自己，也可能是第三侵权人。如果第三侵权人侵害物业专有部分，造成物业专有部分存在安全隐患，危及公共利益及他人合法权益时，受侵害的业主或业委会可以直接要求业主专有部分承担维修养护责任。因为，其他业主很难知晓究竟谁是具体侵权人，以受侵害的物业专有部分的业主为侵权人追究责任更容易。当然，物业专有部分的业主在承担维修养护责任之后，可以向具体的第三人、侵权人进行追偿。

如果是物业共有部分存在安全隐患，责任人是某个业主对专有部分使用不善导致，则由该业主作为责任人对物业承担及时维修养护责任。如果是业主之外的第三人导致共有部分存在安全隐患，比如侵权人在对共有部分施工过程中，擅自破坏承重墙，破坏管道线路等，给他人或公共利益带来了危险或妨碍。此时，全体业主或者业主委员会可以直接要求侵权人承担侵权责任，包括对损害的共有部分进行修理、维护。如果不能进行修理、维护，可以直接要求侵权人进行损害赔偿。

无论是业主还是第三人导致物业存在安全隐患，由于物业结构整体性、系统性的特点，对物业某一部位、设施的安全隐患的维修养护往往要影响到相邻居民甚至整个物业服务区域内相关部位、设施的停用、占用等情况，所以需要这些业主的配合。

而且，因为物业安全隐患事关全体业主的人身、财产安全，甚至影响到社会秩序的安定，必须及时消除隐患，否则后果不堪设想。所以，如果责任人不履行维修养护义务的，经业主大会同意，可以由物业服务企业维修养护，费用由责任人承担。

第四节　住宅专项维修资金制度

一、住宅专项维修资金制度的立法

随着社会经济的发展，居民个人拥有住宅房屋的比例越来越高。住宅房屋的维修管理责任也相应地由过去国家、单位承担转移到居民个人承担。而现代住宅房屋多为高层或多层的群体建筑，建筑物及其附属设施能否正常及时顺利的维修，能否保持质量安全，对房屋的使用功能的发挥、物业的保值增值都有重要意义。因此有必要设置建筑物及其附属设施的物业专项维修资金制度。

1998年建设部、财政部发布《住宅共用部位共用设施设备维修基金管理办法》，以达到保障房屋的安全，对住宅共用部位、共用设施设备实施及时有效的维修养护的目的。经过不断实践，在对原有的专项维修基金制度进行修改、完善后，2008年2月1日建设部、财政部联合签署的《住宅专项维修资金管理办法》正式实施。《物权法》的第76、79条也规定了建筑物及其附属设施的维修资金制度。《物业管理条例》第54条也明确规定，住宅物业、住宅小区内的非住宅物业或者与单幢住宅楼结构相连的非住宅物业的业主，应当按照国家有关规定交纳专项维修资金。

二、住宅专项维修资金的含义

住宅专项维修资金，是指专项用于住宅共用部位、共用设施设备保修期满后的维修和更新、改造的资金。这里的住宅共用部位，是指根据法律、法规和房屋买卖合同，由单幢住宅内业主或者单幢住宅内业主及与之结构相连的非住宅业主共有的部位，一般包括：住宅的基础、承重墙体、柱、梁、楼板、屋顶以及户外的墙面、门厅、楼梯间、走廊通道等。共用设施设备，是指根据法律、法规和房屋买卖合同，由住宅业主或者住宅业主及有关非住宅业主共有的附属设施设备，一般包括电梯、天线、照明、消防设施、绿地、道路、路灯、沟渠、池、井、非经营性车场车库、公益性文体设施和共用设施设备使用的房屋等。

共用部位、公用设施设备都属于物业服务区域内的全体业主共有，而专项维修资金是用于上述共有部分的维修、更新、改造的资金。所以，《物业管理条例》第54条第2款和《物权法》第79条都规定，专项维修资金属于业主所有，实行专款专用、所有权人决策，专项用于物业保修期满后物业共用部位、共用设施设备的维修和更新、改造，不得挪作他用。

三、住宅专项维修资金的交存

（一）交存主体

《住宅专项维修资金管理办法》第6条规定，交存住宅专项维修资金的主体有二，业主和售房单位。

住宅物业和住宅小区内的非住宅或者住宅小区外与单幢住宅结构相连的非住宅物业的业主应交存住宅专项维修资金。若住宅为一个业主所有且与其他物业不具有共用部位、共用设施设备的，业主不用交维修资金。如果上述两种物业是作为公有住房出售的，则由售房单位按规定交存住宅专项维修资金。

（二）交存标准

1998年《住宅共用部位共用设施设备维修基金管理办法》，维修资金按购房款的2%来交存的。但是，同一小区的房子在不同的时间购买，可能价格上会存在涨落和差价。如果按购房款来交存维修资金，就会造成同一单元相同面积的房子，购买时间不同，交的维修资金金额不同，造成业主之间的不公平。

在《住宅专项维修资金管理办法》里要求商品住宅的业主、非住宅的业主按照所拥有物业的建筑面积交存住宅专项维修资金，每平方米建筑面积交存首期住宅专项维修资金的数额为当地住宅建筑安装工程每平方米造价的5%~8%。直辖市、市、县人民政府建设（房地产）主管部门应当根据本地区情况，合理确定、公布每平方米建筑面积交存首期住宅专项维修资金的数额，并适时调整。如北京，独立式住宅、非住宅为50元/平方米；多层住宅、非住宅为100元/平方米；高层住宅、非住宅为200元/平方米。

出售公有住房的，业主按照所拥有物业的建筑面积交存住宅专项维修资金，每平方米建筑面积交存首期住宅专项维修资金的数额为当地房改成本价的2%；售房单位按照多层住宅不低于售房款的20%、高层住宅不低于售房款的30%，从售房款中一次性提取住宅专项维修资金。

但是，上述建筑安装工程造价由谁来确定，开发商还是政府部门，《住宅专项维修资金管理办法》没有具体规定。而且，建筑安装工程每平方米造价因构筑物采用的建筑设计、建材价格、地基地质状况等因素不同而互不相同。要想确定一个小区的费用，按各幢单独逐一计算不具有现实性，因而就可能导致不同的建造价格，却要缴纳相同维修资金，显失公平。

（三）交存时间

直辖市、市、县人民政府建设（房地产）主管部门，作为业主大会成立前商品住宅业主、非住宅业主交存的住宅专项维修资金的代管人，应当委托所在地一家商业银行，作为本行政区域内住宅的专户管理银行，并在专户管理银行开立住宅专项维修资金专户。开立住宅专项维修资金专户，应当以物业服务区域为单位设账，按房屋户门号设分户账；未划定物业服务区域的，以幢为单位设账，按房屋户门号设分户账。

负责管理公有住房住宅专项维修资金的部门应当委托所在地一家商业银行，作为本行政区域内公有住房住宅专项维修资金的专户管理银行，并在专户管理银行开立公有住房住宅专项维修资金专户。开立公有住房住宅专项维修资金专户，应当按照售房单位设账，按幢设分账；其中，业主交存的住宅专项维修资金，按房屋户门号设分户账。

商品住宅的业主应当在办理房屋入住手续前，将首期住宅专项维修资金存入住宅专项维修资金专户。已售公有住房的业主应当在办理房屋入住手续前，自己存入或者交由售房单位存入公有住房住宅专项维修资金专户。公有住房售房单位应当在收到售房款之日起30日内，将提取的住宅专项维修资金存入公有住房住宅专项维修资金专户。

未按规定交存首期住宅专项维修资金的，开发建设单位或者公有住房售房单位不得将房屋交付购买人。因为现在很多投资房产的人，买来房子后一般不入住，也不办房产证，而物业维修金就拖着不缴，就影响到共有部分和共用设施的维修。所以，管理办法中的交存时间的要求，保证了维修资金基本都能到位，很少存在拖欠。

（四）续筹

业主分户账面住宅专项维修资金余额不足首期交存额30%的，应当及时续交。成立业主大会的，续交方案由业主大会决定；未成立业主大会的，续交的具体管理办法由当地政府建设（房地产）主管部门会同同级财政部门制定。

但是，现实中往往业主在办理房屋登记手续前交纳了首期住宅专项维修资金后，在续交或补建时，没有相应的强制措施作为保障，致使部分业主不续交、不补建，严重影响了资金的正常使用。某些地方规定对此进行了弥补，如《北京市住宅专项维修资金管理办法》第19条第2款规定，业主未按规定补建、续交住宅专项维修资金的，业主委员会应当督促其交纳，也可以依据管理规约向人民法院提起诉讼。

四、住宅专项维修资金的管理

（一）住宅专项维修资金的管理主体

业主大会成立前，商品住宅业主、非住宅业主交存的住宅专项维修资金，由物业所在地直辖市、市、县人民政府建设（房地产）主管部门代管。

业主大会成立前，已售公有住房住宅专项维修资金，由物业所在地直辖市、市、县人民政府财政部门或者建设（房地产）主管部门负责管理。

业主大会成立后，进行住宅专项维修资金划转后的账目管理单位，由业主大会决定。也就是说业主大会可以委托政府代管，也可以自己管理。作为资金的所有人，业主有权决定由谁管理这笔钱的。比如，根据物业服务合同约定交由物业服务企业代管。同时，业主大会应当建立住宅专项维修资金管理制度。

但目前我国小区业主自治能力和物业服务的运营情况来看，业主大会或物业服务企业往往达不到对专项维修资金进行规范管理的要求。一旦出现问题，也是找政府解决问题。

（二）住宅专项维修资金的划转

业主大会成立后，应当按照下列规定划转业主交存的住宅专项维修资金：

业主大会应当委托所在地一家商业银行作为本物业管理区域内住宅专项维修资金的专户管理银行，并在专户管理银行开立住宅专项维修资金专户。开立住宅专项维修资金专户，应当以物业管理区域为单位设账，按房屋户门号设分户账。

业主委员会应当通知所在地直辖市、市、县人民政府建设（房地产）主管部门；涉及已售公有住房的，应当通知负责管理公有住房住宅专项维修资金的部门。

直辖市、市、县人民政府建设（房地产）主管部门或者负责管理公有住房住宅专项维修资金的部门应当在收到通知之日起30日内，通知专户管理银行将该物业管理区域内业主交存的住宅专项维修资金账面余额划转至业主大会开立的住宅专项维修资金账户，并将有关账目等移交业主委员会。

【案例5-18】

2000年至2002年间，福州市兴元公寓的业主陆续购买了由兴元公司开发的“兴元公寓”房产，业主与开发商签订的购房合同中约定“物业维修金及其他费用按有关规定收费”。2004年11月16日，兴元公寓业主委员会成立后，曾多次要求兴元公司依法拨付物业专项维修资金未果。业委会经过2/3以上业主授权，通过诉讼方式向兴元公司主张该项权利。兴元公司则辩称兴元业委会不具有诉讼主体资格，同时根据2003年9月1日实施的物业管理条例和2005年1月1日颁布的《福州市物业管理若干规定》的有关规定，物业专项维修基金应由各业主缴纳。而且，1999年1月1日施行的《住宅共用部位共用设施设备维修基金管理办法》也规定“购房者应当按购房款2%至3%的比例向售房单位缴交维修基金”。所以，兴元公司认为兴元业委会要求直接将物业专项维修基金拨付至业委会的账户没有任何法律依据。①

点评：本案中，只要业主委员会有业主的授权（即半数以上的业主签名），则业主委员会可代全体业主行使对开发商的专项维修资金的交付请求权，业委会有诉讼主体资格。而根据法律适用的要求看，该案中《住宅共用部位共用设施设备维修基金管理办法》属于一般规范性文件，效力不及《物业专项维修资金管理办法》，且后者比案中的《福州市物业管理若干规定》更具有优先适用效力，所以，根据最新的规定，应由兴元公司将物业专项维修资金拨付给业委会。

五、住宅专项维修资金的使用

（一）使用范围

住宅专项维修资金应当专项用于住宅共用部位、共用设施设备保修期满后的维修和更新、改造，不得挪作他用。

《物业管理条例》第63条规定，挪用专项维修资金的，由县级以上地方人民政府房地产行政主管部门追回挪用的专项维修资金，给予警告，没收违法所得，可以并处挪用数额2倍以下的罚款；物业服务企业挪用专项维修资金，情节严重的，并由颁发资质证书

① 郭宏鹏：《物业专项维修基金引纠纷 法院判：开发商缴纳》，载《法制日报》2007年12月13日，第6版。

的部门吊销资质证书；构成犯罪的，依法追究直接负责的主管人员和其他直接责任人员的刑事责任。

尤其要注意的是，《物业服务定价成本监审办法（试行）》的通知（发改价格［2007］2285号）第7条规定，物业服务定价成本由人员费用、物业共用部位共用设施设备日常运行和维护费用、绿化养护费用、清洁卫生费用、秩序维护费用、物业共用部位共用设施设备及公众责任保险费用、办公费用、管理费分摊、固定资产折旧以及经业主同意的其他费用组成。第九条规定，物业共用部位共用设施设备日常运行和维护费用是指为保障物业管理区域内共用部位共用设施设备的正常使用和运行、维护保养所需的费用。不包括保修期内应由建设单位履行保修责任而支出的维修费、应由住宅专项维修资金支出的维修和更新、改造费用。因而，物业共用部位、共用设施设备的日常运行和维修费用包括在物业服务企业的物业服务定价成本之中，应由物业服务企业自行承担。住宅专项维修资金支出的维修和更新、改造费用不包括在物业服务的定价成本之中。

而且，《管理办法》第25条也规定了不得从住宅专项维修资金中列支的费用包括：依法应当由建设单位或者施工单位承担的住宅共用部位、共用设施设备维修、更新和改造费用；依法应当由相关单位承担的供水、供电、供气、供热、通信、有线电视等管线和设施设备的维修、养护费用；应当由当事人承担的因人为损坏住宅共用部位、共用设施设备所需的修复费用；根据物业服务合同约定，应当由物业服务企业承担的住宅共用部位、共用设施设备的维修和养护费用。

（二）分摊比例

商品住宅之间或者商品住宅与非住宅共用部位、共用设施设备的维修和更新、改造费用，由相关业主按照各自拥有物业建筑面积的比例分摊。

售后公有住房之间共用部位、共用设施设备的维修和更新、改造费用，由相关业主和公有住房售房单位按照所交存住宅专项维修资金的比例分摊；其中，应由业主承担的，再由相关业主按照各自拥有物业建筑面积的比例分摊。

售后公有住房与商品住宅或者非住宅之间共用部位、共用设施设备的维修和更新、改造费用，先按照建筑面积比例分摊到各相关物业。其中，售后公有住房应分摊的费用，再由相关业主和公有住房售房单位按照所交存住宅专项维修资金的比例分摊。

涉及尚未售出的商品住宅、非住宅或者公有住房的，开发建设单位或者公有住房单位应当按照尚未售出商品住宅或者公有住房的建筑面积，分摊维修和更新、改造费用。

（三）使用程序

《物权法》第76条和《物业管理条例》第11条都明确规定，筹集和使用专项维修资金由业主共同决定，应当经专有部分占相关建筑物面积三分之二以上且占总人数三分之二以上的业主同意。

住宅专项维修资金划转业主大会管理前，需要使用住宅专项维修资金的，按照以下程序办理：①物业服务企业或者相关业主提出使用建议；②住宅专项维修资金列支范围内专有部分占建筑物总面积三分之二以上的业主且占总人数三分之二以上的业主讨论通过使用建议；③物业服务企业或者相关业主组织实施使用方案；④向所在地直辖市、市、县人民政府建设（房地产）主管部门申请列支（动用公有住房住宅专项维修资金的，向负责管理公有住房住宅专项维修资金的部门申请列支)；⑤直辖市、市、县人民政府建设（房地产）主管部门或者负责管理公有住房住宅专项维修资金的部门审核同意后，向专户管理银行发出划转住宅专项维修资金的通知；⑥专户管理银行将所需住宅专项维修资金划转至维修单位 。

住宅专项维修资金划转业主大会管理后，需要使用住宅专项维修资金的，按照以下程序办理：①物业服务企业提出使用方案；②业主大会依法通过使用方案；③物业服务企业组织实施使用方案；④物业服务企业持有关材料向业主委员会提出列支住宅专项维修资金(动用公有住房住宅专项维修资金的，向负责管理公有住房住宅专项维修资金的部门申请列支)；⑤业主委员会依据使用方案审核同意，并报直辖市、市、县人民政府建设（房地产）主管部门备案；动用公有住房住宅专项维修资金的，经负责管理公有住房住宅专项维修资金的部门审核同意；经审核发现不符合有关法律、法规、规章和使用方案的，应当责令改正；⑥业主委员会、负责管理公有住房住宅专项维修资金的部门向专户管理银行发出划转住宅专项维修资金的通知；⑦专户管理银行将所需住宅专项维修资金划转至维修单位。

(四) 特殊情况的使用

发生危及房屋安全等紧急情况，需要立即进行维修和更新、改造的，办理住宅专项维修资金的程序可以适当简化，无论住宅专项维修资金是否划转业主大会管理，都不用经过业主大会讨论物业维修更新方案，可直接申请列支维修资金。

《管理办法》对于何为紧急情况没有明确，需要地方立法予以补充。如《北京市住宅专项维修资金管理办法》第 29 条明确了危及房屋安全等的五种紧急情况：①屋面防水损坏造成渗漏的；②电梯故障危及人身安全的；③高层住宅水泵损坏导致供水中断的；④楼体单侧外立面 20% 以上有脱落危险危及公共安全的；⑤消防部门要求对消防设施设备维修及更新、改造的。

如果在此种危急情况下，未按规定实施维修和更新、改造的，直辖市、市、县人民政府建设（房地产）主管部门可以组织代修，维修费用从相关业主住宅专项维修资金分户账中列支；其中，涉及已售公有住房的，还应当从公有住房住宅专项维修资金中列支。

(五) 保值增值

在保证住宅专项维修资金正常使用的前提下，可以按照国家有关规定将住宅专项维修资金用于购买国债。利用住宅专项维修资金购买国债，应当在银行间债券市场或者商业银行柜台市场购买一级市场新发行的国债，并持有到期。

利用业主交存的住宅专项维修资金购买国债的，应当经业主大会同意；未成立业主大会的，应当经专有部分占建筑物总面积三分之二以上的业主且占总人数三分之二以上业主同意。利用从公有住房售房款中提取的住宅专项维修资金购买国债的，应当根据售房单位的财政隶属关系，报经同级财政部门同意。禁止利用住宅专项维修资金从事国债回购、委托理财业务或者将购买的国债用于质押、抵押等担保行为。

下列资金应当转入住宅专项维修资金滚存使用：住宅专项维修资金的存储利息；利用住宅专项维修资金购买国债的增值收益；利用住宅共用部位、共用设施设备进行经营的，业主所得收益，但业主大会另有决定的除外；住宅共用设施设备报废后回收的残值。

六、住宅专项维修资金的监督

国务院建设主管部门会同国务院财政部门负责全国住宅专项维修资金的指导和监督工作。

政府建设（房地产）主管部门，负责管理公有住房住宅专项维修资金的部门及业主委员会，应当每年至少一次与专户管理银行核对住宅专项维修资金账目，并向业主、公有住房售房单位公布；业主、公有住房售房单位对公布的情况有异议的，可以要求复核。

专户管理银行应当每年至少一次向政府建设（房地产）主管部门，负责管理公有住房住宅专项维修资金的部门及业主委员会发送住宅专项维修资金对账单；有异议的，可以要求专户管理银行进行复核。专户管理银行应当建立住宅专项维修资金查询制度，接受业主、公有住房售房单位对其分户账中资金使用、增值收益和账面余额的查询。

住宅专项维修资金的管理和使用，应当依法接受审计部门的审计监督；住宅专项维修资金的财务管理和会计核算应当执行财政部有关规定；财政部门应当加强对住宅专项维修资金收支财务管理和会计核算制度执行情况的监督。

【典型案例】

2009年，央视某节目主持人赵某一纸诉状，将北京嘉晟物业服务有限公司推上被告席，要求其公示电梯间及楼宇外的广告经营收益情况，北京市宣武区人民法院受理此案。赵某起诉称，2005年4月8日，北京中集宏达房地产开发有限公司与被告签订了《朱雀门家苑前期物业管理服务合同》，该合同第3条第15款约定“乙方（被告）将对项目楼外广告位进行经营，其经营收益归全体业主所有，乙方可收取经营收入中一定比例（15%）作为佣金”。根据该合同约定，被告应将广告位经营收益情况告知全体业主。2007年1月23日，被告又与原告签订了《朱雀门家苑物业管理服务协议书》，该协议第1条第2款约定了被告的义务，其中包括“对房屋共用部位，共用设施设备、绿化、环境卫生、保安、交通等项目进行维护、修缮、服务与管理”，因此，被告应对小区全体业主负责，承担服务性义务。被告在朱雀门家苑小区电梯间及楼宇外设立广告位，并获取了固定的广告费收入，但被告在收取广告费后，未向全体业主公示，也未说明使用情况，而是据为己有。被告的行为已构成违约，严重侵害了原告合法权益。

该案最后在法庭的主持下和解，物业公司主动公示小区公共空间广告收益，并表示将提高物业服务水准。由于小区一直未成立业主委员会，这部分收益依然在物业账户下。直至2011年年末，朱雀门小区成立了业主委员会，按照约定，2012年年2月初，物业公司已将小区2006年至2011年这6年的公共空间收益，除去归属物业部分外的86.91万元（约占小区6年来公共空间总收益的85%）移交给业委会。①

评析：

建筑区划内的公共建筑和共用设施等共有部分属于全体业主共有，全体业主都对

① 案例改编自李云虹：《赵普VS物业：撤诉的幕后故事》，载《法律与生活》2009年第17期。

其有占有、使用、收益和处分权，所以利用共有部分进行经营所获得的收益应当归全体业主所有。收益的支配和使用应由业委会组织召开业主大会讨论决定，按照业主大会的决议由业委会进行利用。业委会也可以根据业主大会的决议，通过与物业服务企业签订物业服务合同，委托物业服务企业进行管理和经营。物业服务企业在管理过程中要做到公开透明，接受业主、业主委员会的监督。所以，该案中，电梯间及楼宇外的广告经营收益应属于朱雀门小区全体业主所有。业主通过签订《朱雀门家苑物业管理服务协议书》委托北京嘉晟物业管理有限公司对该收益进行管理，根据约定嘉晟物业应该根据约定对收益进行公示。但是，物业服务企业不能将共有部分的收益据为已有。案中北京嘉晟物业管理有限公司的做法违法。同时，该案中物业公司从共有部分经营收入中提取一定比例作为佣金是合法的，只要在物业服务合同中与业主委员会达成了该项内容的意思表示一致即可，因为物业公司对共有部分进行经营管理，是可以获得其中部分收益作为报酬的。

◎思考题：

1. 物业专有部分的划分标准是什么？
2. 物业共有部分的范围包括哪些？
3. 业主装修中涉及的法律关系及常见法律纠纷有哪些？
4. “住改商”的现有立法规定还存在哪些不足？
5. 物业小区的车位有哪些类型？车位应如何归属？
6. 车位车库的相关费用有哪些？
7. 物业小区的车库车位应如何规划和使用。
8. 物业使用过程中哪些主体需要承担维护责任，分别承担怎样的维护责任？
9. 住宅专项维修资金开设的必要性体现在哪里？
10. 住宅专项维修资金的使用需要注意哪些方面？

附　　录

武汉市物业服务合同范本
武汉市前期物业服务合同范本
临时管理规约范本

武汉市物业服务合同

（示范文本）

甲方（委托方）：________________________________
代表人（姓名）：________________（身份证号）：________________
通讯地址：________________联系电话：________________
邮政编码：________________

乙方（受托方）：________________________________
营业执照注册号：________________________________
企业资质证书号：________________________________
组织机构代码：________________________________
法定代表人：________________联系电话：________________
委托代理人：________________联系电话：________________
通讯地址：________________
邮政编码：________________

根据《中华人民共和国合同法》、《中华人民共和国物权法》、《物业管理条例》、《武汉市物业管理条例》等有关法律、法规的规定，甲乙双方在自愿、平等、协商一致的基础上，就__________（物业名称）物业服务有关事宜，订立本合同。

第一条　物业项目（以下简称“本物业”）基本情况：

名称：________________。

物业类型：________________________________。

坐落位置：________区__________街道（乡、镇）__________。

建筑面积：__________平方米。

物业管理区域四至：

东至：________________________________；

南至：________________________________；

西至：____________________；

北至：____________________。

（规划平面图和委托的物业构成明细见附件一、二，以实际验收清单为准）。

第二条　乙方提供的物业服务内容包括：

（一）物业管理区域内共用部位及共用设施设备的管理和维护。（共用部位明细见附件三，共用设施设备明细见附件四。）

（二）公共绿化的维护。

（三）公共区域环境卫生的维护。

（四）公共区域的秩序维护和安全协防。

（五）物业使用中对禁止行为的告知、劝阻、报告等义务。

（六）物业维修、更新、改造费用的账务管理。

（七）物业服务档案和物业档案的保管。

（八）其他服务事项：____________________。

第三条　乙方提供的物业服务标准见附件五。

第四条　本物业服务合同期限为______年，自______年___月___日至______年___月___日。

第五条　本物业管理区域物业服务收费方式为：[包干制][酬金制]

（一）包干制

1. 物业服务费用由业主按其拥有物业的建筑面积交纳，具体标准如下：

[多层住宅]：__________元/平方米·月；

[小高层住宅]：__________元/平方米·月；

[高层住宅]：__________元/平方米·月；

[别墅]：__________元/平方米·月；

[办公楼]：__________元/平方米·月；

[商业物业]：__________元/平方米·月；

[其他]：__________元/平方米·月；

____________________元/平方米·月；

____________________元/平方米·月；

____________________元/平方米·月；

费用调整方式：______________。

2. 实行包干制的，盈余或者亏损均由乙方享有或者承担；乙方不得以亏损为由单方要求增加费用、降低服务标准或减少服务项目。

（二）酬金制

1. 物业服务资金由业主按其拥有物业的建筑面积预先交纳，具体标准如下：

[多层住宅]：__________元/平方米·月；

[小高层住宅]：__________元/平方米·月；

[高层住宅]：__________元/平方米·月；

[别墅]：__________元/平方米·月；

[办公楼]：________元/平方米·月；
[商业物业]：________元/平方米·月；
[其他]：________元/平方米·月；
________元/平方米·月；
________元/平方米·月；
________元/平方米·月；
费用调整方式：________。

2. 物业服务资金为交纳的业主共同所有，由乙方代管，其构成包括物业服务支出和物业服务企业的酬金。

物业服务支出包括以下部分：

（1）乙方员工的工资、社会保险和按规定提取的福利费等；
（2）物业共用部位、共用设施设备的日常运行、维护费用；
（3）物业管理区域内清洁卫生费用；
（4）物业管理区域内绿化养护费用；
（5）物业管理区域内秩序维护费用；
（6）乙方办公费用；
（7）乙方企业固定资产折旧；
（8）物业共用部位、共用设施设备及公众责任保险费用；
（9）业主同意的其他费用：________。

3. 乙方采取以下第____种方式提取酬金：

（1）[每月][每季][每半年][每年]____，计________元的标准从预收的物业服务资金中提取；

（2）[每月][每季][每半年][每年]____，从预收的物业服务资金中按___%的比例提取。

4. 物业服务支出应当全部用于本合同约定的支出，年度结算后结余部分，转入下一年度继续使用，年度结算后不足部分，由全体业主承担，另行交纳。

5. 乙方应当向全体业主公布物业服务年度计划和支出年度预决算，并按[半年][年]____向全体业主公布物业服务资金的收支情况；同时，双方按照约定每年聘请专业机构对物业服务资金年度预决算和物业服务费收支情况进行审计，费用由[甲方承担][乙方承担][甲乙共同承担]________。

第六条 业主按[月][季度][半年][年]______交纳物业服务费，每次交费的具体时间为________。

物业管理区域内已竣工但尚未出售的物业、因开发建设单位原因未能按时交付物业买受人的物业及开发建设单位的自有物业，乙方按前款规定向开发建设单位收取物业服务费。房屋交付后一年内未入住的，空置期间由业主按百分之七十的比例承担物业服务费用；交付满一年后，业主按全额承担物业服务费用。

业主转让物业时未结清转让之前物业服务费用的，应与受让方书面约定交费责任。

第七条 停车收费包含车位（库）租金和车辆停泊服务费，按以下方式和标准收取：

（一）机动车车位（库）租金

属于全体业主共有的停车位（库）和占用业主共有的道路或其他场地设置的机动车辆停车位（库），租金由甲方委托乙方按以下标准向车位（库）使用人收取，扣除相关税费和管理成本后的收益归全体业主所有。

露天车位：　　　元/个·月

室内车位（库）：　　　元/个·月

（二）车辆停泊服务费

车位（库）使用人按以下标准交纳车辆停泊服务费，收入归乙方所有，

1. 汽车

露天车位：　　　元/辆·月

室内车位（库）：　　　元/辆·月

2. 摩托车：　　　元/辆·月

3. 电动车：　　　元/辆·月

4. 自行车：　　　元/辆·月

（三）车位（库）使用人对车辆有保管要求的，另行与乙方签订车辆保管合同予以约定。

第八条　乙方对业主专有部分提供维修养护或其他特约服务的，按乙方在物业管理区域内公示的收费标准或按双方的约定收取费用。

第九条　物业管理区域内，乙方接受供水、供电、供气、供热、通信、有线电视等专业经营单位委托代收费用的，不得向业主收取手续费等额外费用。

二次供水、供电设施设备运行中产生的漏（损）耗、电费等相关费用，由业主按实际发生额据实分摊。

第十条　乙方利用物业共用部位、共用设施设备进行广告、租赁、商业促销等经营活动，应符合有关法律规定并征得相关业主、业主大会的同意后，每半年向全体业主公布收益情况，接受甲方监督。

第十一条　乙方经营物业共用部位、共用设施设备所得收入，扣除经营成本、税费及管理费用后的收益部分归业主所有，按以下第____种方式使用：

（一）纳入专项维修资金。

（二）按业主大会的决定使用。

第十二条　本物业管理区域内共用部位、共用设施设备保修期满后的维修、更新、改造费用，在本物业管理区域专项维修资金中列支。乙方在物业服务过程中应当配合甲方开展维修资金申请使用工作。

第十三条　甲方权利

（一）对本物业管理区域内的物业服务事项有知情权和监督权。

（二）审定和认可乙方制订的物业服务方案、年度服务计划、年度维修养护计划。

（三）监督、检查乙方各项方案和计划的实施，并每年对乙方按照本合同约定履行物业服务情况进行考核。

（四）监督委托乙方实施的专项维修资金使用情况。

（五）监督乙方对物业共用部位、共用设施设备的经营情况。

（六）____________________

（七）____________________

（八）____________________

（九）____________________

（十）法律、法规规定其他权利。

第十四条 甲方义务

（一）在乙方入驻________日前，无偿提供符合使用要求的物业服务用房，建筑面积约________平方米，位置________。

（二）向乙方移交下列资料：

1. 竣工总平面图，单体建筑、结构、设备竣工图，配套设施、地下管网工程竣工图等竣工验收资料；

2. 设施设备的安装、使用和维护保养等技术资料；

3. 物业质量保修文件和物业使用说明文件；

4. 业主名册；

5. 物业管理必需的其他资料。

（三）负责协调、处理、解决本合同生效前发生的与物业服务活动相关的遗留问题，不因此影响乙方工作。

（四）配合乙方做好物业管理区域内的物业服务工作，不得干涉乙方依法、依本合同约定内容所进行的物业服务活动。

业主应对乙方开展物业维修养护、清洁卫生等物业服务工作提供通行和工作便利，如因不配合工作给乙方或他人造成损害的，应承担赔偿责任。

（五）业主应按照合同约定缴纳物业服务费；对违反物业服务合同约定、逾期不交纳物业服务费的业主或物业使用人，甲方应督促其交纳。

（六）业主需要装饰装修房屋的，应当事先告知并与物业服务企业签订装饰装修管理服务协议，并不得违反相关法律法规的规定和协议约定。

（七）____________________

（八）____________________

（九）____________________

（十）法律、法规规定其他义务。

第十五条 乙方权利

（一）根据法律、法规的有关规定和本合同的约定，开展各项物业服务活动。

（二）根据法律、法规的有关规定及《管理规约》的授权，制定本物业管理区域内相关物业管理制度。

（三）根据有关法律、法规的规定和本合同的约定，向业主或使用人收取物业服务费等相关费用，通过合法有效的方式解决拖欠物业服务费用的问题。

（四）对业主和物业使用人违反本合同和《管理规约》的行为，可采取告知、劝阻和向有关主管部门报告等方式督促业主和物业使用人改正。

（五）可以选聘专业性服务企业承担本物业管理区域内的专项服务项目，但不得将本物业管理区域内的全部物业管理服务一并委托给第三方。

（六）____________________

（七）____________________

（八）____________________

（九）____________________

（十）法律、法规规定其他权利。

第十六条　乙方义务

（一）根据有关法律、法规及本合同的约定，按照物业服务内容和标准提供物业服务。

（二）选聘专业性服务企业承担物业区域内的专项服务项目时，应当将委托事项及受托企业的信息在物业区域内公示；乙方与受托企业签订的合同中约定的服务标准，不得低于本合同约定；乙方应当对受托企业的服务行为进行监督，并对受托企业的服务行为承担责任。

（三）妥善保管和正确使用物业档案资料，及时记载有关变更信息，并为业主的个人资料信息保密。

（四）及时向全体业主和物业使用人通报本物业管理区域内有关物业服务的重大事项，接受甲方、业主和物业使用人的监督。

（五）不得擅自占用本物业管理区域内的共用部位、共用设施设备或改变用途，确需临时占用、挖掘道路、场地的，经甲方和有利害关系的业主同意后报有关部门批准方可实施。

（六）本合同依法解除、协商解除、单方解除或者期满终止时，乙方应当按照有关规定和本合同约定退出本物业管理区域的物业服务，并按有关规定和本合同约定办理移交手续和项目退出手续，向甲方移交物业服务用房及保管的下列资料：

1. 竣工总平面图，单体建筑、结构、设备竣工图，配套设施、地下管网工程竣工图等竣工验收资料；

2. 设施设备的安装、使用和维护保养等技术资料；

3. 物业质量保修文件和物业使用说明文件；

4. 业主名册；

5. 物业管理必需的其他资料。

（七）____________________。

（八）____________________。

（九）____________________。

（十）法律、法规规定的其他义务。

第十七条　双方协商一致，可解除本合同，并在________日内办理交接手续。

第十八条　甲乙双方中任何一方决定在合同期限届满后不再续约的，均应当在本合同期满60日前书面通知对方。

第十九条　合同期限届满前，甲方经业主大会决定继续聘用乙方的，应当在期满60

日前书面通知乙方；乙方自接到续约通知7日内回复甲方。

双方同意续签，应当在合同期限届满前________日内签订新的物业服务合同。

第二十条 合同期限届满，业主大会因故没有作出选聘或者续聘决定，乙方有权选择同意或不同意按照本合同约定继续提供服务。

乙方同意继续提供服务，本合同自动延续至业主大会作出选聘或者续聘决定为止。

乙方不同意继续提供服务，本合同期满即自行终止。

第二十一条 本合同终止后，甲乙双方应当共同做好债权债务处理事宜，包括物业服务费用的清算、水电费的清算、对外签订的各种协议的执行等；甲乙双方应当相互配合，做好物业服务的交接和善后工作。

第二十二条 乙方违反本合同约定，未完成本合同约定的物业服务内容和物业服务标准的，甲方有权要求乙方限期整改，逾期未整改的，甲方经业主大会依法表决通过，有权解除本合同，并有权要求乙方按其减少的服务支出予以赔偿，但业主或物业使用人不得以乙方违反本合同约定为由拒绝交纳物业服务费。甲方解除本合同的，乙方预收的物业服务费用或物业服务资金应当返还给相应业主、使用人，并应当在甲方通知的合理时间内与甲方及其新选聘的物业服务企业或其他管理人完成交接手续。

第二十三条 甲方、业主或物业使用人违反本合同的约定，致使乙方未完成本合同约定的物业服务内容和物业服务标准的，乙方不承担违约责任，造成乙方损失的，甲方、业主或物业使用人应给予乙方经济赔偿，如双方不能就赔偿事项达成一致，乙方有权解除本合同。

第二十四条 乙方违反本合同的约定，擅自提高物业服务收费标准的，对超出标准的部分，业主有权拒绝支付；已经支付的，业主有权要求乙方返还。

第二十五条 乙方在本合同期限内擅自停止物业服务的，甲方可要求乙方继续履行，采取补救措施，并应当按________________的标准向甲方支付违约金；前述行为给业主造成损失的，乙方应当赔偿相应的损失；乙方在本合同终止后拒不撤出本物业管理区域的，甲方有权要求乙方按时撤出物业管理区域，并应当按________________的标准向甲方支付违约金；前述行为给业主造成损失的，乙方应当赔偿相应的损失。

第二十六条 业主违反本合同约定，经乙方书面催缴，未能按时足额缴纳物业服务费，应当按________________的标准向乙方支付违约金。

业主违反本合同的约定，实施妨害物业服务行为的，应当承担恢复原状、停止侵害、排除妨碍等相应的民事责任。

第二十七条 因不可抗力致使合同部分或全部无法履行的，根据不可抗力的影响，部分或全部免除责任。

第二十八条 乙方有确切证据证明属于以下情况的，可不承担违约责任：

（一）由于甲方、业主或物业使用人的自身责任导致乙方的服务无法达到合同要求的。

（二）因维修养护本物业管理区域内的共用部位、共用设施设备需要且事先已告知业主和物业使用人，暂时停水、停电、停止共用设施设备使用等造成损失的。

（三）非乙方责任出现供水、供电、供气、供热、通信、有线电视及其他共用设施设备运行障碍造成损失的。

（四）本物业管理区域内发生治安或刑事案件（包括但不限于抢劫、破坏、爆炸、火灾、盗窃等），但因乙方故意或违反本合同义务而直接导致的情况除外。

（五）因物业本身固有瑕疵所致的一切损害、业主专有及专用部分的任何受损，但因乙方故意或违反本合同义务而直接导致的情况除外。

（六）乙方曾向甲方或业主书面建议改善自用、共用部位、共用设施设备或改进管理措施，而甲方或业主未采纳所致之损害（包括但不限于高空抛物、违章装修、未及时维修或提供维修便利等）。

（七）＿＿＿＿＿＿＿＿＿＿。

第二十九条　合同履行过程中发生争议的，双方可以通过友好协商或者向物业所在地区房屋主管部门，行业协会，区、街道、乡（镇）以及社区人民调解组织申请调解的方式解决；不愿协商、调解或者协商、调解不成的，可以按照以下＿＿＿＿方式解决：

（一）向武汉仲裁委员会申请仲裁；

（二）向有管辖权的人民法院提起诉讼。

第三十条　为维护公共利益，在不可预见情况下，如发生煤气泄漏、漏电、火灾、暖气管或水管破裂、救助人命、协助公安机关执行任务等突发事件，乙方因采取紧急避险措施造成损失的，当事人可按有关规定处理。

第三十一条　本合同未尽事宜，甲、乙双方可另行以书面形式签订补充协议，补充协议及本合同的附件，均与本合同具有同等法律效力。

第三十二条　本合同壹式五份，经甲、乙双方签字盖章后生效，具有同等法律效力。甲、乙双方各执贰份，由乙方报物业所在区房屋主管部门存档壹份。

第三十三条　其他约定：＿＿＿＿＿＿＿＿＿＿＿＿＿＿＿＿＿＿＿＿＿＿＿＿＿＿＿＿

＿＿

＿＿＿＿＿＿＿＿＿＿＿＿＿＿＿＿＿＿＿＿＿＿＿＿＿＿＿＿＿＿＿＿＿＿＿＿＿＿＿。

甲方（章）：　　　　　　　　　　　　　　乙方（章）：

授权代表：　　　　　　　　　　　　　　　授权代表：

签订日期：　　年　月　日　　　　　　　　　　年　月　日

附件：1. 规划平面图

2. 物业构成明细

3. 物业共用部位明细

4. 物业共用设施设备明细

5. 物业服务标准

6. 移交资料清单

前期物业服务合同

（示范文本）

甲方：____________________；
法定代表人：____________________；
住所地：____________________；
邮编：____________________。

乙方：____________________；
法定代表人：____________________；
住所地：____________________；
邮编：____________________；
资质等级：____________________；
证书编号：____________________。

根据《物业管理条例》和相关法律、法规、政策，甲乙双方在自愿、平等、协商一致的基础上，就甲方选聘乙方对____________________（物业名称）提供前期物业管理服务事宜，订立本合同。

第一章 物业基本情况

第一条 物业基本情况：

物业名称______________________________；
物业类型______________________________；
坐落位置______________________________；
建筑面积______________________________。
物业管理区域四至：
东至______________________________；
南至______________________________；
西至______________________________；
北至______________________________。
（规划平面图见附件一，物业构成明细见附件二）。

第二章 服务内容与质量

第二条 在物业管理区域内，乙方提供的前期物业管理服务包括以下内容：

1. 物业共用部位的维修、养护和管理（物业共用部位明细见附件三）；

2. 物业共用设施设备的运行、维修、养护和管理（物业共用设施设备明细见附件四）；

3. 物业共用部位和相关场地的清洁卫生，垃圾的收集、清运及雨、污水管道的疏通；

4. 公共绿化的养护和管理；

5. 车辆停放管理；

6. 公共秩序维护、安全防范等事项的协助管理；

7. 装饰装修管理服务；

8. 物业档案资料管理。

第三条　在物业管理区域内，乙方提供的其他服务包括以下事项：

1. ______________________________；

2. ______________________________；

3. ______________________________。

第四条　乙方提供的前期物业管理服务应达到约定的质量标准（前期物业管理服务质量标准见附件五）。

第五条　单个业主可委托乙方对其物业的专有部分提供维修养护等服务，服务内容和费用由双方另行商定。

第三章　服务费用

第六条　本物业管理区域物业服务收费选择以下第________种方式：

1. 包干制

物业服务费用由业主按其拥有物业的建筑面积交纳，具体标准如下：

多层住宅：________________元/月・平方米；

高层住宅：________________元/月・平方米；

别墅：____________________元/月・平方米；

办公楼：__________________元/月・平方米；

商业物业：________________元/月・平方米；

工业物业：________________元/月・平方米。

物业服务费用主要用于以下开支：

（1）管理服务人员的工资、社会保险和按规定提取的福利费等；

（2）物业共用部位、共用设施设备的日常运行、维护费用；

（3）物业管理区域清洁卫生费用；

（4）物业管理区域绿化养护费用；

（5）物业管理区域秩序维护费用；

（6）办公费用；

（7）物业管理企业固定资产折旧；

（8）物业共用部位、共用设施设备及公众责任保险费用；

（9）法定税费；

（10）物业管理企业的利润；

（11）______________。

乙方按照上述标准收取物业服务费用，并按本合同约定的服务内容和质量标准提供服务，盈余或亏损由乙方享有或承担。

2. 酬金制

物业服务资金由业主按其拥有物业的建筑面积预先交纳，具体标准如下：

多层住宅：________________元/月·平方米；

高层住宅：________________元/月·平方米；

别墅：____________________元/月·平方米；

办公楼：__________________元/月·平方米；

商业物业：________________元/月·平方米；

工业物业：________________元/月·平方米。

预收的物业服务资金由物业服务支出和乙方的酬金构成。

物业服务支出为所交纳的业主所有，由乙方代管，主要用于以下开支：

（1）管理服务人员的工资、社会保险和按规定提取的福利费等；

（2）物业共用部位、共用设施设备的日常运行、维护费用；

（3）物业管理区域清洁卫生费用；

（4）物业管理区域绿化养护费用；

（5）物业管理区域秩序维护费用；

（6）办公费用；

（7）物业管理企业固定资产折旧；

（8）物业共用部位、共用设施设备及公众责任保险费用；

（9）____________________。

乙方采取以下第____________种方式提取酬金：

（1）乙方按____________（每月/每季/每年）____________元的标准从预收的物业服务资金中提取。

（2）乙方____________（每月/每季/每年）按应收的物业服务资金____________%的比例提取。

物业服务支出应全部用于本合同约定的支出。物业服务支出年度结算后结余部分，转入下一年度继续使用；物业服务支出年度结算后不足部分，由全体业主承担。

第七条 业主应于____________之日起交纳物业服务费用（物业服务资金）。

纳入物业管理范围的已竣工但尚未出售，或者因甲方原因未能按时交给物业买受人的物业，其物业服务费用（物业服务资金）由甲方全额交纳。

业主与物业使用人约定由物业使用人交纳物业服务费用（物业服务资金）的，从其约定，业主负连带交纳责任。业主与物业使用人之间的交费约定，业主应及时书面告知乙方。

物业服务费用（物业服务资金）按____________（年/季/月）交纳，业主或物业使用人应在____________（每次缴费的具体时间）履行交纳义务。

第八条 物业服务费用实行酬金制方式计费的，乙方应向全体业主公布物业管理年度计划和物业服务资金年度预决算，并每年____________次向全体业主公布物业服务资金的收支情况。对物业服务资金收支情况有争议的，甲乙双方同意采取以下方式解决：

1. ______________________________；

2. ______________________________。

第四章　物业的经营与管理

第九条　停车场收费分别采取以下方式：

1. 停车场属于全体业主共有的，车位使用人应按露天车位____________元/个·月、车库车位____________元/个·月的标准向乙方交纳停车费。

乙方从停车费中按露天车位____________元/个·月、车库车位____________元/个·月的标准提取停车管理服务费。

2. 停车场属于甲方所有、委托乙方管理的，业主和物业使用人有优先使用权，车位使用人应按露天车位____________元/个·月、车库车位____________元/个·月的标准向乙方交纳停车费。

乙方从停车费中按露天车位____________元/个·月、车库车位____________元/个·月的标准提取停车管理服务费。

3. 停车场车位所有权或使用权由业主购置的，车位使用人应按露天车位____________元/个·月、车库车位____________元/个·月的标准向乙方交纳停车管理服务费。

第十条　乙方应与停车场车位使用人签订书面的停车管理服务协议，明确双方在车位使用及停车管理服务等方面的权利义务。

第十一条　本物业管理区域内的会所属________________（全体业主/甲方）所有。

会所委托乙方经营管理的，乙方按下列标准向使用会所的业主或物业使用人收取费用：

1. ______________________________；

2. ______________________________。

第十二条　本物业管理区域内属于全体业主所有的停车场、会所及其他物业共用部位、公用设备设施统一委托乙方经营，经营收入按下列约定分配：

1. ______________________________；

2. ______________________________。

第五章　物业的承接验收

第十三条　乙方承接物业时，甲方应配合乙方对以下物业共用部位、共用设施设备进行查验：

1. ______________________________；

2. ______________________________；

3. ______________________________。

第十四条　甲乙双方确认查验过的物业共用部位、共用设施设备存在以下问题：

1. ______________________________；

2. ______________________________；

3. ______________________________。

甲方应承担解决以上问题的责任，解决办法如下：

1. ______________________________；

2. ______________________________；

3. ______________________________。

第十五条 对于本合同签订后承接的物业共用部位、共用设施设备，甲乙双方应按照前条规定进行查验并签订确认书，作为界定各自在开发建设和物业管理方面承担责任的依据。

第十六条 乙方承接物业时，甲方应向乙方移交下列资料：

1. 竣工总平面图，单体建筑、结构、设备竣工图，配套设施、地下管网工程竣工图等竣工验收资料；

2. 设施设备的安装、使用和维护保养等技术资料；

3. 物业质量保修文件和物业使用说明文件；

4. ______________________________。

第十七条 甲方保证交付使用的物业符合国家规定的验收标准，按照国家规定的保修期限和保修范围承担物业的保修责任。

第六章 物业的使用与维护

第十八条 业主大会成立前，乙方应配合甲方制定本物业管理区域内物业共用部位和共用设施设备的使用、公共秩序和环境卫生的维护等方面的规章制度。

乙方根据规章制度提供管理服务时，甲方、业主和物业使用人应给予必要配合。

第十九条 乙方可采取规劝、____________、____________等必要措施，制止业主、物业使用人违反本临时公约和物业管理区域内物业管理规章制度的行为。

第二十条 乙方应及时向全体业主通告本物业管理区域内有关物业管理的重大事项，及时处理业主和物业使用人的投诉，接受甲方、业主和物业使用人的监督。

第二十一条 因维修物业或者公共利益，甲方确需临时占用、挖掘本物业管理区域内道路、场地的，应征得相关业主和乙方的同意；乙方确需临时占用、挖掘本物业管理区域内道路、场地的，应征得相关业主和甲方的同意。

临时占用、挖掘本物业管理区域内道路、场地的，应在约定期限内恢复原状。

第二十二条 乙方与装饰装修房屋的业主或物业使用人应签订书面的装饰装修管理服务协议，就允许施工的时间、废弃物的清运与处置、装修管理服务费用等事项进行约定，并事先告知业主或物业使用人装饰装修中的禁止行为和注意事项。

第二十三条 甲方应于____________（具体时间）按有关规定向乙方提供能够直接投入使用的物业管理用房。

物业管理用房建筑面积____________平方米，其中：办公用房____________平方米，位于____________；住宿用房____________平方米，位于____________；____________用房____________平方米，位于____________。

第二十四条 物业管理用房属全体业主所有，乙方在本合同期限内无偿使用，但不得改变其用途。

第七章　专项维修资金

第二十五条　专项维修资金的缴存__________________。

第二十六条　专项维修资金的管理__________________。

第二十七条　专项维修资金的使用__________________。

第二十八条　专项维修资金的续筹__________________。

第八章　违 约 责 任

第二十九条　甲方违反本合同第十三条、第十四条、第十五条的约定，致使乙方的管理服务无法达到本合同第二条、第三条、第四条约定的服务内容和质量标准的，由甲方赔偿由此给业主和物业使用人造成的损失。

第三十条　除前条规定情况外，乙方的管理服务达不到本合同第二条、第三条、第四条约定的服务内容和质量标准，应按__________的标准向甲方、业主支付违约金。

第三十一条　甲方、业主或物业使用人违反本合同第六条、第七条的约定，未能按时足额交纳物业服务费用（物业服务资金）的，应按__________的标准向乙方支付违约金。

第三十二条　乙方违反本合同第六条、第七条的约定，擅自提高物业服务费用标准的，业主和物业使用人就超额部分有权拒绝交纳；乙方已经收取的，业主和物业使用人有权要求乙方双倍返还。

第三十三条　甲方违反本合同第十七条的约定，拒绝或拖延履行保修义务的，业主、物业使用人可以自行或委托乙方修复，修复费用及造成的其他损失由甲方承担。

第三十四条　以下情况乙方不承担责任：

1. 因不可抗力导致物业管理服务中断的；
2. 乙方已履行本合同约定义务，但因物业本身固有瑕疵造成损失的；
3. 因维修养护物业共用部位、共用设施设备需要且事先已告知业主和物业使用人，暂时停水、停电、停止共用设施设备使用等造成损失的；
4. 因非乙方责任出现供水、供电、供气、供热、通信、有线电视及其他共用设施设备运行障碍造成损失的；
5. __________________________。

第九章　其 他 事 项

第三十五条　本合同期限自______年______月______日起至______年______月______日止；但在本合同期限内，业主委员会代表全体业主与物业管理企业签订的物业服务合同生效时，本合同自动终止。

第三十六条　本合同期满前______月，业主大会尚未成立的，甲、乙双方应就延长本合同期限达成协议；双方未能达成协议的，甲方应在本合同期满前选聘新的物业管理企业。

第三十七条　本合同终止时，乙方应将物业管理用房、物业管理相关资料等属于全体业主所有的财物及时完整地移交给业主委员会；业主委员会尚未成立的，移交给甲方或＿＿＿＿＿＿代管。

第三十八条 甲方与物业买受人签订的物业买卖合同，应当包含本合同约定的内容；物业买受人签订物业买卖合同，即为对接受本合同内容的承诺。

第三十九条 业主可与物业使用人就本合同的权利义务进行约定，但物业使用人违反本合同约定的，业主应承担连带责任。

第四十条 本合同的附件为本合同不可分割的组成部分，与本合同具有同等法律效力。

第四十一条 本合同未尽事宜，双方可另行以书面形式签订补充协议，补充协议与本合同存在冲突的，以本合同为准。

第四十二条 本合同在履行中发生争议，由双方协商解决，协商不成，双方可选择以下第＿＿种方式处理：

1. 向＿＿＿＿＿＿＿＿＿＿仲裁委员会申请仲裁；

2. 向人民法院提起诉讼。

第四十三条 本合同一式＿＿＿＿份，甲、乙双方各执＿＿＿＿份。

甲方（签章）　　　　　　　　乙方（签章）

法定代表人　　　　　　　　　法定代表人

年　月　日

临时管理规约

（示范文本）

第一章　总　　则

第一条 根据《物业管理条例》和相关法律、法规、政策，建设单位在销售物业之前，制定本临时管理规约，对有关物业的使用、维护、管理，业主的共同利益，业主应当履行的义务，违反规约应当承担的责任等事项依法作出约定。

第二条 建设单位应当在物业销售前将本临时管理规约向物业买受人明示，并予以说明。

物业买受人与建设单位签订物业买卖合同时对本临时管理规约予以的书面承诺，表示对本临时管理规约内容的认可。

第三条 本临时管理规约对建设单位、业主和物业使用人均有约束力。

第四条 建设单位与物业管理企业签订的前期物业服务合同中涉及业主共同利益的约定，应与本临时管理规约一致。

第二章　物业基本情况

第五条　本物业管理区域内物业的基本情况

物业名称______________________________；

坐落位置______________________________；

物业类型______________________________；

建筑面积______________________________。

物业管理区域四至：

东至______________________________；

南至______________________________；

西至______________________________；

北至______________________________。

第六条　根据有关法律法规和物业买卖合同，业主享有以下物业共用部位、共用设施设备的所有权：

1. 由单幢建筑物的全体业主共有的共用部位，包括该幢建筑物的承重结构、主体结构，公共门厅、公共走廊、公共楼梯间、户外墙面、屋面、____________、____________、____________等；

2. 由单幢建筑物的全体业主共有的共用设施设备，包括该幢建筑物内的给排水管道、落水管、水箱、水泵、电梯、冷暖设施、照明设施、消防设施、避雷设施、____________、____________、____________等；

3. 由物业管理区域内全体业主共有的共用部位和共用设施设备，包括围墙、池井、照明设施、共用设施设备使用的房屋、物业管理用房、____________、____________、____________等。

第七条　在本物业管理区域内，根据物业买卖合同，以下部位和设施设备为建设单位所有：

1. ______________________________；

2. ______________________________；

3. ______________________________；

4. ______________________________。

建设单位行使以上部位和设施设备的所有权，不得影响物业买受人正常使用物业。

第三章　物业的使用

第八条　业主对物业的专有部分享有占有、使用、收益和处分的权利，但不得妨碍其他业主正常使用物业。

第九条　业主应遵守法律、法规的规定，按照有利于物业使用、安全、整洁以及公平合理、不损害公共利益和他人利益的原则，在供电、供水、供热、供气、排水、通行、通风、采光、装饰装修、环境卫生、环境保护等方面妥善处理与相邻业主的关系。

第十条　业主应按设计用途使用物业。因特殊情况需要改变物业设计用途的，业主应在征得相邻业主书面同意后，报有关行政主管部门批准，并告知物业管理企业。

第十一条 业主需要装饰装修房屋的，应事先告知物业管理企业，并与其签订装饰装修管理服务协议。

业主应按装饰装修管理服务协议的约定从事装饰装修行为，遵守装饰装修的注意事项，不得从事装饰装修的禁止行为。

第十二条 业主应在指定地点放置装饰装修材料及装修垃圾，不得擅自占用物业共用部位和公共场所。

本物业管理区域的装饰装修施工时间为＿＿＿＿＿＿＿＿＿＿，其他时间不得施工。

第十三条 因装饰装修房屋影响物业共用部位、共用设施设备的正常使用以及侵害相邻业主合法权益的，业主应及时恢复原状并承担相应的赔偿责任。

第十四条 业主应按有关规定合理使用水、电、气、暖等共用设施设备，不得擅自拆改。

第十五条 业主应按设计预留的位置安装空调，未预留设计位置的，应按物业管理企业指定的位置安装，并按要求做好噪音及冷凝水的处理。

第十六条 业主及物业使用人使用电梯，应遵守本物业管理区域的电梯使用管理规定。

第十七条 在物业管理区域内行驶和停放车辆，应遵守本物业管理区域的车辆行驶和停车规则。

第十八条 本物业管理区域内禁止下列行为：

1. 损坏房屋承重结构、主体结构，破坏房屋外貌，擅自改变房屋设计用途；
2. 占用或损坏物业共用部位、共用设施设备及相关场地，擅自移动物业共用设施设备；
3. 违章搭建、私设摊点；
4. 在非指定位置倾倒或抛弃垃圾、杂物；
5. 违反有关规定堆放易燃、易爆、剧毒、放射性物品，排放有毒有害物质，发出超标噪声；
6. 擅自在物业共用部位和相关场所悬挂、张贴、涂改、刻画；
7. 利用物业从事危害公共利益和侵害他人合法权益的活动；
8. ＿＿＿＿＿＿＿＿＿＿＿＿＿＿；
9. 法律、法规禁止的其他行为。

第十九条 业主和物业使用人在本物业管理区域内饲养动物不得违反有关规定，并应遵守以下约定：

1. ＿＿＿＿＿＿＿＿＿＿＿＿＿＿；
2. ＿＿＿＿＿＿＿＿＿＿＿＿＿＿。

第四章 物业的维修养护

第二十条 业主对物业专有部分的维修养护行为不得妨碍其他业主的合法权益。

第二十一条 因维修养护物业确需进入相关业主的物业专有部分时，业主或物业管理企业应事先告知相关业主，相关业主应给予必要的配合。

相关业主阻挠维修养护的进行造成物业损坏及其他损失的，应负责修复并承担赔偿责任。

第二十二条　发生危及公共利益或其他业主合法权益的紧急情况，必须及时进入物业专有部分进行维修养护但无法通知相关业主的，物业管理企业可向相邻业主说明情况，在第三方（如所在地居委会或派出所或____________________）的监督下，进入相关业主的物业专有部分进行维修养护，事后应及时通知相关业主并做好善后工作。

第二十三条　因维修养护物业或者公共利益，业主确需临时占用、挖掘道路、场地的，应当征得建设单位和物业管理企业的同意，并在约定期限内恢复原状。

第二十四条　物业存在安全隐患，危及公共利益或其他业主合法权益时，责任人应当及时采取措施消除隐患。

第二十五条　建设单位应按国家规定的保修期限和保修范围承担物业的保修责任。

建设单位在保修期限和保修范围内拒绝修复或拖延修复的，业主可以自行或委托他人修复，修复费用及修复期间造成的其他损失由建设单位承担。

第二十六条　本物业管理区域内的全体业主按规定缴存、使用和管理物业专项维修资金。

第五章　业主的共同利益

第二十七条　为维护业主的共同利益，全体业主同意在物业管理活动中授予物业管理企业以下权利：

1. 根据本临时管理规约配合建设单位制定物业共用部位和共用设施设备的使用、公共秩序和环境卫生的维护等方面的规章制度；

2. 以批评、规劝、公示、____________等必要措施制止业主、物业使用人违反本临时管理规约和规章制度的行为；

3. ______________________________；

4. ______________________________。

第二十八条　建设单位应在物业管理区域内显著位置设置公告栏，用于张贴物业管理规章制度，以及应告知全体业主和物业使用人的通知、公告。

第二十九条　本物业管理区域内，物业服务收费采取包干制（酬金制）方式。业主应按照前期物业服务合同的约定按时足额交纳物业服务费用（物业服务资金）。

物业服务费用（物业服务资金）是物业服务活动正常开展的基础，涉及全体业主的共同利益，业主应积极倡导欠费业主履行交纳物业服务费用的义务。

第三十条　利用物业共用部位、共用设施设备进行经营的，应当在征得相关业主、物业管理企业的同意后，按规定办理有关手续，业主所得收益主要用于补充专项维修资金。

第六章　违 约 责 任

第三十一条　业主违反本临时管理规约关于物业的使用、维护和管理的约定，妨碍物业正常使用或造成物业损害及其他损失的，其他业主和物业管理企业可依据本临时管理规约向人民法院提起诉讼。

第三十二条 业主违反本临时管理规约关于业主共同利益的约定，导致全体业主的共同利益受损的，其他业主和物业管理企业可依据本临时管理规约向人民法院提起诉讼。

第三十三条 建设单位未能履行本临时管理规约约定义务的，业主和物业管理企业可向有关行政主管部门投诉，也可根据本临时管理规约向人民法院提起诉讼。

第七章 附 则

第三十四条 本临时管理规约所称物业的专有部分，是指由单个业主独立使用并具有排他性的房屋、空间、场地及相关设施设备。

本临时管理规约所称物业的共用部位、共用设施设备，是指物业管理区域内单个业主专有部分以外的，属于多个或全体业主共同所有或使用的房屋、空间、场地及相关设施设备。

第三十五条 业主转让或出租物业时，应提前书面通知物业管理企业，并要求物业继受人签署本临时管理规约承诺书或承租人在租赁合同中承诺遵守本临时公约。

第三十六条 本临时管理规约由建设单位、物业管理企业和每位业主各执一份。

第三十七条 本临时管理规约自首位物业买受人承诺之日起生效，至业主大会制定的《管理规约》生效之日终止。

承 诺 书

本人为____________________________（物业名称及具体位置，以下称该物业）的买受人，为维护本物业管理区域内全体业主的共同利益，本人声明如下：

一、确认已详细阅读____________________________（建设单位）制定的“×××临时管理规约”（以下称“本临时管理规约”）；

二、同意遵守并倡导其他业主及物业使用人遵守本临时管理规约；

三、本人同意承担违反本临时管理规约的相应责任，并同意对该物业的使用人违反本临时管理规约的行为承担连带责任；

四、本人同意转让该物业时取得物业继受人签署的本临时管理规约承诺书并送交建设单位或物业管理企业，建设单位或物业管理企业收到物业继受人签署的承诺书前，本承诺继续有效。

承诺人（签章）

年 月 日

参考文献

参考书籍

[1] 柳经纬、刘智慧．房地产法制专题研究［M］．中国法制出版社，2011．

[2] 李晓斌．房地产法律政策解读与实用范本典型案例全书——法律政策解读与实用范本典型案例全书［M］．中国法制出版社，2013．

[3] 杨立新．最高人民法院审理建筑物区分所有权纠纷案件司法解释理解与运用［M］．法律出版社，2009．

[4] 王利明．最高人民法院建筑物区分所有权物业服务司法解释原理精解、案例与适用［M］．中国法制出版社，2010．

[5] 曹映平．物业管理法律法规及实务（第1版）［M］．上海交通大学出版社，2011．

[6] 董藩．物业管理法律与制度（第2版）［M］．清华大学出版社，2010．

[7] 丁建华．物业管理纠纷审判实务与典型案例释疑（第1版）［M］．中国法制出版社，2008．

[8] 宋安成、庞标．业主权利疑难对策——自治组织、物业服务、公建配套（第1版）［M］．中国法制出版社，2010．

[9] 肖海军．物业管理侵权的法律救助（第1版）［M］．湖南人民出版社，2005．

[10] 高平．物业纠纷新型典型案例与专题指导［M］．中国法制出版社，2009．

[11] 陈华彬．建筑物区分所有权研究［M］．北京：法律出版社，2007．

[12] 鲍尔·施蒂尔纳．德国物权法（下）［M］．申卫星、王洪亮译，北京：法律出版社，2006．

[13]［日］我妻荣．新订物权法［M］．有泉亨补订，罗丽译，中国法制出版社，2008．

[14]［法］弗朗索瓦·泰雷、菲利普·森勒尔．法国财产法（下）［M］．罗结珍译，中国法制出版社，2008．

参考期刊论文

[1] 任志强．论传统社会中的“业”及其与“业主”的关系［J］．甘肃政法学院学报，2008（5）．

[2] 邹树斌．城市业主维权运动：特点及其影响［J］．深圳大学学学报（人文社会科学版），2005（5）．

[3] 于飞．《物权法》第六章“业主的建筑物区分所有权”中“业主”的界定［J］．华东政法大学学报，2011（4）．

[4] 李劼、齐恩平．小区业主资格探析［J］．温州大学学报（社会科学版），2010（3）．
[5] 白江．德国住宅楼管理制度之研究及启示［J］．中外法学，2008（2）．
[6] 陈蔼贫．港澳台与大陆物业管理法制建设比较分析［J］．中国物业管理，2008（9）．
[7] 催宗举．前期物业管理问题研究［J］．经营管理者，2009（18）．
[8] 寇晓燕．物业管理纠纷的防范与化解机制——基于社会协同理论的探讨［J］．江汉大学学报（社会科学版），2014（4）．
[9] 刘凡．业主撤销权之诉中合法权益的界定［J］．人民司法，2013（12）．
[10] 薛源．论业主管理决策权的法律保障［J］．西北大学学报（哲学社会科学版），2013（9）．